타인의 시선

일러두기

《타인의 시선》은 〈타임TIME〉 원문 기사의 우리말 번역문, 당시 〈타임TIME〉 원문, 당시 국내 기사와 반응을 정리한 〈당시 국내의 시선〉 등의 순서로, 총 12개 〈타임TIME〉 기사를 수록했습니다.

타인의 시선

국부에서 협상가까지, 대한민국 대통령

찰리 캠벨 외 6명 | 배현 옮김

1950 FATHER OF HIS COUNTRY?
1961 THE ARMY TAKES OVER
1975 THE LONG, LONG SIEGE
1980 SEASON OF SPLEEN
1987 UNDER SIEGE
1987 SUDDENLY, A NEW DAY
1995 HE'S JUST TOUGH ENOUGH
2000 VERDICT ON KIM
2003 PEACE AND WAR
2008 LEE`S BLUE HOUSE BLUES
2012 HISTORY'S CHILD
2017 THE NEGOTIATOR

UPA

1
격변의 시대, 군정 대통령들

이승만은 국부(國父)인가? | 9
Father Of His Country? | 28
같은 전쟁 다른 시각 | 42

군부가 한국을 접수하다 | 47
The Army Takes Over | 57
다양한 혁명들 | 63

기나긴 포위 | 67
The Long, Long Siege | 85
독재의 시작과 과제 | 98

분노의 계절 | 102
Season Of Spleen | 115
피 흘리는 봄날 | 125

포위 공격 | 129
Under Siege | 146
그해 6월 29일 | 160

갑자기 새 시대를 맞은 대한민국 | 164
South Korea Suddenly, A New Day | 173
낯선 민주화 | 180

2
민주의 시대, 문민 대통령들

김영삼의 고뇌 | 187
He's Just Tough Enough | 200
개혁 그리고 한계 | 211

김대중에 대한 평결 | 215
Verdict On Kim | 225
민주 투사의 고뇌 | 233

평화와 전쟁 | 239
Peace And War | 254
스타 대통령의 등장 | 267

이명박의 청와대 블루스 | 271
Lee's Blue House Blues | 280
불도저, 청와대 입성 | 287

역사의 총아(寵兒) | 291
History's Child | 307
아버지의 이름으로 | 318

협상가 | 322
The Negotiator | 331
조용하고 강한 협상가 | 339

1
격변의 시대,
군정 대통령들

1950년 10월 16일 / 미국판 / 56권 / 16호

이승만은 국부(國父)인가?

페이지 30　**단어** 3808
섹션 전쟁 / 동맹
카테고리 커버스토리

　　자기 나라 땅에서 피난민으로 지내고 3개월 뒤, 대한민국의 대통령 이승만은 서울로 돌아왔다. 관저에는 퇴각한 인민군이 버린 쓰레기가 가득했다. 소련 일간지 〈이즈베스티야〉 지난 호들도 있었다. 관저가 청소된 뒤 살펴보니, 인민군 점령 기간 동안 거기에 묵었던 소련 민간인들이 이승만의 가장 값지고 화려한 재물들은 내버려둔 채 떠났다. 프란체스카 여사는 운이 나빴다. 겨울이 다가오는 북쪽으로 황급히 피신하던 소련인들이 여사의 가장 따뜻한 옷가지를, 속옷까지 남김없이 챙겨 간 것이다.

　　지난주 이승만은 마치 전쟁이 일어나지도 않은 양, 평온한 일

상으로 돌아왔다. 매일 아침 6시 30분에 기상하면 정원에 나가 잠시 퍼팅을 한 후, 커피, 과일 주스, 시리얼, 계란 등으로 서양식 아침 식사를 했다. 방문객들에겐 (필리핀제) 시가나 국산 담배를 제공했다. 정작 본인은 건강에 좋지 않다며 담배를 거의 피우지 않았지만, 화장실에 혼자 있을 때는 예외였다. 미국산 과자를 선물로 받으면 매우 고마워했다. 저녁 무렵이면 눈에 띄게 지쳤다. 밤에도 피로는 그다지 풀리지 않았다. 불면증 탓이다.

이승만의 그 피로한 어깨에 조국 통일과 부흥의 희망이 달려 있다. 이승만은 강경한 반소련 노선을 견지하기 때문에 코민포름은 그를 프로파간다 표적으로 삼아왔다. 진보 세력과 노동계(특히 프랑스, 오스트레일리아, 영국, 인도)에서도 그를 반대하는 선동이 심해졌다. 미국에서도 그는 비방의 희생양이 되었다. 중국의 장제스도 바로 그런 비방 탓에, 정직하지만 순박한 사람들에게 많이 외면받은 바 있다. 이승만이 전횡을 일삼고 때로 정적들의 인권을 유린하기도 한 것은 사실이다. 그러나 이승만은 다음과 같은 사람이기도 하다.

1) 철저한 반공주의자이다.

2) 한국에서 가장 존경받는 인물이다.

3) 공정 선거를 통해 선출된 한국 대통령이며, 만약 대선을 오늘 당장 치른다 하더라도 재선에 성공할 유일한 인물이다. 미국을 비롯한 유엔 회원국에서는 이승만의 태도와 방식을 어떻게 보

이승만 내외가 베트남에서 귀국하던 모습(서울사진아카이브)

든 그에게 협조할 수밖에 없다.

 삽과 빗자루. 지난주 서울 시민들은 대통령과 마찬가지로, 피해 상황을 살피고 원상 복구를 하느라 바빴다. 미제 지프차와 탱크, 트럭 들이 경적을 울리며 전쟁의 잔해를 헤집고 다녔다. 수

많은 한국인 노동자 무리는 거기서 쓸 만한 물건들을 무덤덤하게 골라냈고, 퇴각한 '빨갱이들'이 버린 모래주머니로 작은 썰매를 만들어 그 물건들을 운반했다. 미국 대사관 앞에서 거지 아이들은 미군 병사들에게 과자를 구걸했고, 어른들은 미군 장교들에게 애원했다. "영어를 조금 합니다. 미국인들하고 일하고 싶습니다. 통역 일을 시켜주십시오. 빗자루도 없고 삽도 없어요." 그들은 본인을 '기술자'라고 했지만 이는 노역을 피하려는 핑계였다. 대개는 삽과 빗자루를 갖고 있었고 폐허가 된 서울을 정리하라는 지시를 이미 받았기 때문이다. 가장 바쁘고 북적대는 곳은 단연 암시장이었다. 주머니가 넉넉한 한국인들은 암시장 구역을 찾아 비누나 모피 코트, 미국산 돼지고기나 콩, 결핵 약 따위를 놓고 열심히 흥정했다. 공산주의자들은 점령 기간 동안 암시장을 몰아내는 데 성공했지만, 그 와중에 합법적 시장마저 사라져버렸다.

서울이 재건되기까지는 아직 갈 길이 멀었다. 도시의 60퍼센트 이상이 파괴되어 주택이 턱없이 부족했다. 수도 시설에는 물이 없었다. 전력도 없었다. 전철은 선로 위에 멈춰 있었다. 철도 조차장에는 폭격으로 불탄 화물차들 수백 대가 널려 있었다.

다른 지역들도 매한가지였다. 유엔군의 교두보였던 부산은 평시 인구가 4백만 명이었지만 지난주까지 2백만 명의 피난민이 몰려들었다. 그들 모두 의식주를 미국과 미군 부대에 의지하고 있었다. 전선이 압록강 유역까지 올라감에 따라, 북한 지역에서는 슈티코프와 김일성이 남긴 합작품을 뒤치다꺼리해야 할 것이다. 몸집 크고 낯빛 붉은 소련 군정청 사령관, 그리고 졸린 눈을 한 살찐 조선노동당 위원장이 저질러 놓은 일들을 말이다. 즉 공산주의자들이 '소작농들에게 분배'하기 위해 몰수한 토지와 국유화한 산업에는 향후 소유권과 보상 문제가 끝없이 제기될 것이다. 이승만 대통령이 인민군에게 보복하지 않는다는 정책을 발표하긴 했지만, 공산주의 지도자들을 처벌하거나 교화하는 데는 시간과 노력을 많이 들여야 할 것이다.

신사이자 학자. 미국과 유엔의 6개 기관이 한국을 도울 준비가 되어 있었다. 이미 미국 경제협조처ECA는 한국 재건에 기금을 활용할 방안을 결정하기 위해 조사를 실시하고 있었다. 그러나 한국인들이 보기에 자신들의 문제를 책임지고 해결할 인물은 백발 성성한 이승만이었다. 학자였던 선조들로서는 상상할 수 없었던 상황에서도, 이승만은 가문의 오랜 전통을 따랐다.

전주 이씨 이승만이 태어난 75년 전에는 무릇 양반은 학자여야 하며 학자는 백성을 통치해야 한다는 것이 불변의 법칙이었다. 전주 이씨는 1392년부터 1910년까지 조선을 통치한 왕족이며(이승만은 왕실 직계는 아니고 양녕대군의 방계 후손. 이승만은 미국에 있을 때 본인을 조선의 왕자라고 소개했다고 한다-옮긴이), 부친은 이승만이 한문과 유교 경전을 공부하게 했다. 이승만은 전통 방식으로 열심히 공부했다(그는 아직도 한시를 쓰곤 한다). 그리고 젊은 학자들의 등용문인 과거 시험에 장원 급제했다(마치 이승만이 과거에 급제한 것처럼 기술되어 있는데, 이승만은 과거에 연달아 낙방하고 배제학당에 입학했으므로 잘못된 정보인 듯하다—옮긴이).

이러한 학문적 성취에도 불구하고, 이승만은 곧장 입각하지 않았다. 그 무렵(1895년) 조선은 여전히 독립국이었지만, 러시아와 일본, 두 제국으로부터 큰 압박을 받고 있었다. 관료가 되면 서양식 교육과 영어 지식이 유용할 것이라고 단호하게 결론 내린 이승만은 서울의 감리교 선교 학교인 배제학당에 입학했다. 배제학당에서 영어뿐 아니라 기독교와 서양 정치사상도 접했다.

중추원과 감옥, 총 세 기관이 이승만에서 굳건한 영향을 미쳤다. 이승만은 군주제 개혁과 입헌 정치를 요구한 민족주의 단체인 독립협회에 참여했다. 조선에서 일본의 영향력 성장과 격렬히 투쟁한 독립신문(조선 최초의 민영 일간지) 창간에도 관여했다. 심기가 불편해진 고종 황제는 독립협회를 무력화하기 위해 이승만을 중추원 의관에 임명하고 17명이 넘는 독립협회 간부들을 투옥했다. (이승만은 나중에 이들을 석방했다.) 1897년 이승만은 중추원 의관에게 허용된 한계를 넘어버렸다. 반정부 학생 시위를 주도하여 즉각 투옥된 것이다.

이승만은 일급 정치범에게 적합하다고 여겨지는 대우를 받았다. 즉 매일같이 고문을 당했다. 손가락이 으스러지고, 삼모장(세모진 방망이—옮긴이)으로 구타 당하고, 기름종이에 팔이 지져졌다. 9킬로그램짜리 칼(형틀—옮긴이)을 목에 쓰고 손이 묶인 채 차꼬(발목에 채우는 형구—옮긴이)를 차야 했다.

6개월 후 종신형을 선고받은 뒤에는 상황이 많이 나아졌다. 무엇보다 고문이 중단되었다. 이송된 교도소에서 본인이 창간한 신문에 사설을 은밀히 투고할 수 있었다. 오랜 투옥 기간 동안 저술한 《독립 정신》을 통해 조선 애국자들의 상상력을 사로잡았고, 민족주의 운동의 정신적 주도자로 자리잡았다. 이 즈음 이승만은 장제스처럼, 감리교인이 되었다.

하버드와 사냥개. 이승만이 수감된 지 7년째인 1904년 러일전쟁이 시작되었다. 그 혼란을 틈타 잠시 정권을 잡은 민족주의 세력이 이승만을 석방하여 신정부의 특사로 미국으로 파견했다. 그는 시어도어 루스벨트 미국 대통령이 중재하는 러일 강화조약에서, 조선의 지배권을 일본에 넘겨서는 안된다고 루스벨트를 설득하려 했다. 이승만은 오이스터베이(당시 미국 대통령 여름철 관저가 있던 뉴욕주의 도시—옮긴이)에서 루스벨트가 자신을 "진심으로 환대"했다고 회상했다. 그러나 평화 협상에 참석하겠다는 그의 요청은 거절당했다. 포츠머스 조약을 통해, 조선은 승전국 일본의 사실상 식민지가 되었다.

임무가 실패한 뒤 이승만은 미국에 체류하면서 서양식 교육을 받았다. 조지워싱턴 대학에서 학사, 하버드 대학에서 석사, 프린스턴 대학에서 박사 학위를 받았다. 프린스턴 대학원 학장에게 학문적 자질에 관해 질문받자, 이승만은 자신이 1년간 라틴어를 배웠다고 답했다. 본인에게는 그 정도면 충분하니 통상적으로 요구되는 독일어와 그리스어 수업을 면제해달라고 요구했다. 이승만이 쓴 글에 불쾌감이 묻어난다. "나는 모국에서 좋은 작가로 알려져 있을 뿐 아니라, 중국 문학과 고전, 역사, 철학, 종교를 잘 알고 있다. 일본어와 영어, 프랑스어도 구사할 수 있다." 이승만은 입학하는 데 성공했고, '미국의 영향을 받은 중립'을 주제로 한 논문으로 박사 학위를 받았다.

1910년, 일본이 대한제국 황제를 퇴위시키고 대한제국 합병을 선언한 그해에 이승만은 귀국했다. YMCA 직원으로 일했지만 비밀리에 정치 선동 활동도 했다. 일본 당국은 기독교인이라면 모두 불신했으므로 이승만은 더할 나위 없었다. 그에게 비밀 경찰을 붙였다. 조선총독부 고등경찰과의 '사냥개들' 중에서도 악명 높은 윤병희를. 원초적 심리전의 전문가였던 윤병희는 이승만에 대한 루머를 부지런히 퍼뜨렸다. 이승만이 YMCA에서 빌린 작은 방에서 외박할 때였다. 이승만은 회상했다. "이튿날 아침 아버님이 눈물을 흘리며 YMCA 건물로 오셔서 만나는 사람마다 이렇게 물으며 눈물을 흘리셨다는 겁니다. '제 아들에게 무슨 일이 일어났는지 아십니까? 그자들이 아들을 고문하고 다리를 부러뜨렸답니다. 윤병희가 그러더군요.'"

윤병희의 심리전은 일본 당국이 이승만을 투옥하는 것도, 아예 제거하는 것도 시간문제라는 걸 보여주었다. 1912년 이승만은 선교사 지인들의 도움을 받아 6개월간 조선을 떠날 수 있다는 허가를 받았다. 그는 하와이로 가서 작은 한인 교민 사회의 지도자로 자리잡았다.

유교와 관椢. 이승만은 조국을 떠났지만 조국은 이승만을 잊지 않았다. 오랜 뒤 이승만은 자신이 "유교 가정에서 자라나서 천성적으로 평화를 사랑하는 사람"이라고 기록한 바 있는데, 이러한 유교적 평화주의는 기독교와 맞물려 더욱 굳건해졌다. 제1차 세계대전이 임박하자 이승만은 자연스럽게, 우드로 윌슨의 폭력 없는 세계에 대한 이상주의를 전폭적으로 지지했다. 이승만은 조선의 비폭력 봉기로 인해 미국과 국제연맹에서 조선 국민의 지위를 승인하리라 확신하게 되었다. 1919년 조선에 남아 있던 저항 세력 지도자들은 반란을 일으키기 위해 서울에서 비밀리에 회합했다. 이승만의 견해를 전해 들은 가담자들은 방방곡곡에 독립선언서와 더불어 다음과 같은 지시 사항을 배포했다.

"어떤 일이 있어도 일본인들을 모욕하지 말라."

"돌을 던지지 말라."

"주먹으로 때리지도 말라."

"그런 행동은 야만인들이나 하는 짓이기 때문이다."

1919년 3월 1일 조선 전역에 독립선언서 낭독을 듣고, 금지된 태극기를 흔들며 '만세'를 외치기 위해 사람들이 모여들었다. 그런 다음에는 차분하게 해산한 뒤 귀가할 예정이었다. 그러나 여러 장소에서, 차분한 해산은 이루어지지 않았다. 일본군은 군중에게 총을 겨누고 총을 쏘고 검을 휘두르고 화재 진압용 갈고리로 희생자들을 불구로 만들었다. 일본이 '소탕' 작전을 행한 피의 주간에 20만여 명이 체포되었고 7천여 명이 피살된 것으로 추정된다.

이러한 '비폭력 혁명Passive Revolution'은 외국의 동조는 거의 얻지 못했지만, 조선 애국자들의 결심은 더욱 굳게 했다. 1919년 말, 국내와 국외 망명지에서 출발한 독립운동 지도자들이 상하이에 모였다. 일본은 이승만에게 30만 달러의 현상금을 걸었는데, 중국 경찰이 이를 노리고 그를 체포할 우려가 있었다. 이승만은 관 속에 숨어 상하이의 프랑스 조계(원문은 '외국인 거류지'를 의미한다—옮긴이)로 밀입국하는 데 성공했다. 그곳에서 대한민국 임시정부 수립에 참여하고, 초대 대통령으로 추대되었다.

국제회의와 크로케. 그 후 20년 동안 이승만의 생활은 망명 정치인들이 대개 그렇듯 적막과 좌절의 나락에 빠졌다. 그는 대한민국을 승인받기 위해 국제회의에 수차례 참석했지만 수포로 돌아갔다. (미국 정부는 일본의 심기를 건드리지 않으려고 베르사유 조약과 이어진 군축 회의에 이승만이 출석하는 것을 막았다.) 다른 한국인 망명 정치인들과도 다투었다. (이승만은 비폭력 저항을 계속하자는 입장이었고, 다른 지도자들은 폭력 행동을 찬성하는 입장이었다.) 제2차 세계대전이 벌어질 무렵 임시정부는 기능이 정지되다시피 했고, 이승만은 중국에 위치한 임시정부를 정치 암살의 대가 김구*에게 넘겼다.

1934년 이승만은 제네바에서 열린 국제연맹 회의에서 만난 오스트리아인 프란체스카 도너Franziska Donner와 결혼했다. 이승만보다 스무 살 아래인 프란체스카는 매력적이고 쾌활했다. 프란체스카는 서툰 남편을 대신해서 재산을 요령껏 관리했다. 1941년 이승만은 "내가 외국인 여자와 결혼하니 우리 가족은 화를 냈지만 결국 이게 완벽한 결혼이라고 인정했다"라고 했다. 하지만 잔치 자리에서 이승만은 부인에게 "그만 조용히 해. 말이 너무 많았어"라고 말했다고들 한다.

1939년 이승만 내외는 워싱턴으로 이주해서, 미국 내에서 임시정부 미국 대표로 활동하며 재미교포들의 온갖 활동을 중재하는 역할을 했다. 그들은 소박하게 살았다. 인상적인 건물을 갖

---

* 김구가 처음으로 조선 백성에게 주목 받은 것은 1899년 일본군 중위를 살해했을 때다. 김구는 시신 곁에 자신의 이름과 주소, 살해 이유를 적은 쪽지를 남겼다. (그 중위가 명성황후 시해범이라는 내용이다) 조선 당국은 김구를 투옥했지만 1901년 김구는 탈옥하여 승려 행세를 했다. 1917년 김구는 주기적인 투옥 때문에 암살자 역할 제대로 해내기 어렵다고 판단하여 작전 기지를 상하이로 옮겼다. 김구가 주도한 도시락 폭탄 의거에서 일본군 장군 한 명이 죽고, 일본군 제독 한 명이 불구가 되었으며 시게미쓰 마모루가 한 쪽 다리를 잃었다(시게미쓰는 미주리함에서 제2차 세계대전 항복 문서에 서명한 장본인이다). 이로써 김구는 조선 최고의 영웅이 되었고, 장남을 안중근의 딸과 혼인시킴으로써 그 입지를 더욱 다졌다(안중근은 일본의 초대 총리대신 이토 히로부미를 살해한 영웅이다)(원문에는 김구가 안중근의 딸과 결혼했다고 되어 있다. 김구가 살해한 일본군 중위도 백범일지에 기록된 것과는 달리 일본인 상인이라는 설도 많다.-옮긴이) 1949년 한 육군 소위가 자신의 친척 암살을 명령한 것이 김구라고 의심하여, 한국의 테러리스트 명장 김구를 암살했다.

는 게 좋겠다는 조언을 듣고는 곧장 16번가에 위치한 방 12개짜리 벽토 주택을 구입했다. 양주는 입에도 안 대고 가끔 담배만 피웠기 때문에 워싱턴의 칵테일 파티 자리를 피했고, 대부분의 시간을 미 국무부가 임시정부와 대한 독립에 관심을 보이게 하려는 노력에 쏟았다. 그러나 제2차 세계대전이 시작된 후에도 미국은 여전히 무관심했다. 이승만이 진주만 사건 직후 미 국무부에 자신의 신임장을 부치자마자, 방문해서 신임장을 다시 가져가라는 답변을 받았다.

워싱턴에서 살 즈음 이승만은 여가 시간을 대체로 야외에서 보냈다. 정원 잔디 깎기를 무척 좋아했고, 일요일 오후에는 노 젓는 배를 빌려 포토맥 강에서 낚시를 하곤 했다. 부인과 이따금 테니스를 치는 것 말고는, 활동적인 스포츠는 크로케가 유일했다. 전직 국무부 장관 코델 헐Cordell Hull 또한 크로케를 좋아했는데, 헐은 이승만 정부의 요구를 끈질기게 무시한 장본인이다. 1943년의 어느 오후 이승만은 친구들과 크로케 게임을 중단하고 카이로 선언을 방송으로 들었다. 공동 선언에서 "대한민국이 자유로운 국가가 될 것"이라는 약속은 "적절한 절차를 거쳐"라는 애매한 문구에 의해 훼손된 듯 보였다. 방송이 끝나자 이승만은 게임 주최자에게 "코델 헐하고 크로케를 하지 않은 게 후회되는구만"이라고 말했다.

미국의 무관심은 이승만의 성격을 바꾸어놓았다. 그는 쓰라린

환멸을 느꼈다. 세상 대부분이 자신의 대의에 적대적이라고 확신하여, 소수의 친구와 조언자 서클에 기댔다. 그중 우두머리는 한국 정부의 대리인으로 오래 일해온 워싱턴의 변호사 존 스태거스John W. Staggers였다. 스태거스는 이승만의 수입을 관리했는데, 대부분 재미교포의 기부금이었다. 많은 워싱턴 사람들은, 기부금이 적게 들어오면 스태거스가 자기 주머니로 메꿨다고 생각한다.

비통함과 보이스카우트. 제2차 세계대전이 끝날 무렵, 1919년 이승만을 움직였던 평화주의적 이상주의는 거의 남아 있지 않았다. "고래 싸움에 새우 등 터진다"라는 한국 속담의 씁쓸한 의미를 통감했다. 이승만은 미 국무부 장관을 건너뛰고 미 육군성에 자신을 "개인 자격으로" 해방된 한국에 귀국시켜달라고 설득했다. 주한 미군 지휘 존 호지John Hodge 중장은, 이승만이 혼돈에 빠진 남한에 질서를 부여할 구심점이 될 가능성을 엿보았다. 호지가 이승만을 서울의 한 정거장으로 데려가자, 5만여 명의 한국인들이 자신들의 전설적인 지도자를 환호로 맞이하며 눈물을 흘렸던 것이다.

그 뒤 몇 달 동안 이승만은 호지가 예상한 것보다 훨씬 강한 촉매제임을 입증했지만, 호지가 원한 모습만 보여준 것은 아니었다. 이승만이 귀국할 당시, 205개 정당이 주한 미군정청에 등록된 상태였다. 그중에는 '결사행동협회Forlorn Hope Society, '임시정부 환국환영 준비위원회', 그리고 '신新 보이스카우트'로 자칭하던 조선민족청년단(원문은 Korean National Youth Movement로, 번역하면 '한국민족청년운동'이지만 조선민족청년단Korean National Youth Corps을 일컫는 듯하다―옮긴이)'도 있었다('신 보이스카우트'는 얼마 못 가 치안에 위협적 존재로 변모하여 활동에 제약을 받게 된다).

한국인들 대부분이 정당을 경멸하기 때문에 이승만은 조선민족청년단이 그의 지침을 따르고 그의 정책을 지지했음에도 그 어떤 단체와도 제휴하기를 거부했다. 그렇지만 이승만은 두 가지 지점을 강하게 고집했다. 1) 한국은 독립국가여야 한다. 즉 소련과 미국의 간섭에서 자유로워야 한다. 2) 한국은 통일되어야 한

1960년 2월 서울운동장에서 열린 이승만 대통령·부통령 후보 출마 환영회(서울사진아카이브)

다. 즉 북한 공산주의자들은 몰아내고 온 나라가 이승만의 지휘 아래 통일되어야 한다. 이승만의 완고한 입장은 사실상 남한을 두 편으로 분열시켰다. 한 편은 이승만에 동의하는 이들, 다른 편은 호지 중장과 미국 국무부와 마찬가지로 남한이 북한과 타협하여 통일되기를 바라는 이들이었다.

머지않아 타협이 불가능하다는 것이 분명해졌다. 이승만의 동의 하에, 북한이 전국적 총선에 참여할 것을 요구했다. 그러나 북한 공산당 지도자들은 자유 선거의 결과를 우려하여 이 제안을 거부했다. 그들은 38선을 통행 불가능한 국경선으로 만들어, 결국 남한과 북한 모두를 경제적 불구로 만들어버렸다.

1948년 남한은 마침내 북쪽은 제외하고, 유엔의 신중한 감독 하에 공정한 선거를 실시했다. (북한과 남한의 인구 비율을 기준으로, 국회 의석 310석 중 100석을 비워 두고, 만약 통일이 된다면 북한 국회의원이 충원하도록 결정했다.) 선거에서 남한 국민들 다수가 이승만을 투표로 지지했다. 대한민국이 수립되었고 이승만은 초대 대통령이 되었다.

장작더미와 전쟁. 신임 대통령은 단번에 곤경에 처하고 말았다. 공산주의자들의 조심스러운 선동이 효과를 발휘하여, 이승만이 35년간 망명 생활을 하더니 외국 사람이 되고 말았다는 소문이 퍼졌다. 몇몇 정적들은 그가 생각을 한국어가 아니라 영어로 한다고 했다. 그가 공식 행사에서나 한복을 입고 집에서는 양복을 입는다는 사실을 꼬집는 이들도 있었다. 공식 행사에 참석해야 하는 오스트리아인 영부인이 한국어를 더듬거리는 모습을 보고 관중들은 짜증을 냈다. 한 좌파 인사는 이렇게 말했다. "이승만은 국부國父일지도 모르지만, 프란체스카 여사는 결코 국모國母가 될 수 없습니다."

더 심각한 것은 국회와의 불화였다. 국회가 일부 정부 시책에 대하여 자금 책정을 거부하자, 이승만은 국회를 비난했다. 마치 트루먼이 제80대 의회를 조롱했던 것을 능가하는 기세로. 그 후 헌법을 무시하고 행정 명령에 의해 자금을 책정했다. 이승만은 "왜 대통령과 국민 사이에 뭔가가 있어야 한단 말이오?"라고 토로했다. 이따금 반항적인 의원과 회의를 하다가 화가 치밀면 대통령 관저까지 차를 몰고 가서 장작더미를 찾기도 했다. 장작을 실컷 패고 회의석상으로 돌아와서야 평정을 잠시나마 되찾았다.

혹자는 북한 침공 몇 달 전부터 이승만 정부의 위신이 땅에 떨어졌다고 본다. 1950년 5월, 유엔 감독하에 치른 총선에서는 무소속 의원들이 태반을 차지했는데, 그들 중 다수가 이승만에 적대적이었던 것이다. 국내외에서 이승만의 정적들이 그를 레임덕이라 부르며 이승만 정권을 불신임한다고 선언했다. 다른 의견도 있다. 이승만 정부가 제자리를 찾기 시작한 때가 지난 6월부터였는데, 인민군이 아시아에서 반공 정권이 제대로 돌아가고 인기를 끄는 것을 용납할 수 없었으므로 바로 그 시점에 침공을 했다는 것이다.

전쟁이라는 시험대에서 이승만 정권은 놀라운 저력을 보였다. 다수의 이승만 내각 인사들이 뛰어난 행정력을 발휘했다. 그중에서도 국방부 장관 신성모가 두각을 나타냈다. 제2차 세계대전 도중 영국 상선의 선장이었던 그는 '캡틴'으로 불리고 싶어했다("그

인천상륙작전에 투입된 해병(flickr-USMC Archives)

전쟁 당시 피해를 입은 서울의 주거 지역 모습, 1950년 10월 18일(flickr-Marion Doss)

건 제가 가장 힘들여 따낸 타이틀입니다"). 신성모는 충격적인 초기의 패배 이후 국군을 빠르게 재편성했다. 국회 대변인 신익희 또한 두각을 나타냈다. 비록 이승만 지지자는 아니었지만 능력 있고 언변도 유창해 두각을 나타낸 인물이다. 신익희는 내각과 긴밀히 협조하여 국회가 전쟁에서 제 몫을 할 수 있게 했다.

전쟁에서 한국 국민과 지도자들이 보여준 행동은 이승만 정권에 유리하게 작용했다. 탈영이 적었던 한국군은 아시아에서 가장 단호하고 유능한 반공 군대임을 증명했다. 게다가 예상을 완전히 뒤엎고, 남한 내에서 진정한 의미의 게릴라 활동은 없다시피 했다. 북한 비정규군의 공격은 숱하게 이루어졌지만, 남한 농민이나 노동자들이 유엔군을 공격하는 경우는 거의 없었다.

이승만에게 북한의 침공은 자기 입증이자 기회이기도 했다. 평시에 많은 적을 얻게 했던 자신의 비타협적인 반공주의가 전쟁 덕분에 그 타당성이 입증된 것으로 보였다. 전쟁 덕분에 한국 통일이라는 기회도 주어졌다. 이승만은 승전할 경우 북한을 대한민국에 흡수시키겠다고 결심했다. 이승만은 최근 말했다. "우리는 절망하지 않았습니다. 우리는 실망하지 않아야 합니다."

55년 동안 이승만은 '국부', 즉 조국의 아버지라는 자리를 향해 뛰어왔다. 지난주, 늙고 지쳤고 괴팍하지만, 단호하고 여전히 한국 독립의 상징인 그는 그곳에 그 어느 때보다 가까이 다가섰다.

이 책의 한국어판 저작권은 TIME으로부터 받았으며 TIME Inc.의 허가로 출판됨.
저작권법에 의해 보호를 받는 저작물이므로, 서면 허가 없이는
어떠한 방법이나 언어로든 전체 또는 일부의 무단전재 및 복제를 금함.

---

* 이승만은 자기 이름을 Yi Sung-man이 아니라 Syngman Rhee라고 쓴다. '이(李)'는 중국이나 한국에서는 'Yi'로, 일본에서는 'Ri'로 표기한다. 많은 한국인들처럼 이승만도 서양인들과 접하기 편하게 자기 이름을 서양식으로 바꾼 것이다.

October 16, 1950 / U.S. Edition / Volume 56 / Number 16

Father of His Country?

Page 30   Words 3808
Section War / THE ALLIES
Category COVER STORY

After three months as a refugee in his own country, Syngman Rhee, President of the Republic of Korea, had come home to Seoul. He found his official residence littered with the midden of the routed Communist army, including back copies of the Soviet newspaper Izvestia. When the litter had been cleared away, a close inspection of the presidential mansion showed that the Russian civilians billeted there during the Communist occupation had left behind all of Rhee's most valuable and showy possessions. Mrs. Rhee had not fared so well; the Russians, headed north into the winter, had made off with her warmest clothes, including her winter underwear.

Almost as though the war had never been, Syngman Rhee's days last week had returned to their orderly pattern. Up each morning at 6:30, he puttered briefly in his garden before eating a Western-style breakfast—coffee, fruit juice, cereal and eggs. Rhee's guests were offered cigars (Phillies) or Korean cigarettes. Rhee himself seldom smoked, explaining that cigars made him sick; he only smokes them in the privacy of a bathroom. A visitor who had American candy to present was sure of warm thanks. Toward the end of a day, Rhee was visibly weary. The night would not greatly restore him; he has insomnia.

On the tired shoulders of Syngman Rhee rests the hope of a revived and unified Korea. Rhee's strongly anti-Soviet stand had made him a natural propaganda target for the Cominform. Agitation against him had become strong in liberal and labor circles, particularly in France, Australia, Great Britain and India. In the U.S. he had been subjected to the same kind of smear campaign that had turned many an honest but unsuspecting man away from China's Chiang Kaishek. It was true that Syngman Rhee was arbitrary and that he sometimes ran roughshod over the civil rights of his opponents. But he was also

1) a thoroughgoing antiCommunist,

2) Korea's most respected figure, and

3) Korea's fairly elected President and the only man who would stand a chance of being elected to that office again if another vote were taken today. No matter what their opinion of his manners & methods, the U.S. and other U.N. members would have to work with Syngman Rhee.

A Shovel & a Broom. Last week the citizens of Seoul, like their President, were busy appraising the damage, restoring things to their familiar order. Amid the honking, clattering confusion of U.S. jeeps, tanks and trucks, numberless Korean labor gangs placidly sorted out useful items from the rubble of war, hauled away debris on little sledges fashioned from sandbags abandoned by the retreating Reds. In front of the U.S. Embassy, beggar children pestered G.I.s for candy and adults approached U.S. officers with a hopeful plea: "I speak little English, want job with Americans. Interpreter, please. No broom, no shovel." Most of the would-be interpreters got jobs as "engineers," a title which seemed to remove the sting from the fact that they usually got both a shovel and a broom and instructions to go to work on Seoul's rubble. Busiest of all was the jam-packed black-market district where Koreans with enough won dickered energetically for soap, fur coats, G.I. pork & beans, streptomycin. The Communists had made a successful effort to stamp out the black market, but in so doing had stamped out the white market, too.

Seoul still had a long way to go before its revival was complete. More than 60% of the city had been destroyed and housing was desperately scarce. There was no water in the mains. There was no electric power. Trolleys stood idle on their tracks. In the railroad yards lay hundreds of bombed and burnt-out freight cars.

Most of Korea shared Seoul's troubles. The former Pusan bridgehead, which had a peacetime population of 4,000,000, last week was supporting an additional 2,000,000 refugees, all dependent on the state and the U.S. Army for food, clothing and shelter. In North Korea, as the war rolled toward the Manchurian border, the Republic would be saddled with the unwholesome works of bulky, red-faced General Terenty Shtykov, the U.S.S.R.'s proconsul, and fat, sleepy-eyed Kim Il Sung, the Korean Communist chieftain. The land the Communists had confiscated for "distribution to the peasants" and the industries they had nationalized would raise endless questions of ownership and compensation. The punishment or re-indoctrination of Communist leaders would demand much time and effort, although Rhee had announced a policy of no vengeance against North Korean soldiers.

A Gentleman & a Scholar. Half a dozen agencies, both U.S. and U.N., were prepared to help Korea. ECA was already taking a survey to determine how its funds could best be used for reconstruction. But in the eyes of Koreans, the first responsibility for solving their problems lay squarely upon slight, white-haired Syngman Rhee (rhymes with bee). Under circumstances that his scholar ancestors could not have imagined, Rhee was following, an old family tradition.

For the Korean aristocracy into which Rhee was born 75 years ago it was an immutable law that a gentleman should be a scholar and that scholars should govern the people. Rhee's father, a descendant of the Yi family* which ruled Korea from 1392 to 1910, saw to it that hisson got a Korean gentleman's education in the Chinese language and Confucian classics. Rhee took to the traditional learning eagerly (he still writes classical Chinese poetry). He placed first in the Korean national examinations where young scholars won admittance to the bureaucracy.

Despite his scholastic success, Rhee did not enter the government immediately. By this time (1895), Korea, though still independent, was under heavy pressure from both the Russian and Japanese empires. Shrewdly concluding that a Western education and knowledge of English would be useful to a future Korean official, Rhee became a student at Pai Chai College, a Methodist mission school in Seoul. At Pai Chai he was exposed not only to English but to Christianity and Western political thought.

Privy Council & Prison. All three influences took hold. Rhee joined the Independence Club, a nationalist organization which demanded reform of the Korean monarchy and a constitutional government. He also helped found Korea's first daily newspaper, which fought bitterly against the growth of Japanese influence in Korea. Hoping to draw the fangs of the Independence Club, the bedeviled Korean Emperor Kojong appointed Rhee to the Privy Council, clapped 17 more of the club's leaders into prison. (Rhee later got them released.) In 1897 Rhee overstepped the bounds permitted a Privy Councilor by leading a student demonstration against the government. He was promptly clapped into jail himself.

In prison Rhee got the treatment considered fitting for top-rank political offenders. He was subjected to daily torture —finger mashing, beating with three-cornered rods, burning of oil paper around the arms. He wore a 20-lb. weight around his neck, was kept handcuffed and locked in stocks.

After six months he was sentenced to life imprisonment and that improved his lot considerably. The torture stopped. He was transferred to another prison, found that he could smuggle out editorials for his newspaper. In the long prison years he also wrote The Spirit of Independence, a book which seized the imagination of Korean patriots, helped establish Rhee as spiritual leader of the nationalist movement. By this time Rhee had become a Methodist—like China's Chiang Kaishek.

Harvard & Hunting Dogs. In 1904, after Rhee had been behind bars for seven years, the Russo-Japanese War began and in the confusion which gripped Korea a nationalist group temporarily seized control of the

Korean government. Rhee was released from prison, headed for the U.S. as a special envoy of the new government. He tried to persuade President Theodore Roosevelt that Korea should not be handed over to Japan in the Russo-Japanese peace conference which Roosevelt had arranged. Roosevelt, Rhee remembers, "received me cordially" at Oyster Bay; but Rhee's request to attend the peace conference was refused. In the Treaty of Portsmouth, victorious Japan won a virtual protectorate over Korea.

After his mission failed, Rhee stayed in the U.S., went on with his Western education. He got an A.B. from George Washington University and an M.A. from Harvard, then went to Princeton to get his Ph.D. When the dean of Princeton's Graduate School questioned hisacademic qualifications, Rhee stated that he had studied Latin for one year, which seemed to him to be enough, asked to be excused from the usually required study of German and Greek. Wrote Rhee with ill-concealed annoyance, "Beside my own tongue, in which I am known to be a good writer··· I have a knowledge of Chinese literature, classics, history, philosophy and religion··· Japanese, English and French are also to be counted as my foreign languages." Rhee was admitted, earned his degree with a thesis on "Neutrality as Influenced by the United States."

In 1910, the year that Japan deposed the Korean Emperor and openly annexed his kingdom, Syngman Rhee returned to Korea as a Y.M.C.A. worker, doing a bit of political agitation on the side. The Japanese, who distrusted all Christians, were doubly distrustful of Syngman Rhee. They assigned as his permanent shadow a police agent named Yoon Piung-hi, one of the most notorious of the "hunting dogs," i.e., Koreans in the Japanese secret service. A specialist in a kind of primitive psychological warfare, Yoon Piung-hi assiduously spread rumors about Rhee. On one occasion Rhee spent the night away from home, sleeping in a small room he had rented at the Y.M.C.A. "The next . morning," Rhee relates, "my father came to the [Y.M.C.A.] building with tears in his eyes and asked everybody he met, 'Do you know what happened to my son? They have tortured him and broken his legs. Yoon Piung-hi told me.'"

Yoon Piung-hi's activities made it clear that it was only a matter of time before the Japanese would decide to imprison Rhee, perhaps to dispose of him permanently. In 1912, with the help of missionary friends, Rhee got permission to leave Korea for six months. He sailed for Hawaii, settled down as a leader of the territory's small Korean colony.

Confucianism & a Coffin. Though gone from Korea, Rhee was not forgotten. Many years later he wrote, "Raised in a Confucian family, I was naturally a man of peace." With the coming of World War I, Rhee's Confucian pacifism, reinforced by Christianity, led him to subscribe wholeheartedly to Woodrow Wilson's idealistic visions of a world without violence. Rhee became convinced that a passive uprising in Korea would win his people recognition both from America and from the League of Nations. In 1919 resistance leaders who had remained in Korea met secretly in Seoul to plot a revolt. Swayed by secondhand reports of Rhee's views, the conspirators distributed to every village in Korea a copy of a Korean Declaration of Independence and a set of orders:

"Whatever you do

"Do not insult the Japanese

"Do not throw stones

"Do not hit with your fists

"For these are the acts of barbarians."

On March 1, 1919, people gathered throughout Korea to hear the Declaration of Independence read, to wave their forbidden Korean flags and to shout "Mansei." Then they were supposed to disperse quietly and go home. In many places they never got a chance to disperse quietly. Japanese troops charged into crowds, shooting, swinging swords and mutilating their victims with firemen's hooks. In the bloody week of Japanese "mopping up" operations, it was estimated that 200,000 Koreans had been arrested, 7,000 killed.

The "Passive Revolution" earned Koreans little foreign sympathy; but it strengthened the determination of Korean patriots. Late in 1919 independence leaders from Korea and from Korean communities in exile gathered in Shanghai. Rhee, who feared that Chinese police might collar him to earn the $300,000 price placed by the Japanese on his head, was smuggled into Shanghai's International Settlement in a coffin. There he helped establish the Provisional Government of the Republic of Korea, became its first President.

Conferences & Croquet. In the next 20 years Syngman Rhee's life fell into the dreary, frustrating round of most exiled politicians. He attended international conferences vainly trying to win recognition for Korea. (The U.S. Government blocked his attendance at Versailles Treaty meetings and at later disarmament conferences, because his presence might have embarrassed the Japanese.) He quarreled with other exiled Korean politicians. (Rhee was for continued passive resistance; other leaders favored violent action.) By World War II, the Provisional Government was almost defunct and Rhee turned over the Korean central agency in China to Kim Koo, Korea's master political assassin.*

In 1934 Rhee married Franziska Donner, an Austrian whom he had met while attending a League of Nations meeting in Geneva. Twenty years younger than Rhee, Franziska was attractive and chirrupy. She managed efficiently her impractical husband's finances. Said Rhee in 1941, "When I married a foreign lady, my family was very displeased, but they found out it was a perfect marriage." At parties, however, Rhee has been heard to tell Mrs. Rhee, "Now hush. You have talked enough."

In 1939 Rhee and Franziska moved to Washington, where Rhee acted as U.S. representative of the Provisional Government and arbiter of all Korean activities in the U.S. They lived simply, bought a twelve-room stucco house on 16th Street only after advisers suggested that it would be a good idea to have a reasonably impressive establishment. Rhee, who drank no Western liquors and smoked only an occasional cigarette, avoided Washington's cocktail party set. Most of his time was spent in attempts to interest the State Department in the Provisional Government and Korean independence. Even after World War II began, the U.S. remained stonily indifferent. When Rhee mailed his credentials to the State Department shortly after Pearl Harbor, he was asked to come and take them away again.

While he lived in Washington, Rhee spent most of his leisure time outdoors. He took great pleasure in mowing his lawn, spent many a Sunday afternoon in a rented rowboat fishing the Potomac. Aside from an occasional game of tennis with his wife, his only active sport was croquet, also a favorite game of former Secretary of State Cordell Hull, who had so stubbornly ignored the claims of Rhee's government. One afternoon in 1943 Rhee interrupted a croquet game with some friends to tune in a broadcast of the Cairo Conference communique. He listened quietly to the communique, in which a promise that "Korea shall become free" was marred, he felt, by the weasel words "in due course." Said Rhee to hishost when the broadcast was over: "What a pity I have not been playing croquet with Cordell Hull."

U.S. indifference changed Rhee's character, left him bitter and disillusioned. Convinced that most of the world was hostile to his cause, he fell back upon a small circle of friends and advisers. Chief among them was Washington Lawyer John W. Staggers, who had for many years acted as an agent of the Korean government. Staggers handled Rhee's income, which consisted largely of contributions from Koreans in the U.S. When the contributions were small, many Washingtonians believe, Staggers added to them from his own pocket.

Bitterness & the Boy Scouts. By the end of World War II, Syngman Rhee had little left of the pacifist idealism which had motivated him in 1919, had acquired a bitter and intimate understanding of the Korean proverb "When whales fight, the shrimp are eaten." Bypassing the Secretary of State, he persuaded the War Department to return him to liberated Korea simply "as a private person." General John Hodge, who commanded U.S. occupation forces, saw in Rhee a possible rallying point, a focus which might bring order out of South Korea's chaos. When Hodge led Rhee onto a platform in Seoul, 50,000 Koreans burst into tears and cheers at the sight of their legendary leader.

In the next few months Rhee proved far more of a catalyst than Hodge had bargained for, and not at all what the general had wanted. At the time of Rhee's return, 205 Korean political parties were registered with U.S. Military Government. Among them were the Forlorn Hope Society, the Supporters' Union for All Korean Political Actors, the Getting Ready Committee for the Return of the Provisional Korean Government and the Korean National Youth Movement, which called itself "the new Boy Scouts." ("The new Boy Scouts" soon had to be curbed as a menace to law & order.)

Because most Koreans despise political parties, Rhee refused to become affiliated with any group, although the National Party follows his guidance and supports his policies. But he stubbornly insisted on two points: 1) Korea must be independent, i.e., free of both Russian and U.S. interference; 2) Korea must be united, i.e., the North Korean Communists must be thrown out and the whole country united behind Syngman Rhee. Rhee's obdurate stand in effect divided South Koreans into two parties, one made up of people who agreed with Syngman Rhee, the other of people who, along with General Hodge and the U.S. State Department, hoped that Korea could be united by a compromise with the Communists.

It soon became clear that no compromise was possible. With Rhee's agreement, both the U.S. and U.N. urged that North Korea take part in a nationwide general election. North Korea's Communist leaders refused. Fearing the results of a free election, they turned the 38th parallel into an impassable frontier, thereby economically crippling both halves of Korea.

In 1948 South Korea finally went ahead without the north, held an honest, carefully supervised election under U.N. sponsorship. (On the basis of the relative populations of North and South Korea, it was decided to leave 100 of the 310 seats in the National Assembly vacant—to be filled by North Korean representatives if Korea should be unified.) In the elections a majority of South Koreans voted their support of Syngman Rhee. The Republic of Korea was established and Rhee became its first President.

Woodpiles & War. Almost at once the new President ran into trouble. There were murmurs carefully heated up by the Communists that his 35-year exile had made him a foreigner. Some of his opponents said that he thought in English, not Korean. Others seized on the fact that he wore Korean clothes only for public appearances, preferred to wear Western clothes at home. Audiences at public affairs were irritated by the invariable presence of Rhee's Austrian wife, who speaks only halting Korean. Said one left-winger: "He may be the father of our country, but she can never be its mother."

More serious were Rhee's troubles with the National Assembly. When the Assembly refused to appropriate funds for some of Rhee's government projects, the President lambasted them with a vigor that outdid Truman's gibes at the 80th Congress. Then Rhee unconstitutionally appropriated the funds by executive order. "Why should there be anything between a President and his people,"he trumpeted. Occasionally during a conference with rebellious assemblymen, rising anger would drive Rhee out of the presidential mansion to a handy woodpile. Only after he had chopped the woodpile down to size would Rhee come back to the conference, his equanimity temporarily restored.

Some observers believe that the prestige of Rhee's government sank in the months before the North Korean invasion. They cite the result of last May's U.N.-observed election, which had filled the National Assembly with an assortment of independents, many of whom were hostile to Rhee. Both in Korea and abroad, Rhee's opponents called him a lame-duck President, declared that his government was discredited. Other observers believe that Rhee's government was just beginning to hit its stride last June and that the Reds attacked when they did because they could not afford to tolerate the example of an effective, popular anti-Communist government in Asia.

Under the test of war, the Rhee government showed surprising strength. Many of Rhee's cabinet members displayed administrative talent of a high order. Outstanding among them was Defense Minister Shin Sung Mo, who likes to be called "Captain," a rank he held in the British merchant marine during World War II. ("It's the title I worked hardest to earn.") It was Shin Sung Mo who masterminded the rapid reorganization of the R.O.K. army after its staggering initial defeats. Outstanding, too, was another Shin. Though not a Rhee supporter, able, eloquent Shin Ikhui, Speaker of the National Assembly, worked closely with the cabinet, helped make the Assembly a wartime asset.

The wartime conduct of the South Korean people as well as of their leaders reflected favorably on Rhee's government. The R.O.K. army, which suffered few desertions, proved itself the most determined and effective of Asia's anti-Communist armies. And, contrary to all expectations, there was little true guerrilla activity in South Korea. There were innumerable attacks by North Korean irregular troops, but few proved instances of South Korean peasants or workers attacking U.N. forces.

To Syngman Rhee the North Korean invasion was both a vindication and an opportunity. In his eyes the war justified the uncompromising anti-

Communist stand which had earned him so many enemies. And the war offered a chance to unify Korea. Rhee was determined that when the war was won, North Korea would be absorbed by the Republic. "We have not despaired," Rhee said recently. "We must not be disappointed."

For 55 years, Rhee had been running for the job of "father of his country." Last week, old, tired, crabbed, but still determined and still a symbol of Korean independence, he was closer to it than ever before.

Licensed from TIME and published with permission of Time Inc.
Reproduction in any manner in any language
in whole or in part without written permission is prohibited.

∗ Rhee's Korean name is Yi Sung-man. Transliterated into English, the Chinese character for Rhee's family name is commonly written "Yi" by Chinese and Koreans, "Ri" by Japanese. Like many Koreans, Rhee Westernized his name for convenience in dealing with Westerners.

∗ Kim Koo first won the favorable attention of the Korean public in 1899, when he strangled a Japanese captain. Beside the captain's body Kim left a note setting forth his name, address and the reason for the murder. (The captain had engineered the murder of a Korean queen.) The authorities threw Kim into jail, but in 1901 he escaped, disguised as a Buddhist priest. In 1917 Kim decided that periodic prison stretches were interfering with his efficiency as an assassin, transferred his base of operations to Shanghai. There he organized a bombing which killed a Japanese general, mutilated a Japanese admiral and blew a leg off Mamoru Shigemitsu, who later signed Japan's World War II surrender aboard the Missouri. This made Kim a topflight Korean hero, a position which he reinforced by marrying the daughter of An Chung-kuen, another Korean hero who had assassinated Prince Ito, Japan's first constitutional Premier. In 1949 a young Korean army officer, who suspected that Kim had ordered the murder of one of his relatives, assassinated Korea's master terrorist.

당시 국내의 시선

같은 전쟁 다른 시각

승리한 전쟁?

개전 당시 남한과 북한의 전력 차는 상당한 수준이었다. 7개 사단, 6만 명 남짓이 전부였던 남한에 비해 북한은 두 배가 넘는 병력을 보유했고, 그보다 앞선 장비로 무장하고 있었다. 남한은 북한이 보유한 소련제 T-34 전차를 막을 수단이 없었다.

이러한 배경엔 한국의 지형과 북한을 완전히 오판한 미국이 있었다. 국토의 대부분이 산악지대이며 얼마 없는 평지는 질척거리는 논이 보통인 한국에서 전차 기동은 힘들 것이라는 판단이었다. 미국은 M9 바주카와 57mm 대전차포만으로 북한을 상대할 수 있다고 믿었다. 하지만 개전 이후 국군이 본 모습은 미국의 분석과는 전혀 달랐다. 57mm 대전자포는 북한군 전차에 속수무책이었다.

북한은 작전명 '폭풍'처럼 말 그대로 폭풍처럼 휘몰아쳤다. 개전 세 달 만에 북한군은 낙동강 인근까지 밀어닥쳤다. 남한은 포항, 영천, 군위 칠곡, 달성, 영산, 함안, 마산에 이르는 전선을 형성하고 부산을 임시 수도로 맥을 유지할 뿐이었다.

남한의 숨통을 열어준 건 9월 15일 인천상륙작전의 성공이었다. 북한의 보급로를 끊고 전쟁의 판도를 바꾼 것은 물론, 대반격이 이루어지며 9월 28일엔 서울을 되찾고 10월 9일에 이르러선 북진에 나서게 되었다.

언론은 6·25 전쟁을 이미 승리한 전쟁으로 보고 있었다. 10월 16일 동아일보는 머리기사로 '전국총선거로 통일정부 수립까지 북한 전역을 UN이 관할'을 뽑았고, 같은 날 기사로 '눈부시다 서울의 부흥상, 연말까지 가정 송전, 전차도 운행'을 내보내며 전후 복구에 대한 희망을 내비쳤다. 동아일보는 다음 날인 10월 17일 기사에선 대통령 성명으로 한국 재건책을 발표한 기사를 실었고, '평화와 안정 초내 후 조속시일 내 미군 철수'라는 제목으로 머리기사를 장식했다.

연일 이어지는 승전보에 조선일보는 1950년 10월 23일 기사에서 '김일성 소련으로 도망?'이라는 추측성 기사를 냈으며 다음 날인 10월 24일에는 '국군 40도선 돌파, 전쟁도 거의 종국에'라는 기사까지 내며, 때 이른 통일과 전쟁 승리의 기쁨에 도취되어 있었다.

종전을 앞둔 다른 시선

국내 언론이 통일 조국과 전후 복구에 대한 미래를 그리고 있을 때, 이미 승리한 전쟁을 보는 외신의 눈은 자연스럽게 지도자에게 몰렸다. 국토의 대부분이 폐허였고, 전기와 수도가 끊긴 나라에서 희망을 논하기란 너무 이른 이야기였다. 외신의 관심사는 전후복구가 아니었다. 냉전의 그림자가 나타나기 시작한 세계 정세와 맞물려 태평양 해양 권력의 아시아 시작점인 한반도의 지도자가 어떤 사람인지에 대한 고민이었다.

외신이 보기에 이승만은 만족스러운 지도자였다. 전통적인 한국 문화와 교육을 익혔고 미국에서 공부했으며, 자본주의와 민주주의에 대한 이해를 갖춘 인물이었다.

감추고 싶은 뉴스

1949년 6월 6일 조선일보에는 2면 기사로 '국민 보도연맹 결성 선포 대회 성황' 이라는 작은 기사가 실렸다. '대한국민으로 봉공의 길을 열어 줄 계몽기관인 국민보도연맹 창립선포 대회가 전날 성황리에 열렸다'는 기사였다. 보도연맹은 남로당 탈당 전향자를 모아 조직한 반공단체로 좌익사상에서 전향한 이들을 모아 보호하고 인도하는 단체라고 선전했지만 실상은 강제성을 띈 정부 주도의 반공단체였다. 보도연맹의 가입은 남로당 탈당자와 전향자뿐이 아니었다. 강제성을 띈 지역별 할당제가 지방 조직에 전달됐고 공무원들은 할당량을 채우기 위해 사상범이 아닌데도 보도연맹원으로 가입시키는 경우가 많았다.

전쟁이 터지자 전향한 공산주의자라는 굴레는 시한폭탄이 되었다. 정부 주도로 참여를 독려한 조직이었지만 언제 다시 북한에 동조할지 모르는 좌익 세력으로 규정한 것이었다. 비료와 밀가루 등 배급을 미끼로 국민을 보도연맹에 강제 가입시킨 정부는 전쟁 초기 후퇴 과정에서 이들을 모아 민간인 집단 학살이라는 만행을 저질렀다.

전쟁 중이던 1950년 12월 22일 동아일보는 '청장년 신변보호 괴뢰 농락을 미연방지, 정훈국 제2국민병 소집 언급'이라는 기사를 냈다. 11월 중공군의 개입으로 예상처럼 북진이 이루어지지 않자 만 17세부터 40세까지의 남자를 대상으로 징집, 국민방위군을 결성한다는 기사였다.

예비 병력을 중공군에게 빼앗기지 않고, 교육 훈련 뒤 활용한다는 창설 이유는 납득할만한 것이었지만, 운영은 이해의 수준을 넘어선 것이었다. 50만 명 넘게 징집된 인원을 무장시키고 보급품을 줄 계획을 전혀 세우지 않고 만들어진 것이었다. 게다가 얼마 되지 않는 예산조차 일부 장교가 빼돌려 착복하는 일이 발생했고, 심지어 예산을 받기 위해 서류상으로만 존재하는 유령 부대를 만들기도 했다.

창설부터 문제투성이인 국민방위군의 운명은 가혹했다. 단순히 모으기만 했을 뿐 보급과 무장, 통솔이 되지 않는 집단에게 내려진 명령은 걸어서 후방 교육대로 이동한다는 것이었다. 혹한의 날씨에 식량과 방한품이 지급되지 않는 행군은 죽음의 행렬이었고 결과는 9만 명 넘는 사망자로 이어졌다.

1961년 5월 26일 / 미국판 / 77권 / 22호

군부가 한국을 접수하다

페이지 23 **단어** 1373
섹션 세계 / 대한민국

지난주, 군 장성들이 대한민국을 접수했다. 그들이 내세운 것은 부정부패와 비효율, 공산주의 척결이었다. 한국군 정예부대를 조련하고 그 지휘관을 직접 선택해왔던 미국으로서는 쿠데타가 급작스러웠고 그 반응도 당혹스러웠다.

3시 30분 군인들이 탑승한 지프차와 트럭 들이 서울로 진입하기 시작했다. 한강대교에서 헌병대 6명이 저항하다 현장에서 피격당했다. 줄지은 해병대와 공수부대가 그 어떤 저지도 받지 않고 정부 부처들이 위치한 도심까지 진격하여, 교차로를 막고 공중에 발포하여 서민들을 겁박했다.

4·19 부정을 규탄하는 시민의 물결이 흐르는 서울 종로2가(4·19혁명기념도서관)

통금과 검열. 한 분대의 병력이 반도호텔에 진입했다. 8층 스위트룸에 잠들어 있을, 미국 유학파 장면 총리를 체포하기 위해서였다. 그러나 장면 총리 가족은 이미 빠져나가 친구 집에 안전하게 숨어 있었다. 새벽이 되자 쿠데타가 완료되었다. 서울은 거의 정상적으로 보였지만 삼엄한 경비가 모든 교차로에 펼쳐졌고, 성마르고 키 작은 중위의 지휘 본부에서 내리는 명령이 라디오에 울려 퍼졌다. 60만 육군의 참모총장이던 장도영 중장(38세)은 '군사혁명위원회 의장'을 자처했다. 장도영은 계엄령을 선포했다. 내각 인사 체포를 명령했고 모든 민간 항공기 운항을 중단시켰으며, 정당 활동과 각종 모임을 금지할 것을 명령했고 신문 검열을 지시했다.

당시 주한미군 사령관은 카터 매그루더Carter Magruder였다. 매그루더는 국군과 미군 모두에게 명령을 내릴 수 있는 유엔군 총사령관이었다. 당시 주한 미국대사관의 책임자는 마샬 그린Marshall Green, 빨간 머리를 한 노련한 대리 대사였다. 쿠데타 세력의 총성이 서울의 청문을 흔들자마자, 매그루더와 그린은 군사 반란을 비난하고 장면 내각을 지지하는 성명을 작성했다. 워싱턴과 협의하느라 지체하지도 않았다. 매그루더 장군은 국군 참모총장들이 "자신들의 권위와 영향력을 이용하여 합법적 정부 당국에 통제권을 즉각 되돌려줄 것"을 촉구했다. 외교관 그린은 덧붙였다. "미국은 합법적인 정권을 지지한다는 것을 분명히 강조하고 싶다."

쿠데타 세력은 매그루더 장군이 휘하의 미군 2개 사단으로 쿠데타를 진압하지 않을 게 당연하다고 확신했다. 아침 나절 장도영 장군은 네 명의 쿠데타군 참모와 함께 매그루더와 그린과 논쟁을 벌일 때, 반란을 종식하라는 미국 측 요구를 일언지하에 거절했다.

군사혁명위원회는 처음 발표한 혁명 공약에서 "반공反共을 국시의 第1義로 삼고… 모든 부패와 구악을 일소하고… 절망과 기아선상에서 허덕이는 민생고를 시급히 해결하고… 양심적인 정치인들에게 언제든지 정권을 이양하고 우리들은 본연의 임무에 복귀할 준비를 갖춘다"라고 약속했다. 장도영 장군은 북한 출신이며 일본 육군으로 징집되어 일본 육군사관학교를 졸업했는데, 미군 장교들 사이에서 유명했고 인기도 있었다. 미군 장교들은 1952년 그가 미국으로 가서 1년간 포트 레벤워스의 미 육군지휘참모대학에서 수학할 수 있게 해주었고, 덕분에 장도영은 대한민국 육군의 꼭대기까지 오를 수 있었다.

맨해튼에서는 한국전쟁 당시 유엔군 사령관이었던 제임스 밴 플리트James A. Van Fleet 장군이 자신은 한국 군인들을 믿었고 그들이 그 믿음을 증명한 바 있다면서, 장도영과 한국군 장성들을 단호하게 지지했다. 밴 플리트는 "그들보다 확고한 동맹은 없다"라고 말했다. "우리 편으로 두어야 한다"라고 했다. 장도영은 매그루더 장군이 특별히 좋아하는 인물이기도 했다.

4·19 행진, '의에 죽고 참에 살자'라는 구호가 인상적이다!(4·19혁명기념도서관)

총리의 문제. 장도영이 새 우두머리였나? 쿠데타를 계획한 것은 장도영이 아니라 쿠데타군 중에서도 막강했던 박정희 소장(44세)이었다. 보도에 따르면 박정희의 대리인이 장도영에게 가서, 그가 쿠데타를 주도하지 않는다면 "우리는 당신을 죽일 수밖에 없다"라고 했다. 군사 반란이 진행되던 와중에도 장도영은 서둘러서 매그루더를 만났다. 첫날에는 장도영이 반란을 주도할지 진압할지가 확실하지 않았던 것이다.

박정희는 한때 공산주의자로서 1948년 군사 반란을 조직하기도 했다. 이승만 정권에 의해 사형이 언도되었으나, 반공으로 돌아서서 남로당의 전체 계보도를 넘긴 후 풀려난 것으로 알려져 있다. 그러나 지금은 극렬하고 과격한 반공주의자를 자처하며, 육군 작전참모부 부장까지 올랐다. 이승만 정권의 부패에 환멸을 느끼고 작년 초 군사 반란을 계획한 바 있으나, 학생들이 주축이 되어 이승만을 먼저 축출한 터였다.

애초 박정희는 한국 최초의 공정 선거에서 선출된 장면 총리가 뇌물 수수와 비효율을 척결하고 삐걱대는 한국 경제를 재건하리라고 기대했다. 그러나 부패는 지속되었고 장면 총리의 과감한 경제 계획은 좀체 진척되지 않았다. 정치인들은 한국의 허약한 민주주의에 경솔하게도 해악을 끼치고, 이기적으로 사익을 추구했다. 한국 신문들은 새로 얻은 언론 자유를 장면 총리에게 사사건건 꼬투리 잡는 데 썼다. 윤보선 대통령은 정치적 소용돌이의 외곽에 서 있어야 했지만 고군분투하는 장면 총리를 공개적으로 비난했다.

화난 장성들. 장면 총리는 막대한 규모의 군대가 정권에 가장 큰 위협이라는 사실을 오래전부터 알고 있었다. 그럼에도 그는 남한 예산의 절반이 그 유지 비용으로 쓰이는 60만 대군을 20만

1961년 개천절 기념식에 참석한 윤보선 대통령(서울사진아카이브)

으로 감축한다는 계획을 감행했다. 장성들은 분개했다. 매그루더 장군과 미 국방부에서 파견한 고위 인사들은 병력 감축에 대해 심각한 우려를 표명했다.

  설상가상으로 장면 총리는 저명한 국군 장교들 몇 명에게 조기 퇴직을 강요했다. 그러나 장면에게는 이승만 같은 교묘함이 없어서, 군부가 음모를 꾸미기 힘들도록 매우 규칙적으로 부대를 재편성하는 책략을 구사하지 않았다. 그래서 군부에 너무 많은 적들이 남게 되었다. 주동자 박정희가 군사 반란을 개시한 지난주, 정부를 전복하고 장면 총리를 피신하게 만드는 데 필요했던 병력

5·16혁명 전국 재건청년회 부녀회 대회(서울사진아카이브)

은 고작 3,600명이었다.

장면 총리는 투사는 아닌 것으로 드러났다. 은신한 지 이틀 후, 국무원 건물로 가서 장도영에게 투항했다. 그 후 기자단에게 본인과 내각이 사임했다고 발표하고, 새 군사 정권을 지지해달라고 국민들에게 호소했다. 윤보선 대통령도 뒤따라 하야하면서, 패장이 참회를 하는 한국 전통에 따라 다음과 같이 선언했다. "원래 덕이 없는 이 사람이 국가원수직에 있었던 1년 8개월 동안

이 나라에서 일어났던 모든 일에 대해서 나는 그 책임을 느끼는 바입니다. 내가 국가에 기여한 바가 적어 군사혁명이 발발한 것을 죄송스럽게 생각합니다." 그러나 이튿날 장성들은 그를 대통령직에 눌러앉혔다.

그다음은? 이제 군 장성들이 국가 운영에 착수할 수 있게 되었다. 장도영 장군은 국무총리 겸 국방장관이 되어 육·해·공군과 해병대 장교들로 구성된 내각을 발표했다. 군부는 그 어떤 반대에도 처하지 않았고, 국민들은 완전히 무관심하거나 냉담하게 침묵 속에 지켜보기만 했다.

군부는 민간 통치 체제로 복귀하겠다고 약속했으나, '반정부 조직들'을 단속한다는 명목으로 모든 진보인사들을 공산주의자로 엮어 탄압했다. 3,500명 이상이 잠재적 공산주의자나 '좌익 깡패'로 간주되어 체포되었고, 좌파 학생 단체들에게 침묵하라는 경고가 전해졌다. 언론은 검열당했다. 검열당하고 있음을 나타낼 수 있는 백지나 검은 반점 등을 신문에 싣는 것조차 금지당했다. 장성들과 보좌진들은 민간 행정 경험이 거의 없어 전임 공무원들의 도움을 받아야 했다. 쿠데타 다음 날 서울에 주재한 미국 경제원조 관료들은 업무에 복귀했지만, 전날과 똑같은 한국 관료들을 대했다.

워싱턴의 국무부 관리들은 다소 당혹스러웠다. 주한 미국대사가 축출된 국무총리를 갑작스럽게 지지하는 엉뚱한 행동을 했기 때문이다. 그러나 서울에서는 장도영 장군이 군복을 입은 채 기자들 앞에서 미 대사관을 무시하는 발언을 했다.

"한미 관계에 관한 한 아무 문제가 없을 것이다. 과거 우리 군은 그 어떤 한국 기관보다 미국 당국과 긴밀한 관계를 맺었다. 따라서 미국 정부가 예전보다 더 적극적으로 우리를 지지할 것으로 믿는다."

이 책의 한국어판 저작권은 TIME으로부터 받았으며 TIME Inc.의 허가로 출판됨.
저작권법에 의해 보호를 받는 저작물이므로, 서면 허가 없이는
어떠한 방법이나 언어로든 전체 또는 일부의 무단전재 및 복제를 금함.

May 26, 1961 / U.S. Edition / Volume 77 / Number 22

The Army Takes Over

Page 23   Words 1373
Section The World / SOUTH KOREA

The generals took over in South Korea last week, proclaiming their desire to wipe out corruption, inefficiency and Communism. The U.S., which had trained the crack Korean army and hand-picked its leaders, was surprised by the coup and bewildered in its response.

It was 3:30 a.m. when the Jeeps and trucks loaded with soldiers began rolling into Seoul. At the Han River bridge, six confused military police guards made the mistake of resisting and were shot on the spot. Columns of marines and paratroopers raced unopposed to the center of the city, surrounding government buildings, blocking intersections and firing into the air to frighten the populace.

Curfew & Censorship. One squad headed straight for the Bando Hotel to arrest Manhattan-educated Premier John M. Chang, whom the army expected to find asleep in his eighth-floor suite. But Chang and his family had slipped away a few minutes before, were already safely hidden at a friend's house. When dawn came, the coup was complete. Seoul seemed almost normal but for the heavy guards at every intersection and the orders blaring over the radio from the headquarters of peppery little Lieut. General Chang Do Yung, 38, chief of staff of the 600,000-man ROK army, who now declared himself "chairman of the Military Revolutionary Committee." Proclaiming martial law, General Chang ordered the Cabinet arrested, halted all civil air flights, banned political parties, forbade meetings and decreed censorship for the newspapers.

The U.S. military commander on the spot was General Carter Magruder, chief of U.N. forces, whose command includes the South Korean army as well as all U.S. troops. U.S. embassy boss was Marshall Green, experienced, red-haired charge d'affaires in Seoul. Almost as soon as the sound of the junta's guns rattled Seoul's windows, both were out of bed and drafting public statements condemning the revolt and backing the government of Premier Chang. Neither waited to consult Washington. General Magruder urged that Korean armed forces chiefs "use their authority and influence to see that control is immediately turned back to the lawful governmental authorities." Added Diplomat Green: "I wish to make it emphatically clear that the United States supports the constitutional government."

The junta felt justifiably confident that General Magruder would not use the two American divisions under his command to contest the coup. When Magruder and Green arrived in midmorning to argue with General

Chang and his four fellow junta chiefs, the Korean generals brushed off the Americans with a flat refusal to end the revolt.

The revolutionary committee's first communique pledged to "oppose Communism as its primary objective··· root out corruption··· solve the misery of the masses···. transfer power to new and conscientious politicians as soon as our mission has been completed, and return to our original duties." General Chang, a North Korean who was drafted into the Japanese army and graduated from a Japanese military academy, is well known and popular among U.S. officers, who helped him rise to the top in the ROK army by arranging to send him to the U.S. for a year's study at the Command and General Staff College at Fort

Leavenworth in 1952. In Manhattan, General James A. Van Fleet, the former U.N. commander in Korea who had staked his faith in South Korea's fighting men and had been proved right, flatly endorsed Chang and his generals. "We have no stauncher allies," he said. "Let's keep them on our side." General Chang is a special favorite of Magruder himself.

Premier's Problems. Was General Chang the new boss? The man who planned the coup was not Chang but his powerful colleague on the junta, Major General Pak Chung Hi, 44. Reportedly, Pak's representatives went to Chang, told him that if he did not come to lead the coup, "we will have to kill you." Even as the uprising got under way, General Chang rushed off to see Magruder; for most of the first day, it was not certain whether Chang would lead the revolt or quell it.

Major General Pak was once an avowed Communist who helped organize an army revolt in 1948; he was sentenced to death by Syngman Rhee's officers but was released after reportedly undergoing a conversion and informing on the entire Communist network. Now vocally and violently anticommunist, he rose to be the army's chief of operations. Disgusted with the corruption of Rhee's regime, General Pak is said to have planned a revolt early last year, but the student mobs that ousted Rhee beat him to it.

At first, Pak hoped that Premier John Chang, victor in South Korea's first honest elections, would sweep out the graft and inefficiency and rebuild the creaking Korean economy. Instead, corruption continued, and Premier Chang's bold economic plans made little progress. Heedless of the damage they were doing to South Korea's frail democracy, politicians selfishly fought for personal gain. Seoul's irresponsible newspapers exulted in their new freedom by jabbing at Premier Chang on every issue. President Posun Yun, supposedly a figurehead outside the political maelstrom, sniped openly at the struggling Premier.

The Angry Generals. Premier Chang had long been aware that the greatest threat to his regime was the huge army. Nevertheless he pushed ahead with his campaign promise to trim 200,000 men out of the 600,000-strong armed forces, whose maintenance takes overhalf of the entire South Korean budget. That angered the generals; General Magruder and visiting Pentagon brass declared their grave concern at the troop cuts.

To make matters worse, Premier Chang forced some prominent ROK officers into early retirement. But, lacking the crafty sophistication of Syngman Rhee, who used to reshuffle his officer corps with drastic regularity to make plots difficult, Chang left too many of his military opponents in their old jobs. When Plotter General Pak set his military revolt in motion last week, only 3,600 soldiers were needed to bring the government down and send Premier Chang into hiding.

Premier Chang proved to be no fighter. After two days in hiding, he turned up at the State Council building to surrender to General Chang. Then he went before the press to announce that he and his Cabinet had resigned, appealed to the nation to stand behind the new military regime. After the Premier's resignation came that of President Yun himself, who, following Korea's tradition of repentance after defeat, declared: "I regret that I made so little contribution to the nation that a military revolution has occurred ... I feel nothing but sorrow." But next day, the generals talked him into staying on the job.

What Next? Now the military chiefs could get down to the task of running the country. Announcing a new, isman Cabinet of army, navy, air force and marine officers, General Chang became Premier and Defense Minister as well. The junta was opposed by no one; with utter apathy or unconcern, the Korean people watched in silence.

The generals were promising a return to civilian rule, but had begun with a crackdown that lumped all liberals with the Communists in a drive against what it called "antistate organizations." More than 3,500 suspects considered to be potential Communists or "leftist hoodlums" were under arrest, and warnings went out to left-wing student groups to keep quiet or else. The censored press was forbidden to use blank spaces or blacked-out splotches that would show that censorship was in effect. The generals and their aides were largely untrained in civil administration, would probably have to turn to the previous civil servants for help. A day after the coup, U.S. economic aid officials in Seoul were back in business, dealing with the same Korean bureaucrats as before.

State Department officials in Washington were somewhat embarrassed that the Seoul embassy had backed the wrong horse by its abrupt support of the ousted Premier. But in Seoul, General Chang stood before reporters in his combat fatigues to shrug it all off. "There should be no trouble at all as far as U.S. -Korean relations are concerned," said Chang. "Our armed forces in the past have had closer relations with U.S. authorities than any other Korean agency. Therefore I believe the U.S. Government will support us more positively than ever before."

Licensed from TIME and published with permission of Time Inc.
Reproduction in any manner in any language
in whole or in part without written permission is prohibited.

당시 국내의 시선

Chapter 2

다양한 혁명들

3·15와 4·19

1960년 4번째 대통령에 도전한 이승만 대통령은 커다란 위기를 맞았다. 전후 복구도 미진한 상황에서 관료들의 부정부패가 만연하고 미국의 잉여 생산물을 더 받는 것에만 기대는 이승만 정부에 국민은 염증을 느끼고 있었다. 전쟁으로 개편된 인구 분포는 도시로 집중됐고, 실업자는 총 노동인구의 15퍼센트에 달했다. 국민의 삶은 바닥을 기고 있었다.

이런 와중 치러진 정부통령 선거에서 총 투표율이 100퍼센트를 넘는 코미디로 이승만과 이기붕이 정부통령으로 당선되자, 전국은 이승만 하야를 요구하는 시위에 휩싸였다.

투표는 결과뿐만 아니라 선거운동과 투표 자체까지 문제였다. 동아일보는 3월 15일 투표일 머리기사 제목을 '일찍이 없던 공포 분위기'로 정했다. 선거에 익숙하지 않은 국민을 지도한다는 명목으로 3인 또는 9인으로 자유당원과 한 조로 묶어 투표를 하고 있다는 고발이었다. 이와 함께 신문은 부정선거를 암시하는 기사로 점철되었다. 14일부터 교통정리를 헌병에게 맡겨 살벌한 느낌을 주고 있다는 기사와 '공개투표 하지 않으면 빨갱이로 몬다. 혼자 못 가게 방해(3월 15일 동아일보)'라는 제목의 기사처럼, 정부의 노골적인 부정선거를 고발하는 내용이었다. 결국 모두가 눈치챈 부정선거에서 촉발한 민심은 4·19 혁명을 거쳐 이승만 대통령 하야를 이끌어냈고 자유당을 붕괴시켰다.

자유당의 붕괴로 대한민국은 민주당 국회의원이며 2대 국무총리를 지냈던 장면을 국무총리로, 대통령에는 윤보선으로 한 의원내각제 형태의 제2공화국을 출범했다. 윤보선은 이승만의 독선을 견제하던 민주당 최고의원이었고, 장면 역시 1956년 부통령 선거에서 이기붕을 상대로 3대 부통령으로 뽑힌 최연소 부통령으로, 이승만을 견제하던 인물이다. 제2공화국 앞에는 수많은 문제가 쌓여 있었고 내각은 국민의 요구를 해결해줄 만큼 유능하지 못했다. 민, 관 구분 없이 연일 시위가 이어졌고 내각 역시 민주당 내 신구파 간 갈등으로 정상적인 운영이 불가능했다. 그 가운데 가장 급한 불은 경제였다.

부정선거가 있은 지 1년 뒤인 1961년 3월 15일. 동아일보의 머리기사는 '중소기업 육성 종합대책'이었다. 한 해 전 있었던 부정선거에 대한 반성과 의미를 곱씹는 기사는 사설에서 스쳐 지나갈 뿐, 대부분의 1면 기사는 일본, 미국과 무역을 어떻게 해나갈 것인지에 대한 고민이었다. 당일뿐만이 아니었다. 3월 4일 조선일보 시론 '역사를 되풀이하지 말라. 3·4월 항쟁의 사적의의를 분석'이라는 기사를 빼면 거의 모든 머리기사가 경제 문제를 다루었다. 세계 최악의 빈곤국 대한민국에서 먹고사는 문제는 이미 발등에 떨어져 활활 타고 있는 문제였다.

그리고 5·16

당일 저녁 신문은 일제히 머리기사로 군의 쿠데타 소식을 전했다. 만 하루도 지나기 전에 세상이 바뀐 셈이었다. 언론은 군사혁명위 설치와 계엄령 선포를 1면에 실었고, 다음 날인 5월 17일 경향신문에서는 군부혁명 화보를 2면에 실었다. 모든 정치, 의회 활동이 금지됐지만 언론은 쿠데타에 크게 반발하지 않았다. 시민의 반응을 전하는 기사 역시 마찬가지였다. 동아일보는 '새벽 총성에 시민들 어리둥절'이라는 제목으로 기사를 만들었다. '광화문 주요 네거리에서 헌병과 경찰이 함께 교통정리를 하는 모습이 이채로울 뿐, 전차길에서 한걸음 들어선 명동은 평소와 같이 인파가 몰리며 긴박한 정치 상황과 다른 모습'이라는 기사를 실었다.

5월 18일 조선일보 사설의 제목은 '민생문제 해결의 중요성', '경제활동 정상화를 위한 우리들의 권고와 제언'이었다. 2공화국 인사들의 구금과 절차적 정당성은 민생문제 앞에서 한없이 초라한 문제였다.

육사 생도들은 전두환을 주축으로 쿠데타 지지 시가행진을 벌였고 공사생도는 '혁명완수 반공태세 강화'를 다짐했다. 나흘 뒤인 1961년 5월 20일. 경향신문은 '윤 대통령 하야성명'을 머리기사로 실었다. 책임을 느끼고 물러난다는 말과 군사혁명위에 큰 기대를 건다는 성명이었다. 성공한 쿠데타였고, 성공한 쿠데타여야 했다.

동아일보는 5월 23일 '자유우방과 친선강화'라는 제목으로 머리기사를 실으며 일본과 관계 개선을 알렸고, 같은 날 조선일보는 '일본 언론계 반향 한국 혁명 성공', '한국 혁명에 월남 각지 호평'과 같은 기사를 실었다. 5월 21일 경향신문은 '혁명내각 드디어 성립'이라는 기사를 실었다. 언론과 시민, 그리고 전세계가 쿠데타를 환영하는 분위기 속에 기사 끝엔 모두 군검필軍檢畢이라는 글자가 인쇄되어 있었다.

1975년 6월 30일 / 미국판 / 105권 / 27호

기나긴 포위

페이지 44　**단어** 3451
섹션 세계 / 대한민국 / 스페셜 리포트

　　수많은 승용차와 택시가 클랙슨을 요란하게 울리며, 매혹적이고 혼잡한 남한의 수도 서울의 옛 관문 남대문 둘레를 거칠게 내달린다. 한국인, 미국인, 유럽인, 일본인 사업가들이 카바레나 각종 위락 시설로 모여든다. 그렇지만 자정 무렵 행락객들은 자정 통금에 맞추기 위해 귀가를 서두르고, 집집마다 불이 꺼지기 시작한다. 몇 킬로미터만 벗어나면 주민들이 조용한 시골길을 지나 기와집이나 초가집으로 돌아간다. 거기서 한 시간쯤 운전하여 인구 650만의 번잡한 서울을 벗어나면, 미국과 한국 군인들이 비무장지대의 어둡고 험준한 지형을 초조하게 훑어본다.

1973년 시민회관, 통일주체국민회의 지역회의 박정희 9대 대통령 당선 광경(서울사진아카이브)

1972년 11월 21일, 유신헌법안 찬반을 묻는 국민투표 및 개표(서울사진아카이브)

248킬로미터 길이의 비무장지대를 따라 콘크리트 벙커에 대기하거나 긴박하게 순찰하며, 북한에서 침입자나 파괴 공작원, 특공대가 침투하는 것을 밤새도록 감시한다.

특히 미국인들에게 이런 요소들은 익숙한 고통으로 다가온다. 제2차 세계대전 이래 각각 공산주의와 자본주의, 화해 불가능한 적대국으로 분단된 한 나라. 양쪽을 분리하는 비무장지대. 자칫 전면전으로 치달을 수 있는 교전, 도발, 위협, 특공대 습격. 그러나 여기는 베트남이 아니다. 제2차 세계대전 이래 많은 아시아인들과 미국인들이 싸우고 죽은 또 다른 아시아 국가, 한국이다.

1950년부터 1953년까지, 유타 주 크기의 반도에서 전쟁이 벌어져 4백만여 명이 사망하거나 부상당했고 그중에는 미군 15만 7,530명도 포함되어 있다. 미국과 중국이 자칫 전면전을 벌일 위기를 맞기까지 했다. 25년 전 이번 주, 소련에게 물자와 정치적 지원을 받은 대규모 북한 침략군이 비무장지대를 휩쓸며, 한반도에서 한국의 수호자들을 당장 몰아내겠다고 위협했다. 하나의 나라를 분단한 38선 양쪽에서, 한국인들은 다른 어떤 해보다 더한 두려움과 불안 속에서 한국전을 기념한다.

전쟁 피로. 특히 반공주의가 강경한 한국에서는 급변하는 아시아 상황에 대한 불안감이 커지고 있다. 물론 가장 중요한 요소는 1960년대 후반 한국군 5만 명이 참전한 베트남전에서 미군이 결국 철수한 것이다. 지금 한국인들은 자문自問한다.

1) 북한의 절대적인 통치자, 야심만만한 독재자 김일성은 공산주의자들의 베트남전 승리에 고무되어 한국에서 또 다른 정복 전쟁을 시도할 것인가?

2) 만약 그렇다면, 미국은 전쟁에 피로감을 느끼면서도 병력 4만 2,000명을 여전히 주둔시키고 있는데, 25년 전처럼 한국을 지원할 것인가?

북한이 대규모 전면전을 시도하지 않을까 하고 미국 애널리스트 대부분이, 그리고 여러 한국 관료들이 개인적으로 의심하고 있다. 더욱이 조금 비슷한 듯하나 한국은 남베트남과 대단히 다르다. 한국은 정부가 강력하고, 경제는 호황을 누리고 있으며, 군대는 장비를 잘 갖춘, 응집력 있는 국가다. 박정희 대통령이 자주 억압적인 조치를 취하는 데 내부 반발이 있긴 하지만, 내전과 유사한 상황은 전혀 없다. 노골적인 반체제 인사들조차 평양의 일당 독재 체제를 싫어하며, 시민들은 남파 간첩들을 치안 당국에 대부분 신고한다.

그런데도, 사이공 붕괴 이후 미국 관료들은 1953년 한국과 체결한 상호방위조약을 확실히 하기 위해 비상한 노력을 했다. 지난주 미 국무부 장관 헨리 키신저는 뉴욕의 재팬 소사이어티Japan Society에서 했던 연설에서, 미국이 "한반도의 평화와 안보를 지키기로 결의했다"라고 역설했다. "이것은 일본뿐 아니라 아시아 전체에 결정적으로 중요하다."

1973년 장충체육관에서 열린 유신시정 결의대회(서울사진아카이브)

 최근 몇 개월 동안 불길한 징후가 몇 가지 있었다. 한국 정부는 북한에서부터 비무장지대 남단 4킬로미터까지 이어진 땅굴 두 개를 발견하여 봉쇄했다. 그중 하나는 높이와 폭이 1.8미터였다. 베트남전에서 공산주의가 승리한 이래 김일성이 보인 행보는 한국을 더욱 불안하게 했다. 김일성은 중국, 루마니아, 유고슬라비

아를 순방하고 이를 대대적으로 선전했는데, 한국에서는 이것을 또 다른 대남 군사 행동에 대한 지원을 얻으려는 노력으로 보고 있다.

다가오는 가을에 북한이 중요한 프로파간다에 성공하리라 전망하는 이들이 많다. 한국에서 유엔이 가진 지휘권을 종결할 것을 요구하는 유엔총회 결의안이 그것이다. 워싱턴은 유엔에서 무슨 일이 벌어지더라도 비무장지대 남쪽에 주둔한 미군 부대를 유지할 것이다. 오직 안전보장이사회에서만 사령부를 폐지할 수 있는데, 미국이 비토권을 갖고 있기 때문이다. 미국이 유엔총회에서 투표가 실시되기 전에 유엔 지휘 체계에서 미군을 제외하는 문제를 논의하는 데 동의할 거라는 추측이 있다. 두 경우 모두, 평양이 프로파간다로 전 세계에서 얻는 지지만큼, 서울에게는 달갑지 않은 신호가 될 것이다.

가장 심각한 것은 비무장지대 양측에 잘 훈련된 중무장 병력이 백만 명 이상이라는 사실이다. 남측 62만 5,000명, 북측에 46만 7,000명이 배치되어 있다. 북한군뿐 아니라, 국경에서 고작 60킬로미터 떨어진 블라디보스토크에 소련의 대규모 공군 및 해군 기지가 있고, 만주 국경에 약 150만 소련군과 중국군이 대기하고 있다. 오키나와에는 치명적인 미국의 핵무기가 있다. 이 때문에 한반도가 세계에서 가장 군사력이 집중된 지역이 되었다. 이처럼 막대한 군대의 존재가 30년 분단이 야기한 심각한 적대감과 맞물려, 약간의 실수만으로도 전쟁이 벌어질 수 있는 위험성을 키운다.

한반도는 언제나 동북아 안정을 위한 열쇠였다. 일본에게 이것은 중대 관심사다. 15억 달러 이상을 한반도에 투자했고 한국이 '일본의 심장을 겨눈 단도'라는 느낌을 떨치지 못하고 있기 때문이다. 포스트 베트남전 시대를 기대하는 미국 전략가들은 일본, 대만, 한국에 위치시킨 동북아 방어선을 이미 논의하고 있다. 이 세 나라에서 미국은 공식적 상호방위조약에 힘입어 경제적 이익을 크게 누리고 있다.

데탕트 분위기는 틀림없이 중국과 소련이 김일성의 군사 모험주의를 포기시키도록 이끌 것이다. 김일성이 베이징을 방문하는 동안, 중국 측은 한국 인민에 대한 자신들의 '단호한 지지'가 사실은 한국의 '독립적이고 평화로운 통일'을 위해서라고 강조했다. 중국은 새로운 한국전을 원치 않는다는 명백한 메시지를 김일성에게 보낸 것이다. 사실 중국인들은 한반도의 안정을 매우 우려하고 있기에, 베이징 고위 관료들은 중국이 동아시아 지역의 미군 철수를 그다지 바라지는 않는다고, 특히 미국인 방문자들에게 노골적으로 시사해왔다. 소련의 반응은 더 실망스러웠다. 김일성은 최근 순방에서 소련 방문을 생략했는데, 소련의 고위층 아시아 전문가에 따르면 소련은 현 시점에 김일성이 방문하는 것을 원하지 않았다고 한다.

1963년 11월 24일, 박정희 의장이 케네디 대통령 장례식 참석을 위해 출국 중이다(서울사진아카이브)

산업 도약. 김일성에게 가장 큰 장애물은 한국 자체의 힘이다. 한국전 종전 이래 4반세기 동안, 공군력을 제외하고는 1950년 평양이 우위를 보였던 군사 정세를 역전시켰다. 한국은 사실상 모든 생활 측면에서, 특히 경제 부문에서도 북한을 능가했다. 한국은 1964년 이래 세계 최고 수준의 연평균 성장률을, 즉 10퍼센트대를 유지했다. 전근대적인 쌀 농경 경제마저 붕괴되고, 국민들이 기아에 허덕이던 한국전쟁 시절과는 전혀 거리가 멀다.

오늘날 한국은 진정한 산업 도약을 이룰 준비가 된 것으로 보인다. 공장 굴뚝과 텔레비전 안테나가 수원, 천안, 대구, 인천 등 산업단지의 스카이라인에 빼곡하다. 웨스트버지니아산 석탄이 남동부 해안인 포항에 산처럼 쌓여 있다. 포항에는 1만여 명의 직원들이 세계에서 가장 큰 종합 제철소가 될 예정인 공장들을 세우고 있다. 더 남쪽에 있는 울산에서는 초현대적인 작업장에서 형체를 갖추고 있는 23만톤급 초대형 유조선들로 인해 암석으로 이루어지던 해안선이 뚝 끊긴다. 한국의 국민총생산은 172억 달러로 그리스와 비슷하고, 1인당 국민총생산은 한국전쟁을 전후하여 129달러에서 513달러로 올랐다.

산업뿐 아니라 농업도 성장가도를 달린다. 1965년 이래 작물 생산량이 매년 3퍼센트라는 인상적인 증가율을 보인다. 기계화는 아직 큰 진전을 이루지 못하여, 수세기 동안 그랬듯 논밭에서의 작업은 매우 힘겹다. 한국의 어느 고위 관료는 마치 마오쩌둥주의자처럼 말한다. "서구는 오랫동안 도시화에 사로잡혔다. 하지만 현대 아시아 역사에서는 농민들이 추진력을 가지고 있었다. 우리는 농촌에 유리하게 자원을 배분해왔다."

이처럼 급속한 경제성장은 높은 사회적 비용을 불러왔다. 무엇보다 이는 매우 값싼 노동력에 기인한 바 있다. 평균적인 한국 노동자는 매달 약 45달러에 불과한 초봉을 받는다. 때문에 주 6일을 근무하며 하루 10시간 넘게 일하는 경우도 많다. 몇몇 아시아 국가에 비해 과도하지는 않지만, 부패한 공무원들이 어느 정도 뒷돈을 챙기기도 한다. 어쨌든 이러한 불평등에도 불구하고, 거의 모든 한국 국민들이 경제성장을 통해 이득을 보았다. 〈타임〉 특파원 윌리엄 스튜어트William Stewart가 서울에서 보도한 바에 따르면, 한국에는 더 나은 미래가 올 거라는 기대감이 높다.

쉬는 시간. 스튜어트는 이렇게 타전한다. "내성적인 일본과 과묵한 중국과는 확연히 다른 명랑함이 있다." 한국인은 개방적이고 외향적이고 만족할 줄 모른다. 그들은 해체와 재건을 진행하면서도, 2천년이 남긴 흔적과 풍습 속에서 편하게 지낸다. 늦봄 서울 경복궁 경내는 꽃들이 만발하다. 여전히 한국 남자들은 일본의 게이샤 연회에 해당하는 기생 잔치에서 휴식하고 업무를 논한다. 기생 잔치는 게이샤 연회보다 덜 작위적이고 덜 기교적이며, 노래하고 춤추고 이야기하고 쉬는 시간이다."

한국이 경제적 성공을 이룬 데는 냉혹한 박정희 대통령의 공이 크다. 급속한 성장이 실제로 시작된 것은 박정희 정부가 제1차 경제개발 5개년 계획을 수립하고, 주로 일본으로부터 막대한 대외 투자를 받으면서부터였다. 이전까지 한국은 노쇠한 이승만 대통령의 비효율적인 독재 통치 하에서 침체해 있었다. 이승만 정권은 1960년 자발적이고 전국적인 학생 시위로 전복되었고, 진정한 민주주의 정권을 윤보선 대통령이 짧은 기간 동안 이끌었다. 그러나 윤보선 정권은 계속되는 시위에 직면하여 공공질서를 유지하지도 못했고, 정치인들은 옥신각신하면서 국가 정책을 결정하지 못했다. 윤보선 정권은 1961년 박정희의 무혈 쿠데타를 통해 축출되었다. 당시 박정희는 250명의 충직한 동료 장교들을 둔 육군 장성이었다.

농부의 아들 박정희는 일본이 식민 통치를 하던 1945년 이전에 규율이 엄격한 일본 육군사관학교를 나왔다. 박정희는 전쟁 전 열렬하던 일본식 애국심에 영향을 받았고, 그것을 한국에 대한 열렬한 충성으로 탈바꿈시켰다. 1946년 새로운 한국군에 합류한 뒤 승진가도를 달렸지만 단 한 번의 예외가 1948년에 생겼다. 아이러니하게도, 그렇게 호전적인 반공주의자인 그가 남로당 첩자라는 혐의로 재판을 받고 무죄 선고를 받은 것이다.

사회 통제. 한국에서 대적할 상대가 없는 철권통치자strongman 박정희는, 서구 민주주의는 동양식 '수정'을 가하지 않는다면 아시아에서는 '소화불량'을 일으킬 뿐이라고 애초부터 생각했다. 경제 측면에서, 이는 기업에 대한 외채 지급 보증 등의 수단을 통해 정부가 산업을 장려하는 것을 의미했다. 또한 임금을 낮게 유지하도록 엄격하게 노동계를 감독했고, 사회 통제 수단으로 중앙정보국에 크게 의존했다. 1961년에 설립되어 약 3만 5,000명의 직원을 둔 중앙정보국은 잔인함으로 악명을 떨쳐왔는데, 이는 그 피해자들을 보면 충분히 증명되는 사실이다.

이러한 전체주의 성향이 이제는 한국의 경제 성과를 해칠 위험성이 있다. 약 2년 전까지만 해도 박정희는 헌법을 엄수하며 통치하려고 신중을 기했다. 그는 상당히 공정해 보이는 선거를 통해 4년 임기의 대통령직에 세 번 당선되었다. 그러나 1971년 대선 표결에서 김대중 후보가 놀랍게도 46퍼센트라는 득표율을 보이자, 박정희는 더욱 명백한 독재자로 돌아섰다.

1972년 박정희는 계엄령을 선포했다. 그리고 헌법을 대폭 수정하여 자신의 절대 권력을 공식화한 유신('새롭게 함')헌법을 제안했다. 유신을 통해 대통령 보통선거를 폐지함으로써 '정치의 변덕'에서 벗어났다. 그 대신 2,500명으로 일종의 선거인단을 구성했다. 박정희는 219석 국회의 3분의 1을 자신이 선호하는 선거인단 구성원들로 채울 권한을 얻었다. 놀랍게도 91퍼센트의 한국 국민들이 유신헌법에 찬성했다. 1971년 절반에 육박하는 투표자들이 박정희에게 반대표를 던진 것을 고려할 때 의심의 여지가 있는 찬성율이다. 김대중은 분노한다. "다른 도리가 있었겠는가? 박정희는 늘 사람들에게 총을 겨누고 있었다."

도쿄 납치. 박정희는 막강해진 권력으로 정적들을 더 심하게 탄압했다. 김대중은 박정희를 '아시아판 히틀러'로 과장해 낙인 찍기에 이르렀다. 그런 그가 백주 대낮에 도쿄의 한 호텔 방에서 중앙정보국에 의해 납치되었다가 감쪽같이 서울로 압송되었다. 김대중 납치 사건으로 주권이 공공연히 침해당한 일본은 격분했다.

작년에 박정희는 전국의 비판자들에 대한 대규모 기습 체포 명령을 내렸다. 그중 168명 이상이 각종 반체제 활동에 대해 유죄

1978년 12월 27일 박정희 9대 대통령 취임 경축 행사(서울사진아카이브)

판결을 받았다. 일부는 사형을 선고받았는데, 그중에는 윤보선 전 대통령도 있었다. 학생 시위를 지원하기 위해 자금을 제공한 혐의였다. 결국 사형선고는 철회되었고 대부분의 정치범들이 석방되기는 했다. 그러나 작년 박정희 반대 시위를 조장했다는 혐의로 군사법원에서 유죄 판결을 받은 8명이 사형당했고, 지금도 억압은 수그러들지 않고 있다. 지난달 박정희는 대통령 긴급조치 9호를 직접 선포했다. 유신 헌법을 '부정·반대·왜곡·비방' 행위를 1년 이상의 징역형으로 처벌할 수 있게 한 조치였다.

긴급조치는 세 집단을 타겟으로 삼았다. 첫째가 지식인이다. 둘째는 개혁 성향 성직자다. 개신교에서 운영하는 노동자 중심의 도시 산업 선교단 다수가 포함되어 있었다. 마지막으로 대학생이다.

대학생들은 전통적으로 한국 정치에서 격동적인, 때로는 무책임한 역할을 해왔다. 이 세 집단 모두 세세한 감시를 받고 있다.

김지하 시인(34세)은 박정희 정권에 반대하는 저명 인사 중에서도 가장 유명하다. 그는 꾸준히 풍자시를 써 정부를 조롱해 수차례 수감 생활을 했다. 작년에는 사형선고를 받았지만 2월에 석방되었다. 지난달에는 한국의 광범위한 반공법을 위반한 혐의로 다시 투옥되었다. 한편 정부는 김지하가 열성적인 공산주의자라는 매우 미심쩍은 주장을 입증하려고 '김지하 소송'이라는 팜플렛을 해외에 배포하기 시작했다. 김지하의 친구들은 정부가 그의 사형에 찬성하는 여론 조장을 위해 움직이고 있다고 우려한다.

한국인 대부분이 그렇듯, 김지하가 '최루탄 세대'라 일컫는 반체제 인사들은 열렬한 반공주의자들이다. 김지하의 사형에 있어서, 박 대통령은 만약 자신이 '사회적 동요'를 중단시키지 않으면 북한이 상황을 오해하여 공격을 개시할 수도 있다고 주장한다. 실제로 박정희는 극심한 딜레마에 처했다. 민주주의적 자유와 실제로 침략 위협을 받는 국가에 필요한 기강 사이의 균형을 어떻게 잡을 것인가라는.

그런데도 박정희 반대자들은 그의 억압 정책의 목표가 대개 자신의 권력 유지에 있다고 주장한다. 야당 대표 김대중은 말한다. "북쪽의 위협이 존재하는 것은 사실이다. 그러나 우리 대통령은 정권의 수명을 연장하기 위해 그 위협을 계속 부풀리기만 한다."

해상 충돌. 김일성이야말로 박정희의 반체제 인사 문제로 큰 위안을 얻는 당사자다. 북한의 궁극적 전략은 불분명하지만, 그들은 박정희를 약화시키고 궁극적으로는 그를 제거하고 싶어하므로 틀림없이 남한 내 체제 전복을 조장하고 싶을 것이다.

여러 분석가들이 보기에, 북한은 소규모 탐색전을 여러 차례 펼쳐 한국의 결단과 미국 개입의 강도를 시험할 가능성이 매우 크다. 가령 동부 산악지대로 침투 작전을 벌이거나, 유엔 지휘 하에 있는 북서 연안의 5개 섬에서의 해상 충돌을 일으키는 것이다. 위험한 점은, 그런 움직임에 대해 한국이나 미군이 강력하게 대처하지 못한다면 한국 측의 사기에 좋지 않다는 것이다. 바로 그런 사태를 막기 위해 미국은 한국에 대한 약속을 거듭 확인해 왔다. 지난 11월 포드 대통령이 방한한 것은 북한에게 미국의 의지를 시험하지 말라는 분명한 경고였다. 미 국무부, 국가안전보장회의, 국방부 관리들은 군사 정세를 가늠하기 위해 몇 차례 서울을 방문했다.

비무장지대에서 중대한 군사 공격이 발생할 경우, 미 국방부의 비상계획에 따라 북한의 군사시설에, 그리고 북한군 부대와 물자가 통과하는 비무장지대 북단의 산골짜기에 공습과 기습 포격을 실시하게 된다. 공습과 포격에 의존하는 것이 아시아 전쟁에서 그리 효과적이지 않았다는 사실에도 불구하고, 미 국방부 분석관들은 베트콩이 라오스와 캄보디아에서 울창한 밀림을 엄호나 은

육영수 여사의 피격 당시 상황(서울사진아카이브)

신 수단으로 이용한 것과는 달리, 북한은 빠르게 패퇴할 것이라고 자신있게 예측한다. 실제로 분석관들은 전쟁이 60일 이내에 마무리될 거라고 확신하는데, 60일은 전쟁권한법 하에서 미국 대통령이 미군 병력을 의회 승인 없이 동원할 수 있는 시한이다. 설령 전쟁이 더 오래 지속된다 해도, 의심의 여지 없이 의회와 여론으로부터 강력한 지지를 받을 것이다. 지난주 해리스폴에서 발표한 여론조사가 이를 뒷받침한다. 북한이 침범할 경우 한국을 방어하기 위해 미국 육·해·공군을 동원하는 데 찬성한 미국인이 43퍼센트였다. 반대가 37퍼센트, 잘 모르겠다는 응답이 20퍼센트였다. 〈타임〉은 의회 지도자들에게 실시한 설문에서, 미 하원과 상원이 미국의 개입을 승인할 거라는 컨센서스를 확인했다. 이는 상호방위조약을 준수해야 할 뿐 아니라 북한의 비무장지대 공격으로 미군이 공격을 받을 수 있기 때문이기도 하다. 공화당 하원 의장인 존 앤더슨(일리노이 주)은 "반대 의견도 있을 테고, 심지어 극심한 반대도 있겠지만, 비둘기파의 수를 감안한다 하더라도 의회는 지지할 것"이라고 말한다

한반도 문제에 대한 한 가지 해결책은 쌍방이 어떻게든 화해하는 것인데, 그러자면 중미 관계와 유사하게 북미 관계에도 외교적 해빙이 중대 요소가 될 것이다. 1972년부터 서울과 평양은 소통을 확립하려는 시도를 짧게나마 했다. 남과 북의 사절들이 서울과 평양을 왕래했고 판문점에서 회담이 열렸다. 판문점은 비무장지대에 위치한 마을인데, 미국인들에겐 북한군과 유엔 정전협정위원회가 활발하게 교류한 장소로 친숙하다.

훨씬 뒤처진. 일부 미국 분석가들은 한 가지 중대한 문제가 있다고 본다. 대화가 개시되니 북한 사람들이 한국보다 경제 발전이 얼마나 뒤처져 있는지 인식하게 되었다는 것이다. 평양은 이내 접촉에 대한 열의를 잃었다. 한편, 남한 사람들은 북한이 회담

을 대남 적화 공작 수단으로 사용하고 있다고 우려했다.

남북간 긴장완화가 먼 훗날 일로 남아 있는 한, 한국의 국력을 떠받치는 주요 토대는 국민의 충성이 될 것이다. 그래서 박정희의 억압적 정권에 대한 의문이 자꾸 제기된다. 북한 정권의 성격은 무시하고 박정희에 대해서는 사사건건 트집 잡는 서구의 비판자들이 때때로 그런 문제를 제기한다. 그러나 동조적인 관찰자들 또한 박정희가 표현의 자유를 너무 심하게 탄압한다면 경제 번영을 통해 이룬 외부의 지지를 잃을 것이라고 우려한다. 그러므로 억압적 통치는 바로 김일성이 추구하는 전복이나 반란으로 가는 지름길이 될 수도 있다. 특히 경제 침체가 일어난다면 더욱 그렇다.

전면전이든 게릴라전이든 전쟁이 벌어질 경우, 독재 체제는 또 다른 필수적인 영역에서 한국에 피해를 끼칠 수 있다. 즉 미국인들에게 적대감을 사고 미국의 지원을 약화시킬 수 있다는 것이다. 소통 없이 단기적으로 절대적 보안을 추구하다 자칫 자멸을 초래하는 것보다는, 민주주의적 자유를 보호하는 것이 장기적으로 박정희에게 더 큰 이득이 된다. 자유의 필요성과 위험 상황에서의 통제의 필요성을 가늠하는 것은 오늘날 정치 지도자들이 당면한 가장 어려운 과제 중 하나다.

이 책의 한국어판 저작권은 TIME으로부터 받았으며 TIME Inc.의 허가로 출판됨.
저작권법에 의해 보호를 받는 저작물이므로, 서면 허가 없이는
어떠한 방법이나 언어로든 전체 또는 일부의 무단전재 및 복제를 금함.

June 30, 1975 / U.S. Edition / Volume 105 / Number 27

The Long, Long Siege

Page 44 **Words** 3451
Section The World / KOREA / SPECIAL REPORT

Horns blaring raucously, swarms of cars and taxis swirl madly around the South Gate, an old entryway into the raffish, jostling metropolis of Seoul, South Korea. Throngs of Korean, American, European and Japanese businessmen pile into cabarets and assorted pleasure domes. Then, just before midnight, the pleasure seekers rush home to beat the midnight curfew, and the lights start winking out. A few miles away, villagers desert quiet country lanes for tile-or thatch-roofed cottages. And a few miles beyond that, perhaps an hour's drive from the teeming capital and its 6.5 million people, U.S. and South Korean soldiers anxiously scan the dark, austere terrain of the Demilitarized Zone. All along the 150-mile-long DMZ, from concrete-hardened bunkers or on tense patrols, they watch through the night for infiltrators, saboteurs or commandos from the Communist North.

To Americans especially, the elements are painfully familiar: a country divided since World War II into implacably hostile sides, one Communist and the other capitalist; a Demilitarized Zone (DMZ) separating the two; a long and bitter history of skirmishes, provocations, threats and commando raids that could culminate in an all-out war. This is not Viet Nam, however, but that other Asian country where Asians and Americans have fought and died since World War II: Korea.

Between 1950 and 1953, a conflict raged across the Utah-sized peninsula that left as many as 4 million dead or wounded, including 157,530 American soldiers, and came perilously close to bringing the U.S. and China into full-scale war. It was 25 years ago this week that a massive North Korean invasion force, supplied and encouraged by the Soviet Union, swept across the DMZ and threatened to run the South's defenders right off the peninsula. On both sides of the 38th parallel, which divides the country, Koreans preparing to note the anniversary of the conflict do so with more fear and uncertainty than they have felt in many years.

War Weary. Particularly in the strongly anti-Communist South, there is growing anxiety about the rapidly changing situation in Asia. The most important factor, of course, is the final U.S. withdrawal from South Viet Nam, where 50,000 Korean soldiers fought in the late 1960s. Now South Koreans are asking themselves:

1) Will the dictatorial and ambitious Kim Il Sung, absolute ruler of the North, be encouraged by the Communist triumph in Viet Nam to attempt another war of conquest in Korea?

2) If so, will a war-weary U.S., which still maintains 42,000 soldiers in the country, come to the aid of the South as it did 25 years ago?

Most U.S. analysts and, privately, many South Korean officials doubt that the North Koreans will try a massive frontal assault against the South. Moreover, despite some resemblances, South Korea is vastly different from South Viet Nam. It is a cohesive country with a strong government, a booming economy and powerful, well-equipped armed forces. While there is internal opposition to the often repressive measures of President Park Chung Hee, there is nothing remotely resembling civil war; even the most outspoken dissidents, in fact, loathe the Communist monolith in Pyongyang, and North Korean infiltrators are almost invariably turned in by citizens to the South's security forces.

Even so, since the fall of Saigon, American officials have gone out of their way to reassure Seoul that the U.S. will stand by its 1953 Mutual Defense Treaty with South Korea. Last week, addressing the Japan Society in New York, Secretary of State Henry Kissinger pointedly asserted that the U.S. was "resolved to maintain the peace and security of the Korean peninsula." Added Kissinger: "This is of crucial importance to Japan and to all of Asia."

In recent months there have been a number of unsettling signs. The Seoul government has found and sealed off two tunnels running from North Korea into the southern half of the 2.5-mile-wide DMZ, one of the tunnels 6 ft. high and 6 ft. wide. Even more unnerving to Seoul has been North Korean Leader Kim Il Sung's itinerary since the Communist victory in Viet Nam. Kim made highly publicized trips to China, Rumania and Yugoslavia, in what Seoul sees as an effort to drum up support for another military adventure in the South.

Pyongyang is widely expected to achieve one important propaganda success next fall, a U.N. General Assembly resolution calling for an end to the U.N. mandate in Korea under which the American troops are stationed south of the DMZ. Washington will keep the American forces in place no matter what happens at the U.N., since only the Security Council, where the U.S. has a veto, can actually abolish the command. There is speculation that the U.S. will agree to discuss the removal of its troops from under the U.N. command structure before a vote is taken in the General Assembly. In either case, the resulting propaganda gains for Pyongyang would be an unwanted sign to Seoul of the extent to which the hated North has gained support throughout the world (see story page 44).

Most serious of all is the fact that more than 1 million heavily armed, well-trained troops are arrayed on both sides of the DMZ: 625,000 in the South and 467,000 in the North (see map page 40). The Korean forces, combined with huge Soviet air and naval installations in Vladivostok, just 40 miles from the border, with perhaps 1.5 million Soviet and Chinese troops facing off at the Manchurian border and with a lethal U.S. nuclear arsenal on Okinawa, put the Korean peninsula at the center of what may well be the most intensively militarized region in the world. The very existence of these enormous armed forces, in conjunction with the profound antagonism generated by three decades of division, increases the danger that any misstep could lead to war.

The Korean peninsula has always been a key to the stability of Northeast Asia. It is of vital concern to the Japanese, with over $1.5 billion worth of investments on the peninsula and the enduring feeling that Korea is "a dagger pointing at the heart of Japan." U.S. strategists, looking toward the post-Viet Nam era, are already talking about a Northeast Asia defense line, anchored in Japan, Taiwan and South Korea. In all three countries, the U.S. has strong economic interests backed by formal mutual defense treaties.

The atmosphere of détente will undoubtedly lead both China and the Soviet Union to discourage military adventurism by Kim Il Sung. While Kim was in Peking, his hosts stressed that their "resolute support" of the Korean people was actually for "the independent and peaceful reunification" of Korea. It was an unmistakable message to Kim that Peking does not want a renewed Korean War. In fact, the Chinese are so concerned about stability in the region that high-level Peking officials have broadly hinted—to U.S. visitors, among others—that they are not anxious for American forces to leave East Asia. The Soviets were at least as discouraging. In his recent travels, Kim conspicuously omitted the Soviet Union; according to senior Soviet experts on Asia, Moscow did not want him to visit at the present time.

Industrial Takeoff. The greatest obstacle to Kim is the strength of South Korea itself. In the quarter century since the last war, Seoul has, except for airpower, reversed the military situation that existed in 1950 when Pyongyang had superior forces. The South has also surpassed the North in virtually every other aspect of life, especially the economy. South Korea has sustained one of the highest annual growth rates in the world—10%—since 1964. That is a long way from the days just after the Korean War, when the primitive rice-growing economy was shattered and the population on the verge of starvation.

Today Korea seems ready for a genuine industrial takeoff. Factory chimneys and television aerials crowd the skylines of industrial areas like Suwon, Chonan, Taegu and Inchon. Mountains of West Virginia coal are piled up at Pohang on the southeast coast, where 10,000 employees are producing steel or building plants for what will be the world's largest integrated steelworks. Farther south at Ulsan, the rocky coastline is broken by the giant hulls of 230,000-ton supertankers taking shape at ultramodern yards. South Korea's G.N.P., $17.2 billion, is about the same as Greece's, and per capita G.N.P. for its 33.5 million citizens is $513, v. $129 after the Korean War.

If industry is growing, so is agriculture; since 1965 there has been an impressive 3% yearly increase in crop output. Mechanization has not yet made much headway, and work in the fields is as backbreaking as it has been for centuries. "For years the West has had an urban preoccupation," says a senior South Korean official, sounding vaguely Maoist. "Yet in modern Asian history it has been the peasantry which has been the moving force. We have tilted the allocation of resources toward the countryside."

This rapid economic growth has exacted a high social cost. For one thing, it is based in part on very cheap labor. The average Korean worker receives a starting pay of about only $45 a month, and for that he has to work six days a week and often more than ten hours a day. There has also been a degree of profiteering by corrupt officials, though not an excessive amount compared with some other countries in Asia. In any case, despite these inequities, almost everybody has benefited from Korea's economic growth and, as TIME Correspondent William Stewart reports from Seoul, there is an expectation of still better things to come.

Time to Relax. "There is a ready cheerfulness," Stewart cables, "quite distinct from Japanese reserve or Chinese reticence. Koreans are open, forthcoming and demanding. And while they tear down and rebuild, they also live comfortably among the signs and customs of 2,000 years. The grounds of Seoul's Kyongbok Palace in late spring are rich with blossoms. Korean men still like to relax and discuss the business of the day at a Kisaeng party, the Korean equivalent of a geisha soirée. Less contrived and artful than its Japanese counterpart, a Kisaeng party is a time to sing, dance, talk and relax."

To a great extent, the Korean economic success is a personal monument to the country's flinty President Park. Rapid growth did not really begin until about 1962, when Park's government instituted the first of the country's five-year development plans and began to receive huge amounts of foreign investment capital, the majority from Japan. Until then, Korea had stagnated under the ineffectual, if autocratic rule of aging President Syngman Rhee. Overthrown in 1960 by spontaneous, nationwide student demonstrations, Rhee was replaced for a brief period by a truly democratic regime led by President Yun Po Sun. But Yun's government proved incapable of maintaining public order in the face of continued demonstrations and the inability of squabbling politicians to decide on a national policy. In 1961 the government was ousted in a bloodless coup by Park, then a general in the Korean army, and a loyal band of 250 fellow officers.

The son of a peasant, Park was educated in a rigidly disciplinarian Japanese military academy in the pre-1945 years when Japan was still the colonial ruler of Korea. Profoundly influenced by Japan's passionate prewar brand of patriotism, Park transformed it into a fervent allegiance to Korea. He joined the new Korean army in 1946 and enjoyed a swift rise, interrupted only once, in 1948; ironically, for so militant an antiCommunist, he was tried and acquitted of being a Communist agent.

Social Control. As Korea's uncontested strongman, Park believed from the beginning that without certain Eastern "modifications," Western democracy could only cause "indigestion" in Asia. In terms of the economy, this meant government encouragement of industry through such devices as underwriting foreign loans to business. It also involved strict supervision of labor to keep wages low and a heavy reliance on the powerful Korean Central Intelligence Agency (K.C.I.A.) as an instrument of social control. Founded in 1961 and employing an estimated 35,000 people, the K.C.I.A. has gained a reputation for brutality that, to judge from its victims, seems richly deserved.

It is this tendency toward totalitarianism that now threatens to undermine Korea's economic achievement. Until about two years ago, Park was careful to rule in strict adherence to the constitution. He served as President for three four-year terms, winning elections that were considered reasonably fair. But after the 1971 balloting, when Opposition Candidate Kim Dae Jung won a surprising 46% of the vote, Park became discernibly more dictatorial.

In 1972 Park declared martial law; then he proposed a drastic constitutional amendment called Yushin (Revitalization), which formalized his absolute power. Yushin freed the President from the "vagaries of politics" by eliminating popular presidential elections. Instead, a kind of electoral college was set up with 2,500 members; Park was empowered to fill one-third of the 219-seat National Assembly with those members of the electoral college whom he favored. An extraordinary 91% of South Koreans voted in favor of the new amendment, a suspiciously high majority in view of the fact that nearly half of the electorate had voted against Park in 1971. "What else could they have done?" fumes Kim Dae Jung. "Park had guns on them all at the time."

Tokyo Kidnapping. Park used his enhanced powers to crack down even harder on his political opposition. Kim Dae Jung, who continued hyperbolically to brand Park an "Asiatic edition of Hitler," was abducted in broad daylight by the K.C.I.A. from a hotel room in Tokyo and spirited back to Seoul. Kim's kidnaping infuriated the Japanese, whose sovereignty had been crassly violated.

Last year Park ordered a massive swoop on his critics throughout the country. No fewer than 168 of them were found guilty of various antigovernment activities. Some were sentenced to death, including former President Yun Po Sun, who was accused of giving money to support student protests. Eventually the death sentences were rescinded and most political prisoners released. But eight men convicted by a military tribunal last year of fomenting anti-Park demonstrations were executed, and the current repression continues unabated. Under his name last month, Park issued Presidential Emergency Decree No. 9, which makes any act of "denying, opposing, distorting and defaming" the constitution punishable by not less than one year in prison.

There are three principal targets of the decree: intellectuals; the reform-minded clergy, including many members of the country's Protestant-run, worker-oriented, urban industrial missions; and university students, who have played a traditionally tumultuous—and sometimes irresponsible— role in Korean politics. All three groups are kept under careful surveillance.

The most celebrated opponent of the Park government is the popular poet Kim Chi Ha, 34. Kim has persistently used poetic satire to ridicule the government, earning several terms in prison for his efforts. Sentenced to death last year, Kim was released in February. Last month he was jailed again on charges of having violated South Korea's sweeping anti-Communist law. The government, meanwhile, has begun international distribution of a pamphlet called The Case Against Kim Chi Ha, an effort to prove the highly dubious contention that Kim is a fervent Communist. Kim's friends fear that the government is moving to prepare public opinion for his execution.

Like almost everybody else in South Korea, the dissidents, whom Kim Chi Ha calls "the tear-gas generation," are strongly antiCommunist. In persecuting them, President Park insists that unless he halts "social ferment," the North might misread the situation and launch an attack. Indeed Park is faced with an excruciating dilemma: How to maintain a balance between democratic freedoms and the discipline necessary in a country genuinely threatened by invasion.

Still, his opponents argue that his repressive policies are aimed in large measure at keeping himself in power. Says Opposition Leader Kim Dae Jung: "Yes, the threat is there up north. But our President only keeps exaggerating it in order to prolong the life of his regime."

Sea Clashes. One person who no doubt takes great comfort from Park's problem with dissidents is Kim Il Sung. Though Pyongyang's ultimate strategy is unclear, the North Koreans would certainly like to foment subversion within South Korea in the hope of weakening and ultimately eliminating Park.

In the view of many analysts, the North is most likely to test Seoul's resolve, and the strength of the American commitment, with a series of small-scale probes: infiltration through the eastern mountains, for example, or sea clashes over five islands off the northwestern coast that are under the U.N. command. The danger is that a failure by South Korean or U.S. forces to act forcefully in the face of such moves would be bad for Seoul's morale.

To guard against just that, Washington has repeatedly tried to reaffirm its commitment to South Korea. President Ford's trip to Seoul last November was a clear warning to the North not to test the American will. State Department, National Security Council and Pentagon officials have made trips to Seoul to assess the military situation.

In the event of a major assault across the DMZ, the Pentagon's contingency plans call for an air and artillery blitz directed against military installations in North Korea and against the mountain valleys just North of the DMZ through which North Korean troops and supplies would have to pass. Despite the fact that reliance on bombing and artillery has not proved very effective in past Asian wars, Pentagon analysts confidently predict that without the jungle cover or the sanctuaries in Laos and Cambodia that the Vietnamese Communists enjoyed, the North Koreans would be quickly defeated. In fact, these analysts are convinced that a war would be wrapped up within the 60-day time limit allowed the President under the War Powers Act to commit American forces without congressional approval.

But even if the war was to go on longer, there is little doubt that it would receive strong congressional and public support. A Harris Poll released last week indicated that 43% of Americans would favor using American land, air and naval forces to defend South Korea if it should be attacked by the North; 37% were opposed; and 20% unsure. In a survey of congressional leaders, TIME found a consensus that the House and Senate would approve U.S. intervention. This is not only because of binding treaty obligations but also because a North Korean attack over the DMZ would quickly bring American forces under fire. "I'm not saying there wouldn't be opposition," notes House Republican Conference Chairman John Anderson of Illinois, "even strident opposition. But Congress would be supportive, even given the number of doves in the dovecote."

One solution to the Korean problem would be some sort of reconciliation between the two sides, an important element of which would be a diplomatic thaw between Washington and Pyongyang similar to the one between the U.S. and China. Beginning in 1972, there was a short-lived effort to establish communications between Seoul and Pyongyang. Emissaries from Park and Kim shuttled between the two capitals, and there were meetings at Panmunjom, the village in the DMZ familiar to Americans as the site of numerous acerbic exchanges between the North Koreans and the U.N. Armistice Commission.

Far Behind. One major problem, in the view of some U.S. analysts, was that the opening of the dialogue made the North realize how far behind the South it was in economic development. Pyongyang soon lost its enthusiasm for contacts. At the same time, South Koreans feared that the North was using the talks merely as one more means to extend Communism to the South.

As long as North-South détente remains at best a distant prospect, South Korea's main pillar of national strength will be the allegiance of its own people. Thus the question of Park's repressive government keeps coming up. Sometimes it is raised by Western critics who ignore the character of the Northern regime while finding fault with almost everything Park does. But even sympathetic observers worry that Park will lose the support he has gained through economic prosperity by cracking down too hard on freedom of expression. Repressive rule could thus pave the way for exactly the kind of subversion and revolt sought by Kim Il Sung, especially if there should be a downturn in the economy.

In the event of war, full-scale or guerrilla, a dictatorial government could hurt South Korea in another essential area: it might antagonize Americans and weaken U.S. support. Park has far more to gain in the long run by preserving democratic freedom in Korea than by pursuing a tightlipped, shortrange, and possibly self-destructive quest for absolute security. Weighing the need for more freedom against the need for control in a dangerous situation remains one of the toughest tasks facing any political leader today.

Licensed from TIME and published with permission of Time Inc.
Reproduction in any manner in any language
in whole or in part without written permission is prohibited.

당시 국내의 시선

독재의 시작과 과제

불안한 정세 변화

1969년 1월. 미국의 37대 대통령으로 당선된 리처드 닉슨은 취임과 함께 베트남전에서 단계적으로 철수할 것을 발표했다. 긴 전쟁으로 피로가 누적된 국민과 실익이 거의 없는 전쟁을 이어가는 건 미국에게 큰 부담이었다. 이런 행보는 계속 이어져 닉슨 대통령은 7월 25일 괌에서 닉슨 독트린을 발표했다. 1969년 7월 26일 경향신문은 닉슨 독트린을 1면에 실었다. '대미군사 의존 말도록'이라는 제목의 기사는 '아시아 국가들이 당면한 문제는 스스로의 힘으로 자체 국방력을 증강시키는 것이며 미국은 앞으로 핵 공격 위협을 받는 아시아 맹방에 한해서만 예외적으로 군사적 지원을 하겠다'라는 닉슨 대통령의 말을 전했다. 동아일보 역시 같은 날 '아주 집단 방위체 필요'라는 제목으로 닉슨 독트린을 전달했다.

아시아를 바라보는 미국의 입장 변화로 세계는 잠시 평화 분위기가 조성되었지만, 박정희 대통령에게 심각한 위협이었다. 내부적으로는 임기를 연장하기 위해 무리하게 3선 개헌을 밀어붙여야 했고, 외부적으론 북한의 위협에 대응해야 했다. 박정희를 암살하기 위해 김신조를 포함한 31명의 간첩이 침투한 사건과 미국의 정보 수집함인 USS 푸에블로 호가 원산 앞바다에서 북한에 의해 납치된 것이 불과 1년 전인 1968년 1월의 일이었다.

1971년 경향신문 3월 9일 기사에서는 '한미 방위조약 실증 절실, 북괴도발 막게 다짐받아야'라는 제목으로 '한국이 지나치게 미국에 의존하고 있다든지 공산주의자의 능력을 과대평가 하고 있다는 오해가 널리 퍼져 있으며, 이 같은 오해는 북괴가 소련, 중공의 야욕에 휘말려 전쟁 상태를 유발할지도 모른다'라고 경고하는 총리의 연설을 담았다. 3월 8일 조선일보는 '북괴 등 아주평화 위협. 레어드, 국방보고서 제출 ABM(탄도탄 요격 유도탄)의 제한적 확대 요청' 같은 기사를 내보냈다. 이런 와중에 1971년 3월 27일에는 미 7사단이 철수하는 사건이 발생했다. 한국 정부와 상의 없이 전달된 통보였고 제7대 대통령 선거가 딱 한 달 남은 시점이었다.

각자의 사정

3선 개헌으로 7대 대통령으로 당선되었지만 박정희 앞에는 살얼음판 같은 남북관계가 놓여 있었다. 1972년 닉슨 대통령이 중국을 방문하며 뒤바뀐 국제 분위기는 한반도를 위기를 한층 고조시켰다. 중국과 미국이 우호적인 노선을 구축하게 되면 북한이 단독으로 남침을 강행할지도 모른다는 공포였다.

언제 전쟁이 터져도 이상할 것 없는 상황은 뜻밖에 7·4 남북공동성명이라는 결과를 낳았다. 중앙정보부장 이후락의 발표로 남과 북에서 동시 전달된 공동 선언은 남과 북이 처음으로 합의한 통일과 평화에 대한 합의였다. 모든 언론은 '남북자주 평화통일 원칙 합의'라는 같은 제목으로 기사를 내보냈다. 전쟁발발의 오해를 접고 잠깐의 화해 분위기가 흘렀지만 남한은 곧 10월 유신과 함께 비상계엄령을 선포했으며, 북한은 12월 최고인민회의 제5기 1차회의에서 사회주의헌법을 채택했다. 화해 분위기 속에서 남과 북은 각자 체제를 공고히 하며 종신 집권을 준비하고 있었다.

1972년 10월 18일. 경향신문은 '박 대통령 특별선언 전문'을 실었다. '냉전의 긴장완화 속에서 열강이 중소국가를 희생의 제물로 삼는 일이 충분히 있기에 경계해야 할 필요가 있고, 남북관계 개선을 위한 대화마저 위헌이라는 시비가 있기에 역사적 사명을 위해 부득이하지만 정상적인 방법으로 비상조치를 취한다'라는 내용이었다. 같은 날 조선일보는 1면 기사로 '전국에 비상계엄령 선포, 경제계서 환영성명'

이라는 기사와 함께, '전국에 비상계엄령 선포. 일본 외무성 논평, 남북대화 위한 조처'라는 기사를 내보냈다.

다시 긴장 속으로

10월 유신 이후, 같은 해 12월 27일에 박정희는 8대 대통령으로 취임했다. 제4공화국을 연 박정희의 취임식은 장충체육관에서 열렸다. 같은 날 경향신문은 취임사 전문을 올리며, 박정희가 새마을 현장에서 만난 노인의 건강을 염려하는 사진, 독서하는 사진을 골라 화보를 만들었다. 모든 신문의 5단 광고에는 박정희 대통령의 당선을 축하하는 기업들의 인사가 이어졌다. 따로 광고를 제작하지 못했다면 한쪽 귀퉁이를 비워 축하 인사를 적었다. 열렬한 환영을 받았지만 박정희 앞에 놓인 미래는 어두웠다. 1973년 김대중 납치사건과 개헌청원백만인 서명운동, 1974년 8월에는 육영수 저격 사건에 이어 11월엔 북한의 땅굴이 발견되면서 남북관계마저 수렁 속으로 빠져들고 있었다.

1980년 6월 2일 / 미국판 / 115권 / 22호

분노의 계절

소중한 태평양 동맹국에 전면 폭동이 경보를 울리다

페이지 36 **단어** 2494
섹션 세계 / 대한민국

"계엄 해제하라!" 시위대가 소리친다. 이런 외침도 있다. "전두환 타도!" 대한민국 전라도의 직할시 광주에서 시위대 수만 명이 거리를 휩쓸며 권력을 장악한 군사 정권과 새로 등장한 독재자 전두환 중장에 대한 분노를 쏟아냈다. 혼란은 곧 전면적 반란으로 바뀌었다. 저항 시민들은 물러선 경찰로부터 광주의 통제권을 실질적으로 장악했다. 서울 남쪽 280킬로미터에 위치한 광주에서 벌어진 일이다. 폭동은 도내 16개 시군으로 확산했다. 4일 후, 100명 이상이 살해되고 수백 명이 부상당했다. 이승만 정권을 무너뜨리고 19년 무력 통치가 시작된 계기가 된 1960년의

격변 이래 가장 심각한 위기가 한국에 닥친 것이다.

워싱턴에서는 카터 행정부가 한국의 군사 지도자들에게 "외부 세력의 위험한 오산"(물론 '외부세력'은 북한 지배자들을 말한다)을 유도하지 않도록 "최대한의 억제"를 행사할 것을 초조하게 촉구했다. 워싱턴은 평양 정부가 서울의 문제를 이용하려 한다고 생각할 이유는 전혀 없었지만, 이 위기로 인해 한국과 그 동맹국들 모두에게 위험의 불씨가 당겨진 것은 분명했다.

폭동이 시작된 것은 2주 전 서울에서 학생 시위가 급증하면서부터다. 시위대가 주로 겨냥한 것은 7개월 전 박정희 대통령 암살 이후 발효된 계엄령이었다. 항의 시위의 대상은 구체적으로, 무능한 대통령 최규하(60세), 그리고 무엇보다 대통령 배후의 권위주의적 인물, 중장 전두환(48세)이었다. 전두환은 보안사령관 겸 합동수사본부장으로, 이미 한국의 막후 군사 통치자로 여겨지고 있었다.

학생 시위의 첫 번째 물결을 진압하자마자, 정부는 일련의 철권적인 포고령과 조치를 통해 탄압에 나섰다. 모든 정치 활동을 금지하고 모든 대학 캠퍼스를 폐쇄했을 뿐 아니라, 유명한 정치인, 사업가, 학생운동 시위자 수백 명을 체포했다. 집권당인 민주공화당 김종필 총재까지 억류했다. 결정적으로 시위대를 도발한 것은 정부 비판을 이끈 김대중을 체포한 것이다. 당국은 자신들의 행동을 정당화하기 위해 김대중이 최근 소요 사태 조장과

제3차 국민회의 서울특별시 대의원회의 및 리셉션(서울사진아카이브)

정부 정복을 공모했다는 혐의를 씌웠다.

공교롭게도 김대중은 광주(당시 인구 80만)를 수도로 둔 전라남도 출신이다. 전라도는 한국에서 가장 가난하고, 박정희의 18년 집권 내내 무시당한 지역이다. 전라도 사람들은 오랫동안 정부의 부당한 대우에 불만을 토로해왔다. 무엇보다도 그들이 분개한 것은 나머지 지역이 모두 혜택을 본 산업화가 허용되지 않았다는 사실이다. 지난주 중앙 정부가 김대중을 체포했다는 사실을 알게 되자 그들은 항의 시위에 나섰다.

나흘 동안 광주 시내에는 학생과 노동자 군중이 경찰과 공수부대가 충돌했다. 시위대들은 곧 소총과 쇠막대기, 돌 따위를 흔들며 도시를 장악했다. 시청과 도청을 점거하고 박정희 정권을 지지했던 기관이 소유한 텔레비전·라디오 방송국을 불태웠다. 경찰과 군대의 무기고를 습격하여 경기관총을 포함 약 3,500개의 무기를 압수했다. 군용 차량 수십 대도 징발했다. 대체로 군대는 시위대를 향한 발포는 피하려 했다. 그렇다 해도, 여러 병원에서 확인한 바에 따르면 107명이 사살되었다.

〈타임〉 특파원 S. 장S. Chang은 지난주 광주를 방문했는데, 도시에 환희와 무법 상태가 희한하게 어울려 있었다고 전했다.

"광주 청년들이 대권을 잡았다. 수만 명의 청년들이 군용 차량이나 지프차, 버스, 심지어 불도저를 타고 거리를 활보했다. 목이 쉬도록 구호를 외치며 막대기나 쇠파이프로 차량 옆을 두드렸다. 나는 격동하는 광주 도심에서 지프차를 세웠다. 지프차는 멈췄지만, 탑승자 일곱 명은 나를 의심스럽게 쳐다보았다. "원하는 게 대체 뭐요?" 한 명이 물었다. 내가 설명하자, 그들은 활짝 웃고는 기꺼이 나를 태워주었다. 한 명은 스무 살의 선반공, 또 한 명은 사탕 가게 직원이었다. 나머지 다섯 명은 이웃한 자동차 정비소에서 온 친구들이었다."

"나를 태워준 선반공은 이따금 장난으로 M16을 겨누곤 했다. 또 다른 청년은 자꾸 수류탄을 움켜 잡고 안전핀을 어떻게 제거하는지 내게 설명했다. 나는 그들에게 그런 장난은 그만두라고 간청했다. 자신만 아는 이유로 방독 마스크를 착용한 운전자는 속도광이어서, 인권을 외치는 함성이 가득한 골목길을 시속 60 킬로미터로 달렸기 때문이다. 제2차 세계대전 중 해방된 파리나 로마에서 차를 탄 미군 병사가 된 기분이었다. 광주는 결국 이들 청년의 힘에 의해 '해방'된 상태였다."

"나는 광주를 품에 안은 무등산 꼭대기에서 마침내 하차했다. 이 그룹의 리더는 내려다보이는 광주의 탁 트인 전망을 가리키며 말했다. "봐요. 우리는 모두 이 도시를 사랑합니다." 그러고는 나와 악수하고 지프차에 타서 서둘러 달렸다. 나는 광주 외곽에서만 일부 육군 병력을 목격했는데, 약 1만 5,000명이 이처럼 도시를 포위하도록 명령을 받은 상태였다. 군인들은 M16을 들고 교도소 진입로를 경비하고 있었다. 일부 시위자들이 군인들에게 사탕을 주고 있었다."

"이 모든 것이 왜 시작되었을까? 계엄사령부는 '폭도들과 불순분자들'에게 책임을 전가했다. 공산주의자와 그 동조자들을 가리키는 것이다. 광주에 공산주의자가 없는 것은 아니다. 적어도 나는 징벌당한 육군 트럭 한 대 위에서 붉은 깃발을 목격했다. 공산주의가 불법화된 나라에서 처음 본 것이다. 하지만 공작원이나 조직화한 폭동의 흔적은 보이지 않았다. 내가 본 것은 임박한 위험이었다. 무기를 비축한 젊은 시위자들과 도시를 포위한 군대로 인해 광주는 피바다로 바뀔 수 있었다."

한편 서울에서는 불안한 고요가 퍼져 있었다. 신현확 총리 내각은 '국내의 안녕 질서를 유지하지 못했다'라는 책임을 지고 갑자기 총사퇴했다. 총리직 승계자 박중훈은 한국 경제 발전의 배후 실세라고 평가받는 행정가인 퇴직 장성이었다. 화요일에 계엄사령부는 국회의 무기한 해산을 결정했다고 발표했다. 야당 의원들은 잔디밭에서 일종의 연좌 농성을 벌였다. 43명 모두 원내총무에게 사직서를 제출했다. 그중 한 명이 불만을 토로했다. "박정희 [대통령] 치하에서도 이런 일은 없었습니다." 불신과 공포가 서울에 만연한 것으로 보였다. 한 서울 토박이가 말했다. "북한이 서울을 공습하려고 비행기를 보낸다 해도 사람들은 전두환이 반체제 인사들을 공격하는 거라고 생각할 것이다." 한 경희대 교수는 이렇게 말했다. "악의와 분노의 계절이다."

　최근의 정치 혼란은 한국 경제의 미래에 대한 우려를 키워놓았다. 번영을 구가하던 경제는 최근 내리막길이다. 실업률이 5.6%까지 올랐고 연말에는 7%를 넘을 것으로 예상된다. 인플레이션은 20%에 육박했다. 지난 달 사북탄광 노동자들이 40%의 임금 인상을 요구하며 사흘간 파업을 벌였다. 경찰관 한 명이 사망하고 양측에서 수많은 부상자가 발생한 뒤에야 노동자들은 20% 인상에 합의했다. 3주 전 한국 최대의 합판 제조사인 부산의 통명목재가 1억 6천만 달러의 부채를 남기고 파산했다. 직원 3천 명 중 일부는 임금 미지급 때문에 파업했고 경찰과 충돌했다. 한 한국인 경제학자는 말한다. "이런 대형 파산 사태가 한 건이라도 벌어지면, 많은 노동자들이 폭발할 수 있다."

지난주 광주에서 혼란이 확산한 뒤, 미 국무부 장관 에드먼드 머스키Edmund Muskie는 기자회견에서 한국 정부가 "자유화 정책"에서 멀어지고 있는 데 대해 "깊은 우려"를 표명했다. 나중에 머스키의 보좌관들이 설명한 바에 따르면, 문제는 미국이 한국의 개발에 영향을 줄 수 있는 귀중한 협상 카드가 몇 장 없다는 것이다. 분명 워싱턴은 3,900 규모의 병력을 철수하거나 서울에 경제 제재를 가하겠다고 위협할 수 없다. 그러한 조치들은 친서방 국가인 데다 미국이 한때 참전하여 보호했던 한국을 약화시킬 따름이라서다.

카터 행정부 또한 최규하의 위상을 높여주기를 현실적으로 바랄 수 없다. 최규하는 권력이 미미하여 사실상 청와대에 수용된 군부의 포로일지도 모르기 때문이다. 분명히 미군과 한국군은 하나의 연합사령부에 합류해 있으므로, 이론상 60만 한국군 병력의 절반 이상을 어느 정도 통제할 수 있다. 그러나 이러한 지휘권이 무의미할 수도 있다. 작년 12월 전두환 장군 자신이 사전 협의에 관한 한미간 합의를 노골적으로 무시한 바 있다. 예비 부대에게 자신의 라이벌 장교들 40여 명에 대한 체포를 명령한 것이다. 보다 협조적인 사례로, 지난주 한국 정부는 연합군 사령관 존 위컴John Wickham Jr.에게 "군중 통제 및 내부 치안"을 위해 휘하의 국군 부대 일부를 출동시켜 달라고 요청했다. 위컴은 요청을 받아들였다.

지난주 광주는 여전히 저항 세력이 장악하고 있었지만, 급하게 조직된 '시민위원회'는 민초들에게 질서를 부여하기 위해 노력했다. 가령 청년들은 팀을 이뤄 거리에서 시민들에게 무기를 반납하도록 유도했다. 그리고 압수한 무기 절반 이상을 회수하는 데 성공했다. 한편 지역 사회 지도자들은 휴전 협상을 시도하기 위해 정부 관리와 군 사령관을 만났다. 한편 지역사회 지도자들은 정부 관료와 군 지휘관 들을 만나 휴전 협상을 시도했다. 마을 주민 대변인은 명령이 회복 되고 사망자와 부상자 가족을 보전하고 폭도들에 대한 보복을 자제 할 때까지 정부가 광주 밖에서 군대를 계속 지키는 일련의 구체적인 요구를 제기했다. 시민군 대변인은 일련의 구체적 요구를 제기했다. 정부는 질서가 회복될 때까지 군대를 광주 바깥에 주둔시킬 것. 사망자 및 부상자 가족들에게 보상할 것. 시위대에 대한 보복을 자제할 것. 최초 협상은 타결되지 않았지만, 적어도 도시는 1주일 전에 비해 잠잠해졌다.

전두환이 실세가 된 후부터 이래 목표로 삼은 것 하나는 작년 10월 26일 박정희 대통령을 살해한 김재규 전 중앙정보부장을 처형하는 것이었다. 또 하나는 내년에 실시될 대선에서 야당 정치인 김대중을 배제시키는 것이었다. 지난주 이 두 가지는 상당한 진척을 보였다. 대법원은 사형선고에 대한 김재규의 항소를 기각했고 4일 후 공범 4인과 함께 그에 대한 사형을 집행했다.

1980년 5월, 광주에서 대치 중인 계엄군의 모습(5·18기념재단)

한편, 계엄사령부 수사관들은 김대중의 내란 선동 혐의를 뒷받침하는 증거를 발견했다고 발표했다. 이는 그를 사형에 처할 수도 있는 근거가 된다. 정계에서 김대중 같은 반대파 거물을 제거하는 것은 신군부 독재 정권을 수립하는 데 솔깃한 유혹이다. 그러나 이는 광주의 폭발적인 긴장을 늦추는 데는 아무 소용 없었다. 지난 몇 주 동안 다시금 증명된 바, 지금 한국에서 벌어지는 사건들은 신군부가 자기 목숨을 담보해야 할 만큼 통제하기 어렵다. 지난주 광주에서 유혈 사태와 혼돈이 정점에 이르렀을 때, 한 대학생 시위자는 두렵고 믿을 수 없다는 듯 고개를 저었다.

"이런 건 절대로 우리가 의도한 게 아닙니다."

의거의 유산. 대한민국에서 1960년 4월에 벌어진 사건은 '학생의거'였다. 그 격변의 나날 동안, 한국 학생들은 조국의 정치인들이 실패한 일을 성공시켰다. 12년간 견고했지만 부패가 심해지던 이승만 정권을 끌어내리고, 신경질적인 노인 대통령 이승만을 망명시켰다. 지금, 박정희 정권이 공식 발행한 한국 소개서 《Handbook of Korea》도 4·19 봉기에 주저없이 찬사를 보낸다. "학생들이 민주주의 혁명을 주도했다."

이승만은 자신의 열렬한 민족주의 때문에 성역화한 교육기관의 희생자가 되었다. 대학생들이 부당한 정권에 항거한 것이다. 이는 1910년 한일합병 후부터 생긴 근대적 관념이었다. 제1차 세계대전이 발발하자, 한국은 평화가 오면 독립이 가능할 거라는 소문에 휩싸였다. 1919년 3월 1일 일단의 민족주의자들이 한국인들에게 자결권을 요구하는 선언문을 발표했다. 일본의 감시망을 피할 수 있는 몇 안 되는 집단인 학생들은 전국적으로 시위 계획을 진행했다. 200만 명이 거리로 나왔다. 겁에 질린 일본인들은 수천 명을 살해하고 반란 혐의로 수천 명을 투옥했다. 반란은 실패했으나, 어쨌든 학생들은 자신들의 힘을 실험했다.

10년 후 광주에서, 바로 지난주의 투쟁 현장에서 자발적 봉기가 일어났다. 일본 군인들이 한국인 여학생들을 괴롭히자, 광주 전역에서 학생들이 들고 일어났다. 대부분이 십 대 중학생들이었다. 광주 시위는 전국에서 동조 시위를 촉발했다. 무질서가 4개월간 지속되었으며, 참가 학생들은 5만 4,000명에 달했다.

이승만에 대한 1960년 항거로 인해 학생들은 한국 정부에 맞서는 영웅이 되었다. 학생들은 방금 쓴 월계관을 과시하기 시작했다. 장면 총리의, 단명한 제2공화국(1960~1961) 시기 동안에도 청년들은 다시 공세를 펼쳤다. 그들은 국회로 행진했고, 그곳을 점거하여 이승만 정권의 잔당을 엄벌할 것을 요구했다.

그들 중 일부는 위험하게도 북한 동조자들에 의해 동요한 듯 보였다. 무엇보다도, 그들이 남북 간 학생회의를 제안한 것이다. 이승만 실각 당시 중립 입장을 취했던 군부는 체제가 전복될 수도 있다고 생각했다. 1961년 5월 16일 동이 트기도 전에, 한 무리의 장교들이 장면 정부에 대항하여 무혈 쿠데타를 일으켰다. 쿠데타 세력 리더들 가운데 한 명이 최정상에 오르게 되는데, 그것이 박정희다.

박정희는 비록 학생들의 힘에 간접적인 도움을 받고 대통령이 되었지만, 여전히 그 잠재력을 경계했다. 박 대통령은 쿠데타 이후 시위 진압을 위해 계엄령을 두 차례 선포했다. 끝내는, 1974년 긴급명령 19호를 발휘해 시위를 불법화하고 시위자들을 징역 1년형에서 사형으로 처벌하게 했다. 궁극적으로 박정희가 피살된 이유 중 하나는, 불만을 가진 반체제 청년들에게 얼마나 자유

1980년 5월 광주 전남대학교 앞에서 대치한 학생, 시민과 계엄군(5·18기념재단)

를 부여해야 할지를 둘러싼 불화였다.

분명히 한국 당국은 여전히 그 해답을 모른다. 한편으로는, 학생들은 국수주의적 투쟁과 혁명적인 서구식 변화의 전선에서 선두에 서 있다는 기대를 오랫동안 받아왔다. 그것이 바로 학생들이 매우 친미적이고, 미국 정치를 이상으로 삼는 까닭이다. 다른 한편으로는, 지난 2주간의 시위가 확산하면서 보여주었듯 자유의 추구는 국가 안정에 위협이 될 수도 있다. 리차드 스나이더 Richard Sneider 전 주한미국 대사는 현재 갈등이 재점화되는 과정에서 "군대와 학생들 모두가 과잉행동을 해왔다. 비극적인 것은 바로 군부가 불안 위험을 잠재적으로 키워왔다는 것이다"라고 말한다.

이 책의 한국어판 저작권은 TIME으로부터 받았으며 TIME Inc.의 허가로 출판됨.
저작권법에 의해 보호를 받는 저작물이므로, 서면 허가 없이는
어떠한 방법이나 언어로든 전체 또는 일부의 무단전재 및 복제를 금함.

June 2, 1980 / U.S. Edition / Volume 75 / Number 22

Season Of Spleen

Outright insurrection raises alarm about an invaluable Pacific ally

Page 36   Words 2494
Section World / South Korea

"Lift martial law!" shouted the demonstrators. Others cried: "Death to General Chun!" In South Korea's provincial capital of Kwangju, tens of thousands of protesters swarmed through the streets venting their anger at the martial-law government in power in Seoul and against the country's newest strongman, Lieut. General Chun Du Hwan. The turmoil soon turned into a full-scale insurrection. Rebellious citizens seized effective control of Kwangju, which is 175 miles south of Seoul, from the fleeing police. Rioting spread to 16 other towns of the province. After four days, more than 100 people had been killed and uncounted hundreds wounded. It was the most serious crisis in South Korea since the upheaval that brought down the regime of President Syngman Rhee in 1960 and began 19 years of military domination.

In Washington, the Carter Administration nervously urged the South Korean military leaders to exercise "maximum restraint," lest their actions lead to "dangerous miscalculation by external forces"--meaning, of course, the rulers of Communist North Korea. Washington had no reason to think that the Pyongyang government was in fact trying to take advantage of Seoul's troubles, but clearly the crisis carried with it the seeds of danger for both South Korea and its allies.

The rioting started two weeks ago, with a wave of student demonstrations in Seoul. The protests were aimed mostly against the martial law that has been in effect ever since the assassination of President Park Chung Hee seven months ago. The specific targets of these protests: the ineffectual President Choi Kyu Hah, 60, and, most of all, the authoritarian figure behind the President, Lieut. General Chun, 48. As both the head of the Defense Security Command and acting director of the Korean Central Intelligence Agency, Chun was already being regarded as the country's offstage military ruler.

Just as the first wave of student protests subsided, the government cracked down with a series of iron-fisted edicts and actions: a ban against all political activity, the closing of all university campuses and, finally, the summary arrest of hundreds of prominent politicians, businessmen and student leaders. Indeed, even the head of the governing Democratic Republican Party, Kim Jong Pil, was detained. The arrest that proved to be a decisive provocation, however, was that of the government's leading critic, Kim Dae Jung. To justify their actions, the authorities charged that he had connived to foment the recent unrest and to overturn the government.

As it happens, Kim Dae Jung is a native of South Cholla province, of which Kwangju (pop. 800,000) is the capital. Cholla is the poorest region of the country, and was consistently neglected by President Park during his 18 years in power. The people of Cholla have long complained of unfair treatment by the central government. Most of all, they resent the fact that their area has been deprived of the industrialization that has benefited the rest of the country. When they learned last week that the government in Seoul had arrested Kim Dae Jung, they rose up in protest.

For four days crowds of students and workmen clashed with police and paratroops in the streets of Kwangju. Soon the protesters, waving rifles, iron bars and stones, took control of the city. They occupied the city hall and provincial headquarters and burned down a TV-radio station owned by a chain that had supported the Park regime. Raiding police and military armories, they seized some 3,500 weapons, including light machine guns. They commandeered dozens of military vehicles. For the most part the army avoided an open fight with the rioters. Even so, hospitals confirmed that 107 people had been killed.

TIME Correspondent S. Chang managed to visit Kwangju last week and found the city gripped by a strange combination of euphoria and lawlessness. Reported Chang: "The city's youth reigned supreme. Tens of thousands were roaming around town, driving or boarding army trucks, Jeeps, buses, even bulldozers. Chanting hoarsely, the youths banged on the sides of their vehicles with sticks or metal pipes. In the turbulent heart of Kwangju, I flagged down a Jeep for a ride. It stopped, but its seven occupants stared at me suspiciously. 'What the hell do you want?' said one. When I explained, they grinned and were more than willing to oblige. One was a 20-year-old lathe operator, another a candy store employee. The five others were friends from a neighborhood auto repair shop.

"One of my erstwhile hosts, the lathe operator, from time to time would playfully take aim at me with his M-16. Another kept grabbing his hand grenade and explaining to me how the pin could be removed. I pleaded with them to discontinue their antics, since the driver, a speed maniac who for reasons best known to himself wore a gas mask, kept zooming at 40 m.p.h. through alleys full of shouting humanity. I felt like one of those G.I.s who rode through liberated Paris or Rome during World War II. Kwangju, after all, had been 'liberated' by its youth power.

"My ride ended at last at the top of Mudung, a mountain behind Kwangju. The leader of my group pointed to the panoramic view of the city below and said, 'Look. We all love this city.' Then he shook hands, raced back to his Jeep and sped away. Only on the outskirts of Kwangju did I see some army troops, part of an estimated 15,000 who had been ordered to surround the periphery of the city. The soldiers were holding M-16s and guarding an approach to a penitentiary. Some demonstrators were giving them candy.

"What started it all? The Martial Law Command blamed it on 'hooligans and impure elements,' a reference to Communists and their sympathizers. Kwangju is not without some Communists. In fact I saw a red flag atop at least one commandeered army truck, the first I have ever seen in a land where Communism is outlawed. But I saw no signs of provocateurs or organized hooliganism. What I did see was an impending danger: with the youthful protesters stockpiling weapons, and troops encircling the city,

Kwangju could turn into a bloodbath."

In Seoul, meanwhile, an apprehensive calm prevailed. The Cabinet of Prime Minister Shin Hyon Hwack abruptly resigned, taking the blame for "failure to maintain domestic calm." It was succeeded by a new one headed by Park Choong Hoon, a retired major general and administrator credited with having been a force behind South Korea's economic development. On Tuesday the Martial Law Command announced that it had decided to close down the National Assembly indefinitely. Opposition members assembled on the grass in a kind of sit-down strike. All 43 of them offered their resignations to the floor leader. Grumbled one: "Even under [President] Park, nothing like this ever happened." A sense of distrust and fear seemed to pervade the city. Said a longtime resident of Seoul: "If the North Koreans sent planes to strafe the city, people would think it was Chun Du Hwan attacking the dissidents." Remarked a Kyung Hee University professor: "This is a season of spite and spleen."

The latest political turmoil has compounded a growing concern over South Korea's economic future. The country's highflying prosperity has recently slowed down. Unemployment has risen to 5.6% and is expected to pass 7% by the end of the year. Inflation has reached almost 20%. Last month workers at the Sabuk coal mines, demanding a 40% pay hike, rioted for three days; a policeman was killed and scores on both sides were injured before the miners settled for a 20% increase. Three weeks ago, the Tongmyung Timber Co. of Pusan, South Korea's largest plywood maker, went bankrupt, leaving liabilities of $106 million. Some of its 3,000 employees demonstrated for their unpaid wages and skirmished with police. Says a Korean economist: "With more big bankruptcies like that one, much of our labor force could explode."

After the unrest spread to Kwangju last week, U.S. Secretary of State Edmund Muskie declared at a press conference that he was "deeply concerned" that the South Korean government was moving away from "liberalizing policies." The problem, as his aides explained later, is that the U.S. has precious few bargaining chips with which to influence developments in South Korea. Obviously Washington cannot threaten to withdraw its 39,000 troops or threaten economic sanctions against Seoul, since such actions would only undermine a pro-Western country that the U.S. once fought dearly to protect.

Nor can the Carter Administration realistically hope to bolster the position of President Choi, since he has little power and indeed may be a virtual prisoner of the military in the presidential compound, the Blue House. To be sure, American and South Korean troops are joined in a combined command, and in theory this gives the U.S. some control over more than half of South Korea's 600,000-man armed forces. But such authority can amount to very little. General Chun himself flagrantly ignored a Korean-American agreement on prior consultation last December, when he ordered reserve units to help him arrest some 40 rival officers. More cooperatively, the Seoul government last week asked General John Wickham Jr., U.S. commander of the joint forces, to release some Korean units under his command for "crowd control and internal security." He obliged.

Late last week Kwangju remained under the effective control of its insurgents, but hastily organized "citizens' committees" were trying to reimpose some order at the grass roots. Teams of youths, for example, canvassed the streets to induce people to turn in their weapons; they succeeded in collecting more than half of those that had been seized. Community leaders, meanwhile, met with government officials and army commanders to try to negotiate a truce. Spokesmen for the townspeople lodged a series of specific demands: that the government keep its troops outside Kwangju until order is restored, that it compensate families of the dead and wounded and that it refrain from retaliating against the rioters. Initial negotiations did not produce a settlement, but at least the city was calmer than it had been for a week.

Ever since Chun seized power, among his goals were the execution of Kim Jae Kyu, the former intelligence chief who killed President Park, Chun's mentor, last Oct. 26: and the exclusion of Opposition Politician Kim Dae Jung from the election of a new President that was supposed to be held some time next year. Last week Chun made notable progress on both fronts. The South Korean Supreme Court rejected Kim Jae Kyu's appeal of his death sentence, and four days later he was hanged, along with four accomplices. In the meantime, martial law investigators announced that they had found evidence to back up their sedition charges against Kim Dae Jung, which conceivably could make him liable to the death penalty as well. Removing an opposition figure like Kim from the political scene might be a temptation for a military autocracy in the making. But it obviously would do nothing to relax the explosive tensions in Kwangju. As the past few weeks have shown once again, unruly events in South Korea have a frightening way of taking on a life of their own. At the height of the bloodshed and chaos in Kwangju last week, one university demonstrator shook his head with fear and disbelief. "This," he said, "is something we never intended."

In the Republic of Korea the events of April 1960 are popularly known as haksaeng uigo--the Righteous Student Uprising. During those turbulent days, the students of South Korea succeeded in doing what their country's politicians had failed to do: they brought down the entrenched, increasingly corrupt twelve-year-old government of President Syngman Rhee and sent the crusty old leader into exile. Today, even the official Handbook of Korea, published under the Park Chung Hee regime hails the uprising unreservedly. "The students," it declares, "had led the people into a democratic revolution."

Rhee became the victim of a Korean institution that his own fervent nationalism had helped to sanctify: student resistance to unjust authority. It was a modern notion, born after the Japanese annexation of Korea in 1910. In the wake of the first World War, Korea was swept with rumors that peace would bring independence. On March 1, 1919, a group of nationalists issued a manifesto urging Koreans to rise up in self-determination. Students, one of the few groups to escape the watchful eye of the Japanese, had carried the demonstration plans across the country. As many as 2 million took to the streets. The terrified Japanese killed thousands, imprisoning thousands more for insurrection. The uprising failed, but the students had tested their power.

Ten years later a spontaneous uprising flared in Kwangju--the site of last week's strife. It began when Japanese soldiers mistreated some Korean girls, and soon spread among students across the city, most of them middle-school teen-agers. The Kwangju demonstrations inspired sympathetic protests throughout the country. The disorders lasted four months, and eventually involved 54,000 students.

The 1960 rebellion against Rhee made the students heroes against a home-grown Korean government. No sooner were they wearing their laurels than they began to flaunt them. During the short-lived second republic under Prime Minister Chang Myon, 1960-61, the young people took the offensive once again. They marched on the National Assembly, invaded it and demanded harsh punishment for miscreants of the Rhee regime.

Some of them also seemed dangerously swayed by fraternal feelers from North Korea; they proposed, among other things, a bilateral conference of students of the two countries. The army, which had stood neutrally by as Rhee was toppled, suspected subversion. On May 16, 1961, a group of officers staged a bloodless, predawn coup against the hapless Chang government. Among the junta's leaders, soon to emerge at the top: Park Chung Hee.

Though he had indirectly been installed by student power, Park remained wary of its potential. On two occasions after his coup, Park reimposed martial law to quell demonstrations. Finally, in one of his emergency decrees in 1974, Park outlawed protest under pain of penalties ranging from one year's imprisonment to death. Ultimately, one of the disagreements that was to lead to Park's assassination was how much latitude the government should give to frustrated young dissidents.

Apparently, authorities in Seoul still do not know the answer to that question. On the one hand, students have long been expected to be in the forefront of the country's nationalistic struggle and revolutionary Western change. That is one reason they tend to be earnestly pro-American and devoted to U.S. political ideals. On the other hand, that quest for freedom, as the spreading protests of the past two weeks have demonstrated, can pose a threat to the country's stability. In the conflict being re-enacted today, says former U.S. Ambassador to Seoul Richard Sneider, "both the military and the students have been overreacting. The tragedy is that what the military has done potentially has increased the danger of instability."

Licensed from TIME and published with permission of Time Inc.
Reproduction in any manner in any language
in whole or in part without written permission is prohibited.

당시 국내의 시선

피 흘리는 봄날

서울의 봄

1979년 10월 27일 모든 언론은 전날 사망한 박정희 대통령의 기사를 전했다.

경향신문은 '박정희 대통령 서거, 비상 계엄, 대통령 권한 대행에 최규하 총리 취임'이라는 기사를, 동아일보는 '박정희 대통령 서거, 어제 밤 7시 50분'이라는 기사 내보내며 '중앙정보부장 김재규와 경호실장 차지철 간에 우발적인 충돌 사태로 총탄이 발사되어 서거했다'라고 전했다. 신문은 박정희의 생애와 어록, 화보를 연일 쏟아내며 계엄령 합동수사본부의 중간 조사 발표를 1면에 채웠다.

박정희 사후 대통령 권한 대행이던 최규하는 11월 10일 기사를 통해 '유신헌법에 따라 1월 25일 이전 새 통일주체국민회의에서 10대 대통령을 뽑고 새 대통령이 기간 내 헌법을 개정해 다시 선거를 하겠다'라고 밝혔다. 자신과 새 대통령 모두를 과도기의 대통령으로 규정하고 민주적인 절차로 새 대통령에게 정권을 넘겨주는 것이 최규하가 밝힌 자신의 역할이었다.

11월 15일 1면 기사에서는 긴급조치 9호 위반과 관련해 구속된 학생과 인사에 대한 석방과 복교를 강구하는 모습을 보였고, 다음 날인 16일에는 비상계엄 선포와 함께 휴교했던 대학의 문을 19일부터 해제한다는 기사를 실었다. 여야 영수 회담이 열리며 12월 초로 대통령 보궐선거가 정해지며, 박정희 사후 정국은 안정을 찾는 듯 보였다. 12월 6일 치러진 보궐선거는 2,549명 중 2,456표를 받아 최규하를 대통령으로 뽑았다. 박정희 때와 달리 최규하 대통령의 당선을 축하하는 광고는 실리지 않았다.

12·12

12월 13일 모든 신문의 일면은 정승화 계엄사령관 연행을 머리기사로 다뤘다. 박정희 사망과 관련해 계엄사령관이며 육군참모총장이던 정승화가 관련되어 있다는 기사였다. 모든 정보가 차단된 상태에서 도심 내 총성과 차량 통제는 국방장관의 특별담화문에서 조용히 언급될 뿐이었다. 초병과 계엄군이 증원되는 과정에서 오인한 것이며 사상자도 없다는 발표였다.

12·12 군사반란의 내용은 외부에 철저히 통제된 상태였다. 군부에 의한 정권 장악은 1980년에 3월에 이르러서야 조금씩 세상에 알려지게 되었다. 이와 함께 3월과 4월에는 전국 대학에서 학원 민주화를 요구하는 시위가 수없이 열렸다. 1980년 4월 17일 동아일보는 일면 머리기사로 '학교재단은 공익법인 상식선에서 양보해야'라는 제목을 달았다. 자신의 이익에 맞춰 정권의 입맛대로 움직이는 어용교수들의 자진 사태를 요구했지만 이루어지지 않았다.

학원 민주화 시위 중 4월 9일에는 병영집체훈련 거부 운동이 벌어졌다. 의무적으로 열흘간 군사 훈련을 받아야 했던 대학생들이 이를 거부한 것이었다. 이에 최규하 대통령은 4월 14일 기사를 통해 담화문을 발표했다. '최대통령 담화, 대학 군사교육 거부 안 될 일'이라는 담화문에서는 북한의 도발과 내외정세의 어려움을 강조한 뒤, 국가적 현실에 비추어 매우 긴요한 소정의 군사 교육훈련을 거부해서는 안 될 일'이라고 정부 방침을 천명했다.

5·18

날이 갈수록 거세지는 학생 운동 속에 5월 17일 24시를 기해 비상계엄 선포 지역이 전국으로 확대됐다. 5월 20일 동아일보는 '김종필, 김대중 씨 등 26명 연행, 정치활동 중지, 대학 휴교'라는 제목으로 이를 알렸다. 계엄 선포 지역 확대 이유는 북괴의 동태와 전국적으로 확대된 소요 사태 등이었다. 광주가 세상에 알려진 것은 5월 22일이었다.

'광주 데모 사태 닷새째'라는 제목의 기사는 '전남대생 시위 군경 출동하며 과격해져 기관총, 소총, 수류탄, 장갑차, 실탄 등 다수 탈취'라는 제목으로 요약되어 있었다. 기사 말미엔 '4·19 이후 가장 많은 사상자를 낸 유혈사태로 번진 광주 데모에 대해 국민들은 그 이상의 유혈 사태가 없도록 진압에 나선 군경이 부드럽게 대하고 시민들도 일단 냉정을 찾아줄 것을 바라고 있다'라고 쓰여 있었지만, 내막은 누구도 알 수 없었다.

취임전과 이후까지 언론의 주인공은 최규하 대통령이 아니었다. 과도기의 대통령을 자처한 자신의 말처럼 최규하는 1980년 8월 16일 스스로 하야하며 임기를 마쳤다.

1987년 6월 29일 / 미국판 / 윌리엄 R. 되너, 베리 힐렌브랜드, K.C. 황

포위 공격

불안이 확산하면서
올림픽 개최에 위기를 맞은 한국

페이지 20　**단어** 3851
섹션 세계

📖　지난주 어느 날 밤 한국은행 앞 광장에서 수천 명의 학생 시위대를 상대로 돌격하다가 80명 규모의 전투경찰 부대는 고립되었다. 구호를 외치는 인파에 빠르게 둘러싸인 그들은 최루탄 (극심한 고통을 주는 농축 최루 가스) 지급품을 이미 다 써버린 상태였다. 대다수가 젊은 징집병이었던 이 전경 부대는 수적 열세에 압도되었다. 방패 뒤에서 무릎을 꿇고 학생들이 던지는 돌멩이와 최루탄 세례를 두려움에 떨며 막았다. 시위대는 경찰을 때리고, 방패와 헬멧 따위의 장비를 압수하기 시작했다. 전경들이 마침내 학생 대표들에게 호위를 받으며 안전 지대로 가던 도중, 군중은 압

수한 장비 두 더미에 불을 질렀다. 이 장면은 많은 것을 상징한다. 독재 통치의 도구들이 불살라지고, 무력 행사자들이 두려움에 몸을 숙인 것이다. 관객들은 궁금해할 것이다. 이것이 미래 한국의 예고편인가?

지난주 전국에서 학생들이 쏟아져 나와 광란의 가두 행진과 시위를 벌이며 전두환 대통령의 6년 통치에 항의했다. 밤이면 밤마다 수천 명의 경찰과 백골단(사복 경찰)이 학생들과 싸웠다. 유도 기술과 방패, 매캐한 냄새가 몇 시간이고 지워지지 않는 최루탄 등을 써서 군중을 해산시키려 했다. 폭력 사태가 벌어지던 1주일간 20개 이상의 경찰 전초기지가 파괴되거나 파손되었고 양측 사망자가 수백 명에 달했다고 한다. 금요일 중부 도시 대전에서는 징발된 버스에 경찰 한 명이 깔려 사망했다. 서울에서는 대학생 한 명이 소총으로 발사된 최루탄에 맞아 혼수 상태에 빠져 목숨이 위태롭다. 학생 주도 시위가 전통이 된 한국에서 지난주의 소요는 7년 만에 가장 심각한 사태였다.

최근 시위 물결이 일어난 이유는 2주 전 여당(민주정의당) 대표 노태우가 올해 후반에 열릴 대선 후보자로 지명된 것을 항의하기 위해서였다. 그러나 학생 수천 명만 참여하고 주로 수도 서울에만 국한되었던 첫 시위 때와는 달리, 지난주 시위는 5만 명의 군중을 끌어들였고 20개 이상의 도시에서 벌어졌다. 일부 보도에 따르면 남쪽 항구도시 부산에서는 시위대가 시내버스 5대를

전두환 대통령 취임 경축행사(서울사진아카이브)

불태우고 청소차를 압류하여 바리케이드로 썼다. 대전에서는 시위대 6천 명이 경찰서 두 군데에 화염병을 던졌다. 수요일 하룻밤에만 시위대가 포위한 장소는 민주정의당 지구당 두 곳, 국영방송국 KBS 건물 두 곳이었다. 정부의 대응은 여름 방학이 시작하기 2, 3주 전에 50개 이상의 주요 대학에 휴교령을 내린 것이다. 그러나 많은 학생들이 방학을 빨리 맞을 기회를 거부하고 캠퍼스 안팎에 머물렀고 저녁에는 반정부 시위에 참여했다.

아마도 가장 중대한 발전은 시위대가 처음으로 학생 아닌 다른 사회 집단의 지지를 받았다는 것이다. 주부와 회사원, 각양각색의 구경꾼들이 격려하는 말을 외쳤고 행진 대열에 합류하기도 했고, 그들 중에는 시위 학생의 부모도 많았다. 한국에서 두 번째로 큰 도시 부산에서는 5만 명이 참여했다. 장로교 목사 조창섭 씨(60세)는 대학에 다니는 자신의 자녀가 둘 다 시위에 참여한 것이 자랑스럽다고 한다. "요즘 부모들은 대부분 자식들을 지지합니다." 서울에서 10여 킬로미터 남쪽에 있는 성남에서 열린 가두행진에는 노인층 100명이 선두에 섰고 5,000여 명이 합류했다. 서울의 한 회사원이 말했다. "사람들은 화가 나고 넌더리가 났습니다. 이전보다 더 기꺼이 위험을 감수할 겁니다." 만약 그렇다면 기분 좋은 헤드라인으로 귀결하는 정치 시나리오를 그리던 전두환과 노태우에게는 나쁜 뉴스일 것이다.

한국은 놀라운 경제성장기를 누리고 있다. 지난 20년간 연평균 성장률이 약 8%였고, 현재 15.7%까지 급등했다(미국 4.8%, 일본 1.2%). 비록 한국은 민주주의 전통이 부족하지만, 내년 2월에 오랜 친구이자 동료 장성인 노태우에게 정권을 넘기겠다는 전두환의 계획은 한국이 공화국이 된 1948년 이래 최초로 평화로운 대권 승계를 이루게 할 터였다. 마지막으로, 한국은 15개월 후 시작할 1988 하계올림픽 개최가 새로운 국가적 성숙의 증거가 되리라 희망하고 있다. 1964년 도쿄 올림픽으로 일본이 강대국으로 인정받은 것처럼. 이러한 번영의 결과로 상당한 규모의 중산층이 등장했다. 여론조사에 따르면, 무려 80퍼센트의 한국인이 자신을 중산층으로 보고 있다. 중산층은 직업윤리상 불안정을 싫어하기 마련이지만, 엄격하고 때로는 억압적인 군사 정권의 통치에 신물이 나기 시작했다.

지난주의 소요 사태가 본격적인 반란으로 비화하거나 정부의 대규모 탄압을 촉발한 것은 아니다. 그러나 이러한 소요 사태는 1960년 학생 시위에 위해 권좌에서 물러난 초대 대통령 이승만의 운명을 상기시켰다. 맹렬하고 전국적인 시위 양상은 한국 지도자들에게 극심한 두려움을 심어주기에 충분했다. "폭력 사태가 계속된다면 경제와 국가안보와 국가 자체를 위협할 겁니다. 우리는 매우 우려하고 있습니다." 민주정의당 의원 현홍주가 말했다.

레이건 행정부 관료들을 포함하여 많은 외국인들도 우려하고 있다. 미국은 1953년 한국전쟁 종전부터 4만 명의 군대를 주둔시키고 있다. 비무장지대 너머에 중무장한 소련군과 중국군을 등에 업은 북한 공산주의 독재 정권이 존재하는 상황에 대한민국은 서독과 더불어 전략적으로 비공산주의 세계를 위한 일종의 척후병 역할을 한다. 서울이 불안정하면 예측하기 힘든 김일성(75세)이 통치하는 북한이 자칫 군사적 모험을 감행할 수 있고, 그렇다면 미국은 또 다른 아시아 전쟁에 뛰어들 수도 있다. 미국이 한국에서 얻는 이득은 현재 미미하지만, 미래에 얻게 될 지분은 상당하다. 전 주일 미국대사 에드윈 라이샤워와 하버드의 아시아 문제 전문가 에드워드 베이커는 작년 〈뉴욕타임스〉에 "대한민국은 중동 다음으로 미국의 이익과 세계 평화가 가장 위협받는 지역일 것이다"라고 기고했다. 미국은 사태를 면밀히 주시해왔으며 어떻게든 위기를 매듭 짓는 것을 돕고 싶어한다. 미국 국무부는 지난주 발표한 몇 건의 성명 중에서, 서울 명동성당에 피신한 학생 500명을 퇴거시키려는 어떠한 시도도 하지 말라고 조언했다.

시위자들은 결국 스스로 떠났다. 싱가포르에서 열린 ASEAN 외교장관 회의에 참석한 조지 슐츠 국무부 장관은 단언했다. "우리는 정부가 야권과 대화를 재개하기를 조언한다. 그럼으로써 민주적 전통을 확립하는 수단이 상호 합의 가능한 방식으로 성공할 수 있을 것이다." 레이건 대통령도 우려를 표명했다. 〈뉴욕타임스〉에 따르면 레이건은 전두환에게 서신을 보내, 야권과 회담을 재개하여 타협점을 찾기를 촉구했다. 그러나 워싱턴은 수년간 전두환 정권과 맺은 긴밀한 관계가 문제의 작지 않은 부분임을 인정하기를 꺼리는 듯 보인다. 한국 정부가 민주개혁을 실행하도록 노련하게 압박하는 데 누차 실패한 것이 한국에 이미 팽배한 반미 감정을 악화시킬 수 있다는 점도 부담스럽다.

수년간 한국은 시한폭탄 같은 존재였다. 전두환은 자신의 오랜 멘토였던 박정희 대통령의 암살 사건으로 불거진 정치적 공백 속으로 뛰어들어 이듬해인 1980년 권력을 잡았다. 평범한 농촌 출신인 전두환은 1955년 한국 윤국사관학교를 졸업했고 베트남전에 참전한 바 있다. 전두환은 계엄령 하에서 허수아비 야당 후보들만 출마시킨 1981년 대선을 통해 대권을 굳혔다. 한국 기준의 정적 정통성을 감안하더라도 전두환을 약탈자로 여기는 이들이 많았다. 전두환은 1980년 광주의 대중 봉기를 중무장 부대로 진압하도록 명령한 고위 사령부의 일원이었다. 전두환은 연달아 터진 재정 스캔들에 대해 비난받았다. 그중에는 본인이 관여하지는 않았다 해도 그의 가족들이 연루된 사건도 몇 건 있었다. 한국의 한 경제학 교수는 말했다. "전두환은 정통성을 결여했기 때문에 돈과 폭력을 통해 권력을 구축해야 했다. 이 때문에 부정부패가 생기고 전두환은 자기 자리를 보전하려고 경찰과 치안부대를 동원하는 것이다."

전두환이 갖춘 정통성이 있다면, 그것은 레이건 행정부로부터 받은 확고한 지지가 한몫 했다. 1981년 레이건이 당선되면서 처음 초대한 외국 정상이 바로 전두환이었던 것이다. 최근 전 주한 미국대사 리처드 워커는 1985년 한국 총선을 "대체로 자유롭고 공정했다"라고 평가했다. 이 총선은 여당에 유리한 방식으로 치러 많은 이들에게 비판받은 바 있다. 현 주한 미국 대사이자 전 CIA 관리였던 제임스 라일리는 인준청문회에서, 자신은 한국에는 민주개혁보다 국가안보가 더 중요하다고 본다고 진술했다. 레이건 행정부는 전두환에게 민주화를 촉구하기는 하지만 전두환이 요지부동으로 거부할 때는 불만을 제기하지 않는다고 비판받는다. 서울의 한 대학생은 "미국이 태도를 바꾸지 않는다면 반미 감정이 커질 것"이라고 말했다.

전두환은 애초 자신은 대통령직을 7년 단임으로 마칠 것이라고 약속했다. 일련의 헌법 및 선거 개혁 협상을 개시하는 데도 동의했다. 김대중과 김영삼(이어지는 기사 참조)이 이끄는 야당은 5천 명 이상의 선거인단이 대통령을 선출하는 대통령 간선제를 폐지하는 것을 주요 목표로 잡았다. 야당이 바라는 것은 대통령 직선제였다. 비판자들에 따르면 간선제는 여당에 유리하다. 선거인단이 이미 밝혔던 표심을 마지막 순간 바꿀 수 있기 때문에, 정부는 뇌물을 주거나 편의 제공을 약속함으로써 쉽게 득표할 수 있게 된다. 반면 여당인 민주정의당은 대통령제보다는 내각책임제를 선호했다. 다음 총선에서는 소수당으로 전락할 공산이 있으므로, 민주정의당 지도자들은 내각책임제 하에서는 자신들이 국회를 여전히 장악할 수 있다고 판단한 것이다. 한 가지 수단으로는, 소수당을 매수하여 야당을 분열시키는 데 충분한 표를 얻는 것이다. 야권에도 의원내각제에 동의하는 분파가 있었지만 협상은 지연되며 타협점을 못 찾았는데, 이는 양측 모두 고집을 꺾지 않은 탓이다. 그러나 전두환은 4월 13일 올림픽 개막 후까지 개혁 협상을 중단한다고 느닷없이 발표했고 야권은 분개했다. 여권에 유리한 시나리오다. 그 즈음이면 내년 2일 취임하여 1995년에 임기를 마칠 신임 대통령이 청와대를 차지하고 있을 테니 말이다. 어느 한국 학자는 "전 대통령은 한 군인 독재자에게서 다른 독재에게 권력을 이양하는 것을 민주주의라고 우긴다"라고 말한다.

한편 학생 시위 운동은 조직 개편의 진통을 겪고 있었다. 지난 가을 시위 과정에서 참가자들은 초강경 구호를 외쳤는데, 많은 국민들이 대학생들의 사상을 의심하게 되었다. 영리하게도 정부 여당은 그런 구호가 북한 지지나 마찬가지라고 했다. 그러나 겨울이 지나자 학생들은 표현 수위를 낮췄다. 현재 가장 많이 사용되는 두 가지 구호는 "독재 타도!"와 "호헌 철폐!"이다. 대치 상황에서 가장 최근 스캔들이 터진 것은 정부 측이다. 경찰이 서울대 학생을 신문하는 과정에서 고문하여 사망시켰고 사건 은폐를 시도했다는 사실을 인정한 것이다.

전두환은 지난달 개각을 실시해야 했다. 전두환이 저지른 최악의 실책은 6월 10일 벌어졌다. 서울에서 열린 민주정의당 전당대회에서 약 7천 명의 대의원 앞에서 육군사관학교 동기인 노태우를 후계자로 지명한 것이다. 물론 노태우가 지명된 것이 야당에게도 새삼스럽지는 않았다. 하지만 멋진 행사는 이것이 최종 결정이라는 인상을 심었고 두 남자가 팔을 치켜든 광경은 자신만만하고 도도해 보였는데, 이는 많은 국민들에게 지극히 오만하게 비쳤다. 한 서울대 의대생은 불만을 토로한다. "한국 국민은 한국 국민이 선출한 대통령을 원한다." 대학생들의 대의에 공감하는 영향력 있는 세력도 동조한다. 바로 불교계와 대형 개신교 교파를 비롯한 종교계다. 가톨릭은 한국 4,000만 인구 중 5%에 불과하지만 개혁을 요구하는 목소리를 키워왔다. 지난주 500명의 학생 점거자들이 명동성당을 자발적으로 나간 뒤, 서울대주교 김수환 추기경은 그곳에서 시국 미사를 집전했다. 성당을 가득 메운 3천 명 중에는 중산층과 중년층이 많았다. 성당 밖에서는 최소 5천 명이 늦봄 쏟아지는 폭우를 맞으면서도 남아 있었다. 김 추기경은 "정부는 민주적 헌법 개혁에 관한 논의를 연기하겠다는 4월 13일의 결정을 철회하고 협상 테이블로 돌아와야 한다"라고 말했다. 한국 반체제 인사들은 한국 민주화 운동이 필리핀의 '피플파워' 운동과 여러모로 유사하다며, 그중에서 가톨릭과의 관계를 인용하곤 한다. 15개월 전 '피플파워'는 가톨릭 교회의 도움으로 페르디난드 마르코스 대통령을 끌어내린 바 있다.

또 다른 유사성으로는 정권에 대한 미국의 후원, 높게 치달은 도덕적 분노로 인한 야권의 득세를 들 수 있다. 그러나 한국과 필리핀은 비교 대상이 아니다. 기강 잡힌 한국군은 필리핀군이 그랬듯 야권을 편들 가능성은 희박해 보인다. 또한 필리핀 혁명에 원인을 제공했던 많은 경제·사회적 요인들 즉 극심한 빈부 격차, 위태로운 경제 상황, 억제하기 힘든 공산주의 반란 등은 한국에는 존재하지 않는다. 라이샤워와 베이커에 따르면 필리핀에서는 "정치 상황이 훨씬 혼란스러웠고 권력이 한 그룹에게 쏠리는 경향이 덜했다." 한국에서 '피플파워', 아니 민중 권력이 승리를 목전에 둔 것은 아니지만, 애당초 그리 높지 않았던 전두환 정권의 인기는 빠르게 떨어지고 있다. 카네기 국제평화기금의 한국 연구자 셀리그 해리슨Selig Harrison에 따르면, 최근 경향신문에서 실시한 설문에서 65.2%가 전두환 정권에 대해 '불만족'하거나 '매우 불만족'하다라고 응답했다. 21.7%만이 '만족'한다고 응답했다고 했다. 정부를 호의적으로 그리지 않는 다른 뉴스가 대부분 그랬듯, 그 설문 조사도 발표가 금지되었다.

이처럼 높은 불만 수준은 단 한 세대만에 빈곤에서 번영으로 진보한 한국 사회에서 괄목할 만한 현상이다. 한국의 식자율(글을 읽고 쓸 줄 아는 국민의 비율―옮긴이)은 90%로 세계 최고 수준이며, 고등학교 졸업자의 3분의 1이 대학에 진학한다. 한국인의 1963년 43%였던 도시 거주자 비율이 80%를 넘어섰다. 1인당 국민소득은 1965년 105 달러에서 현재 2,300 달러로 증가했다. 비록 엇비슷한 개발 단계에 도달한 대만보다 1천 달러 적은 수치이긴 하지만, 아시아 기준으로 볼 때 한국인들은 부유한 편이다. 현재의 경제 호황은 수출의 폭발적인 증대 덕분이다. 1987년의 첫 4개월 동안 한국의 전자기기, 섬유, 자동차 및 기타 상품의 출하량은 작년 동기 대비 37.2% 증가했다. 작년 미국에 출시된 현대 엑셀Excel은 무려 16만 8,800대가 판매되어 당초 예상치의 두 배를 기록했고, 미국 자동차 역사상 가장 성공적인 신형 수입차가 되었다. 지난주 제너럴모터스General Motors는 폰티악 르망 Phontiac LeMans을 출시했는데, 이 모델은 한국의 재벌 기업 대우가 생산하여 GM에 납품한 것이다. 한국은 미국에서 일곱 번째로 큰 교역 상대국인데, 작년 대미 무역수지 76억 달러를 기록하여 사상 최초 흑자를 달성했다.

이러한 성공에도 불구하고 한국 경제는 몇 가지 지속적인 문제를 직면하고 있다.다. 산업 폭발에 자금을 조달하기 위해 외국 차관 430억 달러를 끌어들였다. 10년 전에는 그 규모가 84억 달러에 불과했었다. 이는 개발 도상국들 중에서 네 번째로 큰 외채 부담이다. 지금껏 한국은 일부 악성 채무국들과는 달리 이자 지급에 어려움을 겪은 적이 없지만, 고高외채 전략을 비판하는 이들은 이 때문에 한국은 증가 일변도인 수출 시장에 의존하게 될 거라고 말한다.

더욱이 한국은 제조업 생산량의 대부분을 주로 일본에서 수입한 기술과 부품에 의존하며 낮은 인건비(자동차 생산 노동자의 평균 시급: 일본 12.50달러, 한국 2.50달러)를 활용하기 위해 국내에서 조립한다. 해외에서 생산한 부품을 수입하는 것은 한국의 기술 기반을 발전시키는 데 별 도움이 되지 않는다. 한국 당국자들은 수입의 막대한 증가가 옥의 티라며 우려한다. 대외적으로는, 물가 상승률이 매년 2%로 낮게 유지되고 있지만, 급증하는 해외 판매로 인해 달갑지 않은 위험 수위까지 물가가 상승할 공산이 크다. 대외적으로는, 미국 및 다른 국가들과의 무역수지 흑자가 증가함에 따라 해당국들이 보호무역 조치를 시도하게 되었다. 이러한 조치는 경제적 손익뿐 아니라 전두환 정권에 대한 혐오 때문인 경우가 많다. 지난주 미국 상·하원에서는 한국이 민주화와 인권 보호를 내실 있게 진척시키지 않는다면 한국산 제품에 대한 22억 달러 규모의 면세 및 특혜관세를 폐지하라는 법안이 상정되었다. 지난주 미국 상원과 하원 법안에서 미국이 민주개혁과 인권 보호에서 견고한 이득을 얻지 못한다면, 한국 제품에 대한 면세 및 특혜 무역 혜택 22억 달러를 폐지할 것을 촉구했다.

한국 당국자들은 미국의 보호주의 분위기에 담긴 위험성을 인지하기 시작했다. 당장 7월부터 한국 수출업체들은 VCR, 텔레비전, 전자레인지 등 10가지 민감 품목에 대해 '자발적인' 대미 선적 제한을 준수할 것이다. "6개월 전에는 이 같은 수출 삭감 프로그램을 제안하지 못했을 것이다. 배신자로 불렸을 테니까"라고 나웅배 상공부 장관이 말했다. 전두환은 정치 경력에서 가장 심각한 위기에 직면한 가운데, 청와대에서 수석 보좌관들과 상의하면서 작심한 듯 침묵을 지켜왔다. 더구나 전두환은 학생 운동권과 야권의 허를 찌르기 위해서인 듯, 자신의 향후 조치에 대해 상반되는 정보를 흘렸다. 하루는 당국자들이 정부의 엄중 단속이 임박했다고 위협조로 속삭인다. 다음 날에는 야당과 대화를 재개할 수도 있다고 시사한다. 주말 즈음엔 국민들이 가까운 장래를

1985년 서울 올림픽 조직위원회가 외환은행 본점에서 연 올림픽기 전달식(서울사진아카이브)

전혀 예측하지 못하게 된다.

한 가지 가능성은 정부가 개헌, 또는 적어도 선거 개혁 문제에 관해 타협하는 방법을 찾아내는 것이다. 전두환보다는 유연하다는 평판을 받는 노태우는 기자 회견에서 그런 해법을 시사했다. "우리 당은 현 상황에 대처할 방안을 도출해낼 것이다. 최근 국면에서 드러난 여론과 국민의 염원을 가능한 한 존중하려고 한다. 우리 당은 가능한 한 여론을 존중하면서 현재 상황에 대처하는 조치를 취할 것이다"라고 말했다. 최근 개발 상황에서 보여준 바와 같이 사람들의 열망이 반영된 것이다. 한국 언론에 널리 인용된 익명의 여당 당국자의 발언 또한 전두환이 개헌 문제에 관해 후퇴하고 있음 시사한다. 개헌이 9월까지 가능하다면 ("우리가 정한 스케줄은 유효할 것")이라는 것이다. 전두환이 4월에 그 모든 개헌안을 애초에 배제한 유일한 이유는, "야당의 분열로 인해 전혀 가능해 보이지 않았기 때문"이라는 것이다. 야당 지도자 김영삼은 전두환에게 "4월 13일의 결정을 철회할 것"을 촉구하며 자신과 대통령과의 회담을 제안했다. 그러나 김영삼은 그 회담에 조건을 달았다. 수감중인 시위대 1,500여 명을 석방하고 김대중에 대한 10주간의 가택 연금을 해제할 것. 이 사항들을 준수하지 않을 경우 전두환은 개헌 여부를 국민투표에 부쳐야 할 것이며, 그 안건은 틀림없이 통과할 것이다. 그럴 경우 전두환은 4월 13일 결정을 표면적으로는 철회하지 않은 채 문제를 민의에 맡길 수 있게 된다. 그러나 이런 해법조차 타협으로, 심지어 퇴각으로 비치게 될 것이다. 한국 공직 사회의 오랜 전통을 역행하는 모양새다.

반대로, 정부가 강경한 시위 진압을 결정할 수도 있다. 그것은 막연한 추측으로 그치지 않았다. 금요일 저녁 이한기 국무총리는 6분간 방송 연설을 통해 다음과 같이 경고했다. "폭력·불법 행위로는 모든 국민이 원하는 진정한 민주 발전을 이루지 못할 것이다. [자제]만으로 법과 질서를 회복하는 것이 불가능하다면, 정부는 불가피하게 특단의 결정을 내릴 것이다." 총리는 구체적으로 말하지 않았고, 그럴 필요도 없었다. '특단의 결정'이 뜻하는 것은 계엄을 포함한 비상조치권뿐이었다. 전두환은 그런 조치를 취할 수도 있음을 보여준 바 있다. 1980년 광주 항쟁이 일어나자 그는 보안사령관으로서 8개월 넘게 계엄령을 시행했다. 엄중 단속 조치는 분명히 군부의 강경파를 기쁘게 할 것이다. 그들은 전두환이 자유화를 조금씩 수용하는 제스처를 취했는데, 이 때문에 정치적 혼란이 벌어질 거라고 오랫동안 경고해왔다. 그 우려가 지금 현실화되었다고 생각한다.

그러나 그런 계획에는 단점이 많다. 첫째, 한국 정부가 올림픽을 개최할 능력은 있지만 무력을 동원하지 않고는 자국민을 통제할 수 없음을 세계에 알리게 될 것이다. 둘째, 또다시 무력에 의지한다면 한미 관계에도 위기가 닥칠 수 있다. 셋째, 전두환이 상상조차 하고 싶지 않은 일일 테지만, 상황이 더욱 악화한다면 결국 정권 붕괴로 이어질 수도 있다. 이 경우 군부는 사태를 방관하지 않을 것이고 한국은 대혼란에 빠질 것이다. 그러나 지난주 시위로 그 어떤 혼란을 겪었든, 시위대가 드러낸 분노가 얼마나 드높았든 간에, 전두환 정권은 붕괴할 기미가 없어 보인다. 한국을 휩쓴 듯했던 최루탄 가스 구름, 광분의 돌팔매질, 화염병에서 터져나온 화염 등에 세계가 주목한 지난주, 태극기는 어디에나 있는 듯했다. 시위대가 태극기를 흔들었고, 신축된 올림픽 관련 시설에서도 나부꼈으며, 관공서에서도 펄럭였다. 물결선이 원을 양분하는 태극기는 한국 정세에 대한 훌륭한 은유이다. 위쪽의 빨강색 양陽, 아래쪽 파란색 음陰은 우주의 모순 원리를 보여주는 오랜 상징이며, 불과 물, 어둠과 빛, 파괴와 건설을 나타낸다. 전쟁의 잔해와 대혼란에서 빠져나와 세계에 부와 영향력을 자랑하는 위치까지 오른 한국, 이제 나뉘어진 혼의 어느 반쪽이 승리할지 정해야 할 때다.

ⓒ 이 책의 한국어판 저작권은 TIME으로부터 받았으며 TIME Inc.의 허가로 출판됨.
저작권법에 의해 보호를 받는 저작물이므로, 서면 허가 없이는
어떠한 방법이나 언어로든 전체 또는 일부의 무단전재 및 복제를 금함.

June 29, 1987 / U.S. Edition / William R. Doerner. Reported by Barry
Hillenbrand and K.C. Hwang / Seoul

Under Siege

As unrest spreads, South Korea faces a crisis of Olympic proportions

Page 20   **Words** 3851
Section The World

Charging into a crowd of several thousand protesting students one night last week in the huge square in front of the Bank of Korea, a unit of 80 riot police suddenly found themselves cut off from reinforcements. A sea of chanting demonstrators quickly surrounded the police, who had already used up their supplies of pepper gas, a concentrated and particularly painful form of tear gas. Outnumbered and overwhelmed, the police, many of them young conscripts, knelt in terror behind their riot shields, trying to fend off a torrent of rocks and gas canisters thrown by the students. The protesters began beating the police, then confiscating shields, helmets and other equipment. As the police were finally escorted to safety by student leaders, the crowd set fire to two piles of the collected gear. The scene was rich in symbolism: instruments of authoritarian control put to the torch, while their former wielders cowered in fear. Was it, spectators may have wondered, a preview of South Korea's future?

Throughout the country last week, students erupted in a frenzy of defiant marches and demonstrations to protest the six-year rule of President Chun Doo Hwan. Night after night they battled with tens of thousands of police, militia and plainclothes officers, who sought to break up the crowds with judo punches, shields and the virulent pepper gas, whose acrid fumes lingered for hours over the scenes of combat. As the week of violence wore on, more than two dozen police outposts were reportedly destroyed or damaged, and hundreds of people on both sides were injured. On Friday a policeman died after being run over by a commandeered bus in the central city of Taejon. A student in Seoul was in a coma, near death, after being struck in the head by a rifle-fired gas canister. In a country where student-led protests have become a tradition, last week's disturbances were the most serious in seven years. The latest wave of demonstrations broke out two weeks ago to protest the selection of Roh Tae Woo, chairman of the ruling Democratic Justice Party, as its nominee for President in the national elections scheduled for later this year. But in contrast to the first disturbances, which involved only a few thousand students and were primarily limited to Seoul, the capital, last week's demonstrations drew crowds as large as 50,000 and flared in more than two dozen cities.

In the southern port of Pusan, according to some reports, protesters burned five municipal buses and seized a garbage truck as a makeshift barricade. In Taejon a crowd of 6,000 marchers fire-bombed two police stations. On Wednesday night alone, crowds laid siege to 17 police outposts, two Democratic Justice Party district offices, and two buildings of the state-run Korean Broadcasting System. The government responded by shutting down more than 50 major universities two to three weeks before summer vacation was to begin. But many students refused to accept the chance for an early holiday, remaining on or near the campus for nightly antigovernment rallies. In perhaps the most momentous development, the protests for the first time received the support of segments of South Korean society other than students. Housewives, businessmen and assorted onlookers shouted encouragement and occasionally joined the marchers, who in many cases were their sons and daughters. In Pusan, the country's second largest city and the scene of a demonstration involving 50,000 people, Presbyterian Minister Cho Chang Sop, 60, proudly reported that both of his college-age children had joined the protest. Said he: "Nowadays most of the parents support the kids." In Songnam, ten miles south of Seoul, a protest march led by a group of about 100 elderly people was joined by some 5,000 Koreans. "People are angry and disgusted," said a Seoul businessman. "They are willing to risk a bit more now than before." If that is so, it could be bad news indeed for Chun and Roh at a time when their political scenario calls for nothing but happy headlines. South Korea is enjoying a period of spectacular economic growth, which has averaged about 8% annually over the past 20 years and is currently surging at 15.7% (vs. about 4.8% for the U.S. and 1.2% for Japan). Though South Korea lacks a democratic tradition, Chun's plan to turn over power next February to Roh, a longtime friend and fellow army general, would mark the first orderly presidential succession since the country became a republic in 1948. Finally, South Korea hopes that its being host of the 1988 Summer

Olympics, scheduled to begin just 15 months from now, will serve as evidence of a new national maturity, much as | the 1964 Tokyo Games ratified Japan's arrival as a world power. One consequence of prosperity has been the emergence of a sizable middle class. In opinion surveys, as many as 80% of South Koreans describe themselves as members of that group.

While the middle class embraces a work ethic that naturally abhors instability, it has begun to chafe under the strict, sometimes repressive rule of South Korea's military-dominated government. Last week's convulsions did not amount to a full-scale rebellion or draw a massive government crackdown. But the disturbances recalled the fate of South Korea's first President, Syngman Rhee, who was unseated by massive student demonstrations in 1960. The virulence and ubiquity of the protests were enough to give South Korean leaders a first-rate scare. Said Hyun Hong Choo, a Democratic Justice Party member of the National Assembly: "If the violence continues, it threatens the economy, the national security, the nation. We are very concerned." So are many non-Koreans, including officials of the Reagan Administration. The U.S. maintains 40,000 troops in South Korea, a military presence that has persisted since the end of the Korean War in 1953. With the heavily armed Soviet- and Chinese-backed Communist dictatorship of North Korea just across the Demilitarized Zone, South Korea serves strategically, along with West Germany, as a kind of point man for the non-Communist world. Instability in Seoul could tempt Communist North Korea, governed by the less than predictable Kim Il Sung, 75, to launch a military adventure that could draw the U.S. into another Asian war. Though U.S. leverage in South Korea is limited, its stake in the country's future is considerable. Writing in the New York Times last November, former U.S. Ambassador to Japan Edwin O. Reischauer and Edward J. Baker, a Harvard Asian-affairs specialist, declared, "Next to the Middle East, South Korea is probably the part of the world where American interests and world peace are most threatened." The U.S. has been following the South Korean crisis closely in the hope that Washington can somehow help bring it to an end. Among other statements last week, the State Department counseled against any attempt to forcibly dislodge a group of 500 students who took refuge in Seoul's Myongdong Roman Catholic Cathedral. The protesters eventually left of their own accord. Secretary of State George Shultz, who was attending an ASEAN foreign ministers' conference in Singapore, declared, "Our advice is somehow to resume the process of dialogue between the government and the opposition so that a method of establishing a democratic tradition can be worked out in a mutually agreeable way."

Even President Reagan felt obliged to add his concern. According to the New York Times, the President sent a letter to Chun urging him to reopen talks with the opposition aimed at reaching a compromise. But Washington seemed reluctant to acknowledge that its own close association with the Chun regime over the years was no small part of the problem or that its historic failure to apply skillful pressure for democratic reforms threatens to worsen an already widespread atmosphere of anti-Americanism in South Korea. For years South Korea has been a problem waiting to happen. Chun seized power in 1980, moving into the vacuum created a year earlier by the assassination of President Park Chung Hee, his longtime mentor. The product of a modest rural background, Chun was graduated from South

Korea's military academy in 1955, and is a combat veteran of the Viet Nam War. Chun consolidated his hold in a 1981 presidential election that was conducted under martial law and excluded all but token opposition candidates. Even by South Korea's standards of political legitimacy, the former army general was widely regarded as a usurper. In 1980 Chun was among those in the South Korean high command who ordered heavily armed troops to quell a popular uprising in the city of Kwangju, resulting in at least 180 deaths. He has been blamed for, though he was not personally involved in, a series of financial scandals, including several that implicated members of his family. "Because Chun lacked legitimacy, he had to build power through money and through violence," said a South Korean university economist. "This has brought on corruption and the use of the police and security forces to secure his position."

What legitimacy Chun does possess he owes in part to solid support from the Reagan Administration. In 1981 Chun became one of the first foreign heads of state to be received by the new U.S. President. Richard Walker, a former U.S. Ambassador to Seoul, recently described the 1985 South Korean parliamentary elections, which were criticized by many observers as having been weighted in the government's favor, as "generally free and fair." The current U.S. ambassador, former CIA Official James R. Lilley, testified at his Senate confirmation that he regarded South Korea's national security as more important than democratic reforms. The Reagan Administration, its critics say, urges Chun to move toward democracy but fails to complain when he refuses to budge. Said a student in Seoul: "If America does not change its attitude, the anti-Americanism here will grow." Chun promised from the outset that he would serve only a single seven-year term as President. He agreed to open negotiations on a series of constitutional and electoral reforms. The parliamentary opposition, led by Kim Dae Jung and Kim Young Sam (see following story), had as its main goal the abolition of South Korea's electoral college, a panel of more than 5,000 elected delegates that chooses the President. Instead, the opposition wanted direct elections for a chief executive. The electoral-college system favors the ruling party, according to its critics. Since an elector is allowed to change his announced vote at the last minute, they say, the government can easily get its way through bribes and the promise of favors. The Democratic Justice Party, on the other hand, preferred a parliamentary rather than a presidential form of government. Looking ahead to the possibility that they could become a minority in the next election, party leaders decided a parliamentary system could still allow its leaders to retain control of Parliament. One method: the government party can buy off minor parties to get enough votes to counter a split opposition.

One segment of the opposition was amenable to the parliamentary idea, but negotiations dragged on for months without reaching a compromise, and both sides can be blamed for obstinacy. But Chun angered the opposition when, on April 13, he abruptly announced that bargaining on the reforms would cease until after the Olympic Games. By that time, conveniently for the government, the new President scheduled to take office next February will have been long since installed, with a mandate to serve until 1995. "Chun mistakenly defined democracy as the transfer of power from one authoritarian military man to another," says a South Korean academic. The student protest movement, meanwhile, was in the throes of reorganization. In their demonstrations last fall, the marchers had been discredited in the eyes of many South Koreans by their use of ultraradical slogans, which the government shrewdly equated with support for North Korea. But over the winter the students toned down their rhetoric. The two most popular slogans currently in use are "Tokchae Tado!" (Down with the dictatorship!) and "Hohun Tado!" (Down with the decision not to amend the constitution!). The latest scandal in the confrontation belongs to the government: police admitted they had tortured to death a Seoul University student during interrogation and then tried to cover up the incident, prompting Chun last month to shake up his Cabinet. The culmination of Chun's missteps was his decision to anoint his successor, a classmate at the military academy, before some 7,000 delegates at a Democratic Justice Party convention in Seoul on June 10. Though Roh's selection was hardly a surprise, even to the opposition, the ceremonial neatness and finality of the act, represented by the self-confident, almost cocky, scene of the two men with hands raised high, struck many South Koreans as extremely arrogant. Complains a 24-year-old medical student at Seoul National University: "The Korean people want a President who is elected by the Korean people." The students have found influential allies for their cause in South Korea's religious communities, including the Buddhists and the large Protestant denominations.

The Roman Catholic Church, though it accounts for only about 5% of the country's 42 million people, has also grown increasingly outspoken in its calls for reform. Following the voluntary evacuation of Myongdong Cathedral by 500 student occupiers last week, Stephen Cardinal Kim Sou Hwan, the Archbishop of Seoul, offered a Mass for the nation there. Some 3,000 people, many of them middle class and middle aged, filled the church to overflowing. At least 5,000 others remained outside despite a late spring cloudburst. Said Cardinal Kim: "The government must return to the negotiating table after retracting the April 13 decision to postpone the debates on democratic constitutional reform." The Catholic connection is often cited by South Korean dissidents as one of several similarities between their movement and the church-aided People Power that swept Philippine President Ferdinand Marcos out of office 15 months ago. Other alleged parallels include U.S. backing for the Chun government and the high level of moral outrage that animates the opposition. But the two cases are hardly comparable. South Korea's highly disciplined army is considered unlikely to defect to the opposition side, as its counterpart did in the Philippines. In addition, many of the economic and social factors that contributed to the Philippine revolution -- the wide disparities in wealth, the parlous state of the economy, the inextinguishable Communist insurgency -- are absent in South Korea. Wrote Reischauer and Baker: "In the Philippines . . . the political situation was more confused and power was less concentrated on one group." Even though People Power may not be about to triumph in South Korea, the popularity of the Chun government, never very high, is dwindling fast.

According to Selig Harrison, a Korea scholar at the Carnegie Endowment for International Peace, a recent poll taken for the government by the daily Kyunghyang Shinmun indicated that 65.2% of respondents were either "dissatisfied" or "very dissatisfied" with the Chun regime; only 21.7% described themselves as "satisfied." Like most other news that portrays the government in an unflattering light, the survey was suppressed. Those high levels of discontent are remarkable in a society that has progressed from poverty to prosperity in just over a generation. The country boasts a literacy rate of 98%, one of the world's highest, and one-third of its high school graduates go to college. More than 80% of South Koreans are city dwellers, up from 43% in 1963. Per capita income has risen from $105 a year in 1965 to $2,300 today. Though that is about $1,000 less than the level achieved by Taiwan, which has reached a roughly comparable stage of development, South Koreans are generally well off by Asian standards. The economy's current boom is fed by a burst of exports. During the first four months of 1987, shipments of South Korean electronics, textiles, automobiles and other products soared by 37.2% over the same period last year. The Hyundai Excel, introduced in the U.S. last year, sold an astonishing 168,800 units, twice the original projection, to become the most successful new car import in U.S. automotive history.

Last week General Motors introduced its new Pontiac LeMans, a model manufactured for the Detroit carmaker by the giant South Korean conglomerate Daewoo. Ranked as Washington's seventh largest trading partner, South Korea last year registered a $7.6 billion trade surplus with the U.S. as well as its first positive overall trade balance. Despite such success, the South Korean economy faces some enduring problems. The country financed its industrial explosion with $43 billion in foreign borrowings, up from only $8.4 billion a decade ago. That is the fourth largest debt burden of any developing nation. So far South Korea has had no difficulty meeting its interest payments, unlike some other heavy borrowers, but critics of the country's high-debt strategy charge that it will keep Seoul dependent on ever expanding export markets. Moreover, much of South Korea's manufacturing output relies on technology and parts imported mostly from Japan and assembled in Korea to take advantage of low labor costs (average hourly wage for autoworkers: $2.50, vs. $12.50 in Japan). Imports of foreign manufactured parts do little to develop South Korea's technological base. South Korean officials worry that the dizzying rise in imports may be too much of a good thing. Domestically, the spurt in overseas sales threatens to set off an unwelcome and potentially dangerous round of inflation, which is running at a low 2% annually. Overseas, South Korea's rising trade surpluses with the U.S. and other countries have prompted calls for protectionist countermeasures. Many of the proposals are motivated not simply by economic considerations but also by distaste for the Chun regime. Last week bills were introduced in the U.S. Senate and House of Representatives calling for the elimination of $2.2 billion of duty-free and preferential trade benefits for South Korean products unless the country makes solid gains in democratic reforms and the protection of human rights.

Officials in Seoul have begun to acknowledge the potential danger of U.S. protectionist sentiment. Beginning in July, South Korean exporters will observe "voluntary" restraints on shipments to the U.S. of ten sensitive items, including videocassette recorders, television sets and microwave ovens. "I could not have suggested this export-cutting program six months ago," says Trade and Industry Minister Rha Woong Bae. "I would have been called a traitor." As Chun faces the gravest political crisis of his career, he has remained resolutely silent, conferring with top aides inside the Blue House, his official residence. Furthermore, perhaps to keep the students and their supporters in the opposition off-balance, he has allowed contradictory hints to be dropped about his next moves. One moment his associates are whispering darkly that a new crackdown is imminent. The next they are suggesting that talks with the opposition might be reopened. At week's end South Koreans thus had little idea what to expect in the immediate future. One possibility would be for the government to find some way of reaching a compromise on the constitutional issue, or at least on electoral reform. Roh, who is thought to be a bit more flexible than Chun, implied such a solution when he told a group of South Korean reporters, "Our party will work out measures to cope with the present situation, respecting as much as possible public opinion and the people's aspirations as demonstrated in recent developments." An unnamed Democratic Justice Party official widely quoted in the Seoul press also seemed to indicate that Chun was backpedaling on the constitutional question, saying that if the charter could be rewritten by September, "it would not make our schedule invalid."

The only reason that Chun originally foreclosed any such revision in April, he added lamely, was that it "hardly seemed possible because of the split-up of the opposition party." Opposition Leader Kim Young Sam called on Chun to "rescind the April 13 decision" and proposed talks between himself and the President. But Kim placed conditions on such a meeting: the release of some 1,500 demonstrators still in jail and the lifting of Kim Dae Jung's ten-week-old house arrest. Short of complying with those stipulations, Chun might submit the issue of whether to amend the constitution to a referendum, which it would almost certainly win. That would allow the President to let the matter be settled by popular will without forcing him explicitly to back down from the decision of April

13. Yet even that solution would be seen as a compromise, perhaps even a retreat -- concepts that run counter to age-old tradition in South Korean public life. Conversely, the government could decide to crack down hard on the protesters. That possibility became more than idle speculation Friday night during a six-minute television address by Prime Minister Lee Han Key. Warning that "violent and illegal activities will not gain genuine democratic development desired by all citizens," Lee added, "Should it become impossible to restore law-and-order through ((self-restraint)) alone, it would be inevitable for the government to make an extraordinary decision." He did not elaborate, nor did he need to. An "extraordinary decision" could only mean emergency government powers, perhaps even martial law. Chun has shown that he is capable of taking such measures. Following the 1980 Kwangju uprising, as defense commander he helped preside over eight months of martial law.

A new crackdown would obviously please hard-liners in the military, who have long warned that the scant gestures toward liberalization so far permitted by Chun would lead to political chaos and who now feel vindicated. But the drawbacks to such a plan are numerous. First, it would be an admission to the world that the South Korean government can sponsor an Olympic Games but cannot exercise control over its own citizens except by using force. A new resort to toughness could also provoke a crisis in South Korea's relations with Washington. A third outcome, though hardly one that Chun would enjoy contemplating, is a further deterioration in the situation that would lead to the eventual collapse of the government. In that case, the South Korean Army could not be expected to remain on the sidelines and allow the country to drift into chaos. But whatever tumult last week's demonstrations portend, and whatever the level of outrage they revealed, Chun's government still seemed far from collapse. As the world's attention focused last week on the clouds of pepper gas, frenzies of rock throwing and flashes of bursting Molotov cocktails that seemed to pervade the country, the South Korean flag, known as the Taegukki, seemed to be everywhere -- brandished by crowds of protesters, hung from the newly completed Olympic facilities, fluttering over government buildings. A neat metaphor for the South Korean condition, the flag consists of a circle divided by a wavy line. The upper, red part represents the Yang and the lower, blue part, the Um -- the two ancient, opposing symbols of the cosmos, representing fire and water, dark and light, destruction and construction. After pulling itself up from the chaos and rubble of war to a position of wealth and influence among nations, South Korea will now have to decide which half of its divided soul will prevail.

© 1987 Time Inc. All right reserved. Licensed from TIME and published with permission of Time Inc. Reproduction in any manner in any language in whole or in part without written permission is prohibited.

당시 국내의 시선

Chapter 5 그해 6월 29일

6월의 시작

1985년 2월 12일. 신한민주당은 창당 한 달 뒤에 치러진 총선에서 제1야당으로 올라서자 전두환 집권 내내 이어온 야권과 학생운동을 이어 대통령 직선제를 요구하며 투쟁에 나섰다. 1986년 2월 12일에는 '개헌을 위한 1천만 서명운동'을 시작했고, 신문은 2월 12일 1면 기사에서 이를 다뤘다. 13일 사설에서 '헌법 문제를 원내로, 더 이상 늦으면 불행한 파국 온다'라는 사설을 내며, 국회가 난국을 슬기롭게 헤쳐 나갈 것을 요구했다.

연일 대학생의 시위와 검거 소식이 이어지는 가운데 전두환 대통령은 4월 30일 개헌에 용의가 있음을 내비쳤다. 신문은 기사 제목을 '국회서 합의하면 임기 중 개헌 용의'로 달았으며, '전두환 대통령은 30일 낮 신민당의 이민우 총재, 국민당의 이만섭 총재, 민정당의 노태우 대표위원을 청와대로 초청, 오찬을 함께하며 시국 문제를 논의, 국회에서 여야가 합의 건의하면 재임기간 중에도 헌법 개정을 할 용의가 있다'라고 전했다. 그러나 전두환의 개헌 수용 용의는 조건부 용의였다. 시기는 88 서울 올림픽 이후이며 선행 조건은 '혼란과 무질서를 야기하는 가두서명 운동을 중단'이었다. 이에 야당이 수긍하는 뜻을 보이자 직선제를 요구하는 운동은 더욱 과격해지기 시작했다.

5월 3일에는 인천에서 신민당 개헌추진대회와 관련해서 시위를 강경 진압하며 129명을 구속한 사건이 터졌다. 언론은 일제히 폭력 사태로 규정하고 수배자 명단을 공개했다. '인천 사건의 파장'이라는 제목의 사설은 '폭력이 난무한 개헌추진대회는 무산되었고 우리 사회에 이렇게 급진 세력이 자라고 있었으며 그것이 좌경으로 흐르게 된 것에 아연할 따름'이라고 전했다.

10월 29일에는 건국대학교 시위 참여자 900여 명을 전원 연행하겠다는 발표가 있었다. '건대서 26개 대학 2천 명 시위 철야 900명 모두 연행키로'라는 기사는 시위 학생을 북괴와 같은 주장을 펴는 좌경 용공분자로 알리며 진압하겠다는 내용이었다. 연일 시위가 이어지는 가운데 다음 날 10월 30일 1면 기사는 뜬금없는 북한의 수공 위협이었다. '금강산 수전 댐 건설 중지하라'는 기사는 2면과 3면에 걸쳐 크게 보도되었다. 이규호 건설부 장관이 발표한 내용은 북한이 추진 중인 금강산 댐이 붕괴될 경우 서울을 포함한 한반도의 허리 부분이 황폐화될 것이라는 전망이었다. 10월 31일 기사는 다시 건국대학교에서 농성 중이던 1,185명을 진압, 전원 연행했다는 기사를 전했다. 11월 6일 1면은 다시 '북한 댐 공사 강행 땐 자위 조치'가 올라왔다. 군사 전략적 저의가 분명한 댐 공사를 즉각 중단하라는 내용이었다. 북한의 금강산 댐 수공과 건대 사건의 처리 과정이 순차 반복되는 와중 11월 17일 머리기사는 '김일성 총격으로 사망'이었다. 바로 다음 날 평양 공항에 김일성이 모습을 보이며 오보로 정정된 기사였지만, 시민의 눈을 돌리기엔 충분했다.

6월의 희망

다음 해인 1987년 1월 19일에는 서울대 박종철 군의 사망 기사가 1면을 채웠다. 1월 4일 '경찰에서 조사받던 대학생 쇼크사'라는 단신 기사로 소리 없이 지나갈 뻔한 뉴스가 크게 다시 보도되면서 사회에 엄청난 충격을 주었다. 치안 본부장이 경질되고, 내무부 장관이 물러났다. 1월 21일 신문은 고문 방지 특별 기구를 상설한다는 기사를 실었다. 전두환 대통령의 지시로 설립될 특별 기구였다. 하지만 정권의 대처와 힘으로 사건을 축소시키기엔 시민의 분노가 심상치 않았다. 2월 7일 추도회 날은 화염병에 전경 버스가 불탔고 이에 맞서 경찰의 강경한 봉쇄 진압이 이어졌다. 동아일보 7면에서는 '주변에서 지켜보던 시민 1천여 명은 시위 군중에게 박수를 보내고 '우리의 소원은 통일' 노래를 따라 부르기도 했다'라고 전했다. 연일 기사 일면을 채우던 박종철 군 고문 사건을 바꾼 건 김만철 일가의 탈북이었다. 2월 9일 신문은 꽃다발을 받고 김포공항에 입국한 김만철 일가의 사진을 올렸다. 탈출 경로와 소감과 더불어 사설 역시 '김만철 씨 일가를 환영한다'로 채웠다. 민주화와 개헌 요구가 빗발치는 가운데 4월 13일 전두환 대통령은 현행 헌법대로 88년 2월 정부를 이양하겠다고 발표한다. '이제 본인은 임기 중 개헌이 불가능하다고 판단하고 현행 헌법에 따라 내년 2월 25일 본인의 임기 만료와 더불어 후임자에게 정부를 이양할 것'이라며 대통령 후보로 민정당 대표위원이던 노태우를 발표했다.

직선제 개헌을 요구하는 시위로 전국이 들끓는 가운데 1987년 6월 9일 '6·10 규탄대회'에 참여한 연세대 이한열 군이 최류탄에 맞아 중퇴에 빠진 사태가 발생했다. 무력 진압 과정에서 경찰의 최류탄 수평 발사가 의심되었다. 경향신문은 6월 10일 11면 기사로 '6·10 규탄 대회 원천봉쇄'를 다루며 이한열의 죽음을 짧게 언급했다. 같은 날 3면을 통째로 할애해 '노태우 어제와 오늘, 무욕 속 최선, 평범 속 비범'이라며 노태우 정식 후보를 다룬 것에 비해 너무나 짧은 언급이었지만, 이한열의 죽음은 6월 항쟁의 도화선이 되었다.

1987년 7월 13일 / 미국판 / 윌리엄 R. 되너, S. 창, 베리 힐렌브랜드

갑자기 새 시대를 맞은 대한민국

노태우의 대담한 제안,
위기를 잠재우다

페이지 34 **단어** 1948
섹션 세계

대한민국의 집권당 민주정의당의 집행위원회 대변인은 주말 내내 연설문에 매달렸다. 그가 최종안을 비서관에게 수기로 받아 적게 해서 연설문 원고는 단 하나뿐이었다. 그래서 지난주 당 대표 노태우가 정장 주머니에서 그 종이를 꺼냈을 때, 붐비는 실내에 있던 사람들 가운데 바야흐로 역사가 만들어진다는 걸 아는 사람은 사실상 아무도 없었다. 한국이 공화국이 된 이래 굴곡 많았던 39년 정치사에서, 이토록 전면적이고 완전히 예기치 못한 정책은 없었다. 노태우는 차기 대통령의 직선제 선출을 지원하기로 결정했다고 발표했다. 그 자리에서, 지난 3주간 전국 도

시들을 야간 전투의 현장으로 바꿔놓았던 시위대 수천 명의 주된 요구를 수용한 것이다. 뿐만 아니라 전두환 대통령이 언론의 자유, 정치범 석방, 대학 자치 등의 민주 개혁에 동의하도록 권유하겠다고도 밝혔다. 어안이 벙벙해진 민주정의당의 한 지도자는 "그가 야당의 공약을 읽고 있다고 생각했다"라고 한다.

노태우의 폭탄 선언에 놀라지 않은 사람이 없었다. 공영방송은 방영중이던 요리 프로그램을 부랴부랴 끊고 22분 연설의 마지막 부분을 내보냈다. 전두환의 반응을 알기 위해 청와대로 전화를 건 기자들은 대통령 대변인이 반응을 내놓기 전에 대통령 언론 비서관에게 방금 일어난 일에 관해 질문했다. 신문들은 서둘러 호외를 찍었다. 이틀 후 방송 연설에서 전두환은 개혁안을 지지했고, 그리하여 사실상 국회의 개혁안 승인을 보장했다. "이제 우리의 정치는 경제 수준과 부합하지 않는 낡은 구태를 벗어나, 세계에 자랑스럽게 보여줄 수 있는 진보된 형태의 민주주의를 성취해야만 한다. 일반 대중은 대통령을 직접 선택하기를 간절히 바라고 있다." 전두환의 180도 입장 전환에 대한 반응은 거리낌 없는 환호에서 암울한 회의론까지 다양했다. 주요 야당인 통일민주당의 대표 김영삼은 "올해는 정치적 기적의 해"라고 말했다. "그는 우리가 원했던 모든 것을 주었다고 생각한다."

또 다른 주요 야당 대표 김대중은 보다 신중했다. 지난 7년간 대부분의 시간을 투옥되거나 가택 연금 당하거나 망명 생활을 하면서 보낸 김대중은 "국민의 힘이 이것을 가능하게 했다"라고만 했다. 박찬종 통일민주당 정책위원회 위원장은 여전히 미심쩍어 했다. "많은 것들이 눈으로 볼 수 없고 법으로 바꾸기가 매우 어렵다." 그러나 대부분 한국인들은 이 개혁안을 선의의 제안으로 보는 것 같다. 어느 학생운동가는 "우리는 첫 번째 투쟁을 마쳤다"라며 "이제 사태 전개를 지켜보자"라고 말했다. 3주 만에 처음으로 전투경찰이 거리에서 사라졌고 도시들은 대체로 조용했다.

미국의 행정부와 입법부는 한국의 정치 위기가 중단된 데 안도감을 표했다. 한국 정부와 가깝고도 먼 관계인 미국은 한국 정부가 시위대를 과잉 진압할 때마다 미국이 비난받는 데 대하여 깊이 우려해왔다. 미국 당국자들은 노태우가 제안한 조치를 작성하는 데 자신들이 개입한 적이 없다고 주장하고는 있지만, 노태우에게 축하를 전하는 데는 시간을 지체하지 않았다. 한국이 위기의 한복판에 있을 때 서울을 방문한 개스턴 시거Gaston Sigur 아태 지역 차관보는 "많은 미국인들이 방금 시작된 오프닝을 학수고대하고 있었다"라고 말했다.

지금까지 가장 흥미로운 의문은, 그 '오프닝'을 이전에는 완전히 배척했던 두 당사자가 어떻게 그것을 설계하게 되었느냐는 점이다. 4월 13일 전두환은 내년 서울 올림픽이 끝날 때까지 개헌에 관한 일체의 논의를 중단하는 호헌 조치를 갑자기 선언한 바 있다. 육군 장성 출신이자 전두환의 육사 동기인 노태우는 이 호헌 조치를 야단스럽게 지지했었다. 6월 10일 노태우는 전두환의 "예리한 역사 인식"에 찬사를 보내면서, 올해 말로 예정된 대선의 민주정의당 후보로 공식 지명된 것이다. 많은 한국인들이 보기에, 노태우의 대통령 후보 지명 대회는 전두환 측근을 차기 대통령으로 밀어붙이겠다는 오만한 시도였고, 대규모 시위를 촉발하는 계기가 되었다. 전두환은 노태우에게 이 위기에 대한 정치적 해법을 찾을 책임을 맡겼지만, 대통령의 권한이 지배적인 체제 하에서 이것을 진지하게 받아들인 사람은 드물었다. 가령 김영삼은 전두환과의 회담을 요구하며 노태우와의 협상은 단호히 거부했다. 그러나 노태우는 야당의 하위 당직자뿐 아니라 다양한 범위의 사람들과 대화하기 시작했다. 그는 월요일 자신의 중대 결론을 공개하기 전까지 전두환에게 알리지 않았다고 한다. 오랫동안 한국 정계를 관찰한 사람들에게는 믿기 어려운 주장이다. 서울 주재 서양 외교관 한 명은 "한국 같은 아시아 문화권에서, 대통령과 상의하지 않고 그런 조치를 취했다는 것은 상상할 수 없는 일"이라고 말한다.

 물론 오랜 친구 관계인 전두환과 노태우가 굳이 말이 필요할지 않을 만큼 이심전심이었을 수는 있다. 두 사람 모두 한국에 올림픽의 스포트라이트를 비추며 성숙하고 안정적인 국가라는 이미지를 남기고 싶은데, 국내 불안이 장기화해 국제올림픽위원회가 개최지를 혹여 다른 나라로 변경한다면 그 이미지가 오랫동안 훼

손된다는 가능성을 예민하게 받아들였다. 시위 진압에 군사력을 동원하지 말라는 미국의 주장 때문에 시위 대처 옵션이 매우 제한적이라는 것 또한 알고 있었다. 노태우의 측근인 한 여당 의원은 6·29 선언이 두 사람의 합작품이라는 설을 지지한다. "두 사람은 서로의 마음을 읽을 수 있다. 그만큼 가까운 사이다. 두 사람 모두 상황의 긴급성을 인식한 것이다." 시거 미국 국무부 차관은 컨센서스가 이루어지고 있는 것이 관찰된다고 보고했다. 시거는 지난주 방한 기간 동안 "대통령은 막론하고, 모든 사람들이 변화가 필요하다고 생각하고 있다"라는 느낌을 받았다고 한다.

어쨌든 노태우는 자신의 건의를 전두환이 받아들이지 않는다면 모든 공직에서 사퇴하겠다고 맹세하며 연설을 마쳤을 정도로 입장이 확고했다. 6·29선언 중에서 가장 실행하기 쉬운 부분은 가장 논란을 일으킨 부분이기도 하다. 바로 직선제 개헌이다. 모든 당사자들은 현행 간선제를 폐지하고 단순한 다수결 제도로 대체하는 데 동의한다. 직선제 개헌안은 국회와 10월 실시할 국민투표에서 어렵지 않게 승인될 것으로 보인다. 더 어려운 문제는 선거 개혁안의 초안 작성인데, 로사이드는 이것이 "출마의 자유와 공정한 경쟁을 보장하기 위해" 필수적이라고 말했다. 법안은 부정 투표처럼 한국에서는 비교적 드문 선거 사기보다는, 여당의 교묘한 권력 남용에 초점을 맞추게 될 것이다. 지방 공무원 임명권이나 국영 방송 지배권이 이에 해당된다. 야당 지도자들은 여

1987년 대통령 중심 직선제의 새 헌법안에 대한 찬반 투표 모습(서울사진아카이브)

당이 그런 관행을 막는 법안들에 대해서는, 노태우의 공언에도 아랑곳 않고 체면치레만 할 것이고, 따라서 그런 조치들이 향후 몇 개월 동안 정치적 논쟁의 핵심이 될 것이라고 예상한다. 학생 운동가로 뼈가 굵은 이철은 "세 살 버릇 여든까지 가는 법"이라고 말한다.

노태우의 개헌안 중에서 가장 큰 지지를 받은 것은 언론 자유였다. 현재 언론사와 언론인은 정부에 등록 허가를 받아야 하므로 철저하게 자체 검열을 하게 된다. 정부의 비공식적인 '보도지침'은 지난 12월 그 일부(예: 야당 지도자 사진 게재는 금지한다)를 폭로한 기자 3명을 기소할 만큼, 정권의 치부였다. 노태우는 언론사 및 언론인의 등록 요건뿐 아니라 보도지침의 대부분을 폐지할 것을 제안했다. 노태우의 연설 중에서 무엇보다 논란을 일으킨 것은 여당의 가장 큰 적수 김대중의 사면복권이었다. 사실 노태우와 전두환은 김대중의 지위에 대해서만큼은 합의하기 어려웠을 것이다. 노태우는 "김대중에게 아무런 적대감도 없다"라고 공언하기까지 했다. 반면 전두환은 김대중을 항상 증오한다고 한국의 여러 지배층들에게 말한 것으로 알려져 있으며, 이번에도 김대중을 언급하지 않았다.

김대중에 대한 딜레마는 전두환의 사면 거부만이 아니었다. 김대중은 1971년 대선 후보로 나서서 46퍼센트를 득표한 바 있고 여전히 막강한 정치 세력이다. 그러나 지난해 김수환 추기경의 요청으로, 독실한 가톨릭 신자 김대중은 자신이 사면 복권된다 할지라도 개헌 논쟁을 종식시키기 위해 올해 대선에 출마하지 않겠다고 약속했었다. 그 약속을 번복하는 것은 개인적으로나 정치적으로나 고통스럽겠지만, 일부 정치인들은 김대중(63세)이 마지막이 될 수도 있는 대통령 출마 기회를 포기하기는 어려울 거라고 본다. "그에게서 그 염원을 뺏는 것은 그에게 죽으라는 말과 같다." 반면 노태우와 김영삼은 선거운동이 벌써 시작되어 그들이 후보로 뛰고 있는 것처럼 행동했다. 6·29선언을 발표한 당일에도 노태우는 현충원에 가서 참전 용사들의 영전에 분향했다. 그 뒤에는 시위 현장에서 부상당한 전투경찰들이 입원한 국군병원을 방문했고, 그다음에 방문한 병원에서는 시위 과정에서 부상을 입고 혼수 상태에 빠진 대학생(이한열 열사)의 아버지를 위로했다. 김영삼은 교도소 두 곳을 방문하여, 그곳에 구금된 정치범들에게 새로운 정부 법령에 따라 석방될 거라고 확신시켜주었다. 목요일, 노태우와 김영삼은 첫 번째 공식 회동을 갖고 개헌 협상 준비를 논의했다.

김영삼은 대선 운동이 시작되면 전반적으로 이점을 누리게 될 것이다. 많은 한국인들이 그가 불만족스러운 현 체제의 유일한 대안이라고 보기 때문이다. 하지만 대부분의 학생운동 지도자들과 정치인들은 그를 불신하고 있고, 오만하다는 비난을 과거에 받기도 했다. 김영삼에게 닥칠 수 있는 가장 큰 문제는 야권의 분열인데, 야권은 이미 내부 불화가 심하다. 그런 불화 덕분에 노태우의 여당은 과반수에 미치진 못했지만 다수당을 차지할 수 있었던 것이다. 한 정부 관리에 따르면, 지난주의 극적인 발표로 노태우는 국내에서 "화제의 인물 man of the hour"이 되었다. 하지만 노태우 또한 몇 가지 문제에 직면했다. 우선, 군부와의 유착 때문에 가뜩이나 인기가 떨어진 여당을 장성 출신인 그가 이끈다는 사실이다. 뿐만 아니라 1980년 광주의 민주화 운동에서 최소한 180명이 사망했는데, 노태우가 당시 군대에게 진압을 명령한 사령관 중 한 명임을 국민들은 잊지 않았다.

 그러나 이 모든 한계에도 불구하고, 노태우는 당파성을 배제하고 국가적 정치 위기를 수습할 방법을 찾는 것이 최선책이라고 확신하는 것으로 보인다. 한 서양 외교관은 "기회를 잡을 수 있다고 생각하지 않았다면 그는 결코 그런 개헌안을 발표하지 않았을 것"이라고 말한다. 노태우 때문이든 전두환 때문이든 두 사람 모두 때문이든, 대한민국 또한 느닷없이 기회를 잡았다.

ⓒ 이 책의 한국어판 저작권은 TIME으로부터 받았으며 TIME Inc.의 허가로 출판됨.
저작권법에 의해 보호를 받는 저작물이므로, 서면 허가 없이는
어떠한 방법이나 언어로든 전체 또는 일부의 무단전재 및 복제를 금함.

July 13, 1987 / U.S. Edition / William R. Doerner. Reported by S. Chang and Barry Hillenbrand / Seoul

South Korea Suddenly, A New Day

Roh Tae Woo's daring offer calms a crisis

Page 34   Words 1948
Section World

The speaker at an executive council meeting of South Korea's ruling Democratic Justice Party had labored over his speech at home all weekend. He dictated the final version to his secretary, who drafted a single handwritten copy. So when Party Chairman Roh Tae Woo got up to speak last week and pulled that piece of paper from his suit-jacket pocket, virtually no one in the crowded room was aware that history was about to be made. In the 39 years of often fractious political life since South Korea became a republic, there had never been a policy reversal so sweeping and so totally unexpected. Roh announced he had decided to support the direct election of South Korea's next President, thereby acceding in a single stroke to the principal demand of thousands of protesters who had turned cities throughout the country into scenes of nightly combat during the three previous weeks. What is more, said Roh, he would recommend that President Chun Doo Hwan agree to a list of other democratic reforms, including freedom of the press, the release of political prisoners and self-government for universities. Said one incredulous leader of the Democratic Justice Party: "I thought he was reading the opposition's platform." Roh's bombshell caught nearly everyone by surprise.

The government- controlled television network, which was broadcasting a cooking show at the time, hastily cut away to air the last part of the 22-minute speech. Journalists who called Chun's office seeking reaction found they had to fill in the presidential press secretary about what had just happened before the spokesman could respond. Newspapers rushed extra editions into print. In a television address two days later, Chun endorsed the reforms, virtually guaranteeing National Assembly approval of those that require it. "Our politics must now cast aside its old shabby ways, which are incongruous with our level of economic development, and thus achieve an advanced form of democracy that we can proudly show to the world," said Chun. "The general public has an ardent desire to choose the President directly." Reaction to Chun's about-face ranged from unreserved jubilance to dark skepticism. "This is the year of the political miracle," said Kim Young Sam, leader of the Reunification Democratic Party, the principal opposition group. "I think he has given us all that we wanted."

The other major opposition leader, Kim Dae Jung, was more reserved. Having spent most of the past seven years in prison, under house arrest or in exile, Kim would go no further than to declare that "people's power has brought this about." Park Chan Jong, chairman of the main opposition party's policy committee, was more dubious still. Said he: "Many things cannot be seen by the eyes and are very difficult to change by law." Yet most South Koreans seemed inclined to view the reform package as a ^ good-faith offer. "We have finished the first struggle," said one student leader. "Now let's see how it turns out." For the first time in more than three weeks, riot police disappeared from the streets, and cities were generally quiet. In Washington, both the Administration and legislators expressed relief over the break in South Korea's political crisis. With its close and long- standing ties to the Seoul government, the U.S. had been deeply concerned it would be blamed for any excessive force used in quelling the demonstrations.

While U.S. officials insisted they had not played any part in drafting the measures offered by Roh, they nonetheless lost no time in congratulating him. Said Gaston Sigur, Assistant Secretary of State for East Asian and Pacific Affairs, who visited Seoul in the midst of the crisis: "Many Americans have looked forward to just such an opening as has now taken place." By far the most intriguing question was precisely how such an "opening" was engineered by two men who had previously ruled it out. On April 13, Chun had abruptly decreed an end to debate on constitutional reform until after next year's Summer Olympics in Seoul. That move was effusively endorsed by Roh, a classmate of Chun's at South Korea's military academy and a fellow ex- army general. Paying tribute to Chun's "keen perception of history," Roh on June 10 was formally chosen as the Democratic Justice Party's candidate for President in a national election set for later this year. It was Roh's nomination ceremony, which many South Koreans viewed as an arrogant attempt to push a Chun crony into the presidency, that touched off the largest protests. Chun put Roh in charge of finding a political solution to the crisis, an assignment that few took seriously in a system dominated by presidential authority. Kim Young Sam, for example, insisted on meeting with Chun and pointedly refused to deal with his designated successor. But Roh began holding talks with lower-ranking members of the opposition, as well as a wide range of other South Koreans. Roh says he did not convey his momentous conclusion to Chun before going public with it on Monday. Longtime observers of the South Korean political scene, however, find that contention hard to believe. Says a Western diplomat in Seoul: "In an Asian culture such as this, it is unthinkable that he would take such a step without consulting the President." It is possible, of course, that the thinking of the two old friends evolved along similar lines, and that nothing specific needed to be said. Both were acutely aware that a long siege of unrest in South Korea could force the International Olympic Committee to schedule the Games elsewhere, damaging for years to come the image of a mature and stable nation that they hoped to project in the Olympic spotlight. Both men also realized that their options to deal with the protests were severely limited by Washington's insistence that military force not be used. The joint-realization theory is supported by a ruling party Assembly member who is a close friend of Roh's. "The two can read each other's minds," he says. "They are that close. Both realized the urgency of the situation." The State Department's Sigur reported finding an emerging consensus. Sigur recounted last week that during his visit, "I had the sense from everyone, including the President, that changes had to come." In any case, Roh was evidently confident enough to close his speech by vowing that if Chun did not accept his recommendations, he would resign from all his political positions. The easiest part of Roh's reform package to put into effect is also the one that caused the most contention: direct election of the President. All sides agree that South Korea's electoral college, which under current law makes the final selection of a chief executive, will be abolished and replaced with a simple majority-vote system.

A constitutional amendment providing for such measures is expected to win easy approval in the Assembly and in a nationwide referendum, which will likely be held in October. More problematic will be the drafting of electoral reforms, which Rohsaid were necessary "so that freedom of candidacy and fair competition are guaranteed." The legislation will be aimed not so much at blatant electoral frauds like ballot-box stuffing, which is relatively rare in South Korea, as at more sophisticated abuses associated with the ruling party. These include patronage in the appointment of local officials and domination of the state- owned television network. Opposition leaders predict that the ruling party will resist agreeing to more than token bills aimed at banning such practices, Roh's promises notwithstanding, and that these measures will be the nub of the political debate in the months to come. Says Lee Chul, a former student leader and protest veteran: "Old habits die hard."

One of the most popular of Roh's proposed reforms is freedom of the press. At (present, newspapers and journalists are licensed by the government, leading to a rigorous system of self-censorship. The informal "guidelines" about what can be published are so embarrassing to the government that last December it prosecuted three journalists who published a partial listing of them (example: photographs of opposition leaders are prohibited). Roh proposed abolishing the license requirement and doing away with most of the guidelines. Nothing in Roh's speech raised more questions than the political rehabilitation of Kim Dae Jung, the grand old man of the opposition. Indeed, Kim's status may be one of the few points of contention between Roh and Chun. Roh went out of his way to declare "I do not have any personal animosity toward Kim Dae Jung." By contrast, the President, who is known to share an abiding hatred of Kim with many others in the South Korean establishment, failed to mention his name.

Chun's snub was not the only dilemma facing Kim Dae Jung. As a presidential candidate in 1971, Kim collected 46% of the vote, and remains a formidable political force. But last year, at the request of Seoul's Roman Catholic Archbishop Stephen Cardinal Kim Sou Hwan, the devoutly Catholic Kim sought to break the constitutional debate by promising not to take part in this year's elections, even if his political rights were restored. Going back on such a promise would be personally and politically painful, but some politicians predict that Kim, 63, will find it difficult to pass up the chance, perhaps his last, to try for the presidency. Says one: "To eliminate that yearning from him is to ask him to drop dead." Roh and Kim Young Sam, on the other hand, were already behaving as if the campaign were under way and they were its front runners. On the day of his speech, Roh journeyed to a national cemetery on the outskirts of Seoul and burned incense in honor of South Korea's war dead. Then he visited a military hospital at which riot police injured in the demonstrations are recovering, and a second hospital, where he commiserated with the father of a student lying in a coma as the result of an injury suffered in the protests. For his part, Kim visited two prisons to assure political detainees that, under new government decrees, they will be freed. On Thursday, Rohand Kim held their first official meeting, discussing preparations for constitutional negotiations. Kim Young Sam may enjoy an overall advantage at the beginning of the % campaign, if only because he is seen by many South Koreans as the only alternative to an unhappy status quo. But he is widely distrusted by leaders of the student movement, as are most politicians, and has been criticized in the past as being pompous. Kim's biggest potential problem is a split in the opposition forces, which are riddled with internal disagreements. Such disunity could allow Roh to win office with a plurality but not a majority. With his dramatic announcement last week, Roh has become "the man of the hour" in South Korea, as one government official put it. But he also faces some problems. For one thing, the ex-general will be leading a party that has become widely unpopular for its close association with the military. For another, he is still identified as one of the commanders who ordered the military to quell the 1980 uprising in Kwangju that resulted in at least 180 deaths. For all this, however, Roh seems convinced that his best chance is to run as the man who put aside partisanship and found a way out of a national political crisis. "He never would have announced this thing unless he thought he had a chance under it," says a Western diplomat. Because of Roh or Chun or both, South Korea suddenly has a chance as well.

© 1987 Time Inc. All right reserved. Licensed from TIME and published with permission of Time Inc. Reproduction in any manner in any language in whole or in part without written permission is prohibited.

 당시 국내의 시선
Chapter 6

낯선 민주화

민주화의 바람

6월 29일. 민정당의 대통령 후보였던 노태우는 직선제 개헌을 담은 6·29 선언을 하게 된다. 자신의 선언이 수용되지 않는다면 대통령 후보를 포함한 모든 공직에서 사퇴한다는 내용이었다. 동아일보는 같은 날 기사로 '정치 운명 건 한판 승부'라는 내용으로 일면 기사를 이어갔다. 노태우의 선언은 말 그대로 폭탄 선언이었다.

5공화국의 2인자는 누가 뭐라 해도 노태우였다. 대통령인 전두환과 육사 동기이며 같은 군 내 사조직인 하나회 소속으로 12·12 군사반란에서 9사단 병력으로 이를 도운 노태우는, 전두환이 거쳐 간 보직을 이어받으며 2인자 자리를 굳혔다. 이런 노태우가 그저 버티면 물려받을 자리로 보이는 5공화국의 헌법을 포기하고 직선제 개헌을 선택한 것은 기사 제목처럼 정치 운명을 건 승부였고, 폭탄 선언이었다.

1987년 7월 1일 동아일보 1면은 '노 선언, 실천 조치 지시'였다. 전두환 대통령은 대통령 직선제 개헌과 김대중의 사면 복권을 전폭적으로 수용한다고 밝혔다. 같은 날 사설의 제목은 '민주화의 출발점에 서서'였다. 직선제의 감격과 함께 광주 사태에 대한 재평가, 그리고 피해자에 대한 명예회복이 이루어져야 한다는 사설은 민주화에 성큼 다가선 듯 느껴졌다. 7월 2일 일면은 '노 대표 김 총재 전격 회동'이었다. 개헌안 합의와 구속자 사면 복권을 요구하는 김영삼 총재에게 긍정적으로 답한 노태우 대표의 소식이었다. 같은 날 사설 '민주화를 보는 외국의 눈'이라는 제목에는 시민의 힘으로 이끌어낸 직선제 개헌에 대한 자랑스러움을 담았다. 김대중의 사면 복권이 이루어졌고 투표권의 범위를 정하는 논의가 이루어졌다. 1987년 10월 27일에는 새 헌법 찬반을 묻는 국민투표가 이루어졌다. 동아일보는 '국민투표 순조'로 제목을 잡았다. 93.1%의 찬성이었다.

또 다른 민심

선거가 한 달 조금 넘게 남은 1987년 11월 9일 신문은 김영삼 총재 후보 추대 소식을 알렸다. '김 총재는 후보 수락 전 가진 기자회견에서 정치 보복의 배제를 강조하며 1979년 12·12 사태 언급. 그것은 노태우 민정당 총재가 최일선 전방에서 병력을 빼내 쿠데타를 한 것이라며 노 총재는 이번 선거를 통해 국민이 반드시 응징하고 도태시켜야 하며 노 씨는 12·12 사태에 대한 책임을 지고 일체 공직에서 물러나야 한다고 주장했다'라는 내용이었다. 3일 뒤인 11월 12일 동아일보 1면의 제목은 '김대중 씨 총재 후보 추대'였다. '김 총재는 총재직 취임사에서 노태우 씨가 12·12 사태와 광주 사태에 관여돼 있는 부분은 이번 선거를 통해 분명히 밝혀져야 할 것이며 국민들은 엄숙하게 그 책임을 물어야 할 것이라고 말했다'라는 연설을 전했다.

11월 13일 1면에는 '12·12 쿠데타 공방으로'라는 제목으로 기사가 실렸다. 노태우 후보는 연일 공격받던 12·12에 대해 당시 9사단 병력은 당시 사단장이던 자신의 명령이었다는 답변이었다. 전방의 모든 방어조치를 강구해놓고 예비 병력을 모은 것뿐이며, 12·12 사태 이후 정권을 잡을 의도도 없었으며 군 본연의 자세로 돌아갔다는 해명이었지만, 공격의 바람을 잠재울 순 없었다.

일견 축제처럼 보이는 선거 유세는 시간이 갈수록 상호 비방과 금권 선거의 그림자가 드리웠다. 1987년 11월 16일 동아일보 1면을 차지한 건 '지역 감정, 폭력 근절 촉구'였다. 유세장에서 발생하고 있는 폭력 사태는 여야를 나누지 않았다. 같은 날 기사 2면은 '무법 천지, 얼룩진 주말 정치 집회'라는 기사에서 달걀과 돌멩이가 날아들고 유인물이 불타는 유세장의 소식이었다. 모두 정체를 알 수 없는 청년들의 소행이었다.

선거 소식으로 연일 도배되던 신문의 1면 제목을 바꾼 건 'KAL기

추락 잔해 발견'이었다. 북한의 지령에 의한 폭탄 테러라는 증거가 쏟아져 나왔다. 12월 4일 '4후보 대세 장악 주말 대회전'이라는 제목의 기사에서 민정당 노태우 후보의 연설을 소개했다. '이번 KAL기 사고는 여러 정황으로 보아 북괴의 지령에 의한 폭탄테러임이 거의 굳어지고 있다. 이런 상황에도 불구, 정치 지도자라는 사람이 북한의 남침 위협이 없다든지 스스로 공산주의자라고 자인하는 사람 이외에는 모두 풀어주자는 말을 함부로 하고 있다'라는 주장이었다. 민주당의 김영삼 후보와 평민당의 김대중 후보는 12·12 쿠데타와 군정 종식을 외치는 공격을 이어갈 뿐이었다.

  1987년 12월 16일. 13대 대통령 선거가 있던 날 동아일보는 선거 실시를 알리며 3면에서 대통령 후보들의 표정을 전했다. 쿠데타와 군정 종식의 공격에 '6·29 선언'으로 이미 군정은 끝난 것이라고 방어하던 노태우 후보는 국립 묘지를 참배하며, 좋은 결과가 나오지 않겠느냐며 당선을 자신했다.

2

민주의 시대, 문민 대통령들

1995년 6월 26일 / 타임 유럽 / 145권 / 26호 / 앤서니 스패스, 에드워드 W. 데스먼드, K. C. 황

김영삼의 고뇌

민주투사였던 김영삼, 임박한 지방선거로
힘겹고 거대한 도전을 맞다

페이지 44 **단어** 2811
섹션 대한민국
카테고리 프로필

대한민국의 번잡한 수도 서울의 거리에는 특별한 느낌이 있다. 아시아의 다른 대도시들보다 행인의 팔꿈치는 더 뾰족하고, 지하철 계단은 더 가파르며, 사무용 건물의 회전문은 더 빨리 돌아가는 것 같다. 한국 국민들은 자기 나라에 특별한 운명이 있다고 믿는다. 그 운명을 마냥 앉아서 기다리지도 않는다.

한국이 왜 이렇게 서둘러 가고 있는지 알고 싶다면 김영삼(67세)에게 물어보라. 그는 단식 투쟁과 최루탄 가스에 이골이 난 야권 인사로서, 1993년 포스트 군사정권 시대, 즉 문민정부 시대에 최초로 선출된 민간 대통령이다. 지난주 청와대 관저에서 가진

인터뷰에서 김영삼은 한국은 "모범적인 일류 국가"가 될 거라고 예언했다. 실제로 한국은 올해 1인당 국민소득 1만 달러에 도달할 예정이고, 부국들의 클럽인 경제협력개발기구OECD에 가입을 신청하며 선진국 자격에 도전했다. 더 나아가 그는 북한과의 통일을 원한다. 그 목표는 성취하기 대단히 어렵겠지만, 여론은 너나없이 그와 뜻을 같이한다. 마지막으로 그의 말을 빌리자면, 미래의 한국은 "세계 정세에 중추적 역할을 담당할 것"이다. 다음 주 김영삼은 도지사부터 구청장까지 5,700개의 지방 선출직을 뽑는 전국동시 지방선거를 주재함으로써 전세계 민주주의에 한국의 위상을 다지게 될 것이다. 이것은 일종의 혁명이다. 예의 지방자치단체장은 지난 34년간 대통령이나 다른 관료들이 임명하던 자리였기 때문이다. 민주화운동가였던 전남대학교 교수 명노근은 "지방선거 없이 한국에 돌아온 민주주의는 껍데기일 뿐"이라고 말한다. "우리는 지방선거를 위해 오랫동안 투쟁했다."

그 투쟁은 선박 제조국이 되는 것만으로는 성에 차지 않은 나라에서 전형적이라 할 만하다. 한국이 1980년대에 시작한 조선 산업은 규모 면에서 일본 다음으로 세계 최대가 되었다. 세계은행은 1960년대에 한국의 한 철강 공장에 대한 대출을 거부했었다. 그에 대한 한국의 응답은 세계 역사상 가장 효율적인 철강 산업 중 하나를 구축한 것이었다. 북쪽 땅에서는 국민은 세뇌당하고 경제는 파탄 직전이다. 그런 북한과 통일하는 것은 명백히 위험한 일

임에도, 한국의 용기에는 생채기 하나 입히지 못한다. 다른 국가들도 도전에 잘 대처할 수는 있다. 하지만 한국은 도전을 즐긴다.

그것이 다행인 것은, 한국 앞에는 무수한 도전장이 쌓여 있기 때문이다. 일단 김영삼의 재임 기간 동안 핵무기 프로그램을 전가의 보도로 휘두르며 뉴스를 도배했던 북한부터가 문제다. 지난 주만 해도, 김정일 정권은 쿠알라룸푸르에서 미국과 3주간의 가시밭길 협상 끝에 2개의 원자력 발전소를 제공하겠다는 한국 측 제안을 수용하기로 했다. 그것은 핵무기 프로그램을 동결하겠다는 지난 10월 협정에서 필수적인 조건이었다. 북한은 또한 그 협정에 의거하여 추가 원유 공급 승인을 미국에 요구했고, 별도 회담에서 비상용 쌀을 제공하도록 일본을 압박했다. 이러한 움직임은 북한의 경제 상황이 악화되고 있음을 시사한다. 그것이 궁극적으로 남한에 희소식인지의 여부는 논외로 하더라도.

대내적으로 산업은 호황을 누리고 있지만 한국은 개발 단계의 갈림길에 서 있다. 수년간 산업 부분에서 기대 이상의 성과를 보이고는 있지만, 다변화하고 지속가능한 경제가 발전해야 한다고 경제학자들은 지적한다. 소수의 지배적 · 다목적 · 대형 기업 집단인 재벌이 기업가들을 몰아내고 있다. 현재 30개의 재벌이 국내총생산의 82%를 창출하고 있다. 금융제도는 과도한 규제를 받고 있으며, 적어도 최근까지는 재벌의 전유물이 되어 중소기업과 사회복지 지출 등의 다른 투자는 외면했다. 정치적으로 이 금융제도는 1987년 헌법에 명기된, 여전히 막강한 대통령의 권한에 기반했다.

그 모든 권력을 물려받은 김영삼 대통령이 탑 전부를 무너뜨리지 않고 과거의 성공이라는 기둥 몇 개를 해체할 수 있느냐가 큰 문제다. 아직까지는 파란불이 켜 있다. 김영삼은 전임 대통령과 같은 보스형 관리 스타일을(혹자는 '비타협적take-no-prisoners'스타일이라고 한다)가지고 있지만, 그들과는 다른 철학과 비전을 가지고 있다. 1993년 정계 및 군부의 대대적인 부정부패 단속은 한국에서 권위 행사 방식을 영구히 개선해놓았을 것이다.

김영삼은 몇 가지 실정을 저질렀다. 불확실한 대북 정책과 최근 잇달아 터진 재해로(서울의 성수대교 붕괴, 대구의 가스 폭발 등) 거센 비난을 받았을 뿐 아니라, 회전문 인사 때문에 국민의 실망을 샀다. 3년도 안 되는 기간에 4명의 국무총리를 임명했는데 25인 내각 중 원년 멤버는 1명뿐이다. 여당은 최근 몇 개월간 인기가 하락했고, 설상가상으로 동지였던 김대중이 적수로 돌아섰다. 김대중은 이번 달 선거에서 야당인 민주당에서 선거운동을 시작하며 정계에 복귀했다. 지난주 대중집회에서 김대중은 "다가오는 지방선거는 김영삼 정권이 지난 2년 반 동안 저지른 실정에 대한 심판"이라고 선언했다.

그러나 김영삼은 임기(1998년에 끝나며 연임은 불가능하다)의 절반을 통과하면서도 속도를 늦추지 않고 통치하고 있으며, 아시아에서 경제로 보나 국민 정서로 보나 가장 폐쇄적인 북한을 개방시키기 위해 야심적인 국제 캠페인을 밀어붙이고 있다. 한국에서는 레임덕 신세가 되었다고 대통령이 페이스를 늦추지는 않는 모양이다. 지난주 그가 "우리의 생각은 한국을 지구촌 무대에서 중심 역할을 하게 만드는 것"이라고 말한 데서 알 수 있다.

  물론 김영삼은 이미 번영한 국가를 이어받았다. 아시아의 다른 호랑이들은 한국만큼 빠르고 깊이 있게 성장하지 못했다. 일본 식민지로 잔혹한 35년을 보낸 후, 한국은 한국전쟁(1950~1953)으로 인해 사실상 쑥대밭이 되었다. 많은 생존자들은 풀과 나무 껍질로 연명하던 때를 기억한다. 한국인들은 경기 침체를 끔찍히 두려워한다. 연간 성장률이 5%대로 떨어지기만 해도 경기 침체에 빠졌다고 여긴다. 우수한 산업과 물질적 성공을 보여주는 사례는 무수히 많다. 최첨단 공장에서 연간 230만 대의 자동차를 제조하는 한국은 세계의 5대 자동차 생산국이며, 2000년까지 자동차 생산량은 60% 증가할 것으로 예상된다. 막강한 재벌인 삼성은 D램 세계 시장을 독점하고 있다. 대기업인 제일제당 Cheil Foods & Chemicals은 스티븐 스필버그, 제프리 캐천버그, 데이비드 게펀이 새로 설립한 할리우드 스튜디오인 드림웍스 SKG의 지분 11.1%를 3억 달러에 인수한다고 최근 발표했다. 프랑스의 선두적인 디자이너 니나 리치는 한국 시장을 중시하여 넥타이에 'NINA RICCI : PARIS-SEOUL'이라는 레이블을 붙였다. 서울

거리의 패셔너블한 사람들을 보면 도쿄는 패션 감각이 뒤떨어진 도시처럼 보인다.

  이러한 물질적 발전은 대부분 독재자 및 권위주의 지도자들 치하에서 만들어졌다. 김영삼이 대통령으로서 이어받은 나라는 신생 민주국가이며, 이 나라의 민주주의를 창출하는 데 그는 중요한 역할을 담당했다. 남쪽 거제도의, 어업으로 성공한 집안에서 태어난 김영삼은 서울대학교를 졸업하고 정계에 입문한 뒤 단 한 번도 한눈을 판 적이 없다. 한국전쟁 후 첫 총선에서 그는 국회의원으로 당선되었다. 1960년 이승만 대통령이 하야한 이래 이어진 근 30년간의 군사 통치 내내 야당 인사로 활동했다. 정치적 동지 김대중처럼 비타협적인 선동가는 아니었지만, 수차례 단식 투쟁으로 국제적인 관심을 모았고, 박정희 정권에서 한 달 동안 투옥된 바 있다. 김대중과 힘을 모아 1986년부터 1987년까지 학생시위를 선도하여 전두환 대통령이 권력을 내놓고 직선제 개헌을 하도록 강제했다. 그러나 오랜 라이벌 '양 김'은 민주주의를 위해 연합하기를 거부하고 1987년 대선에 둘 다 독자 후보로 나섰다. 어부지리로 전두환의 후계자 노태우가 다음 5년 임기를 맡게 되었다.

  1990년 김영삼은 집권 여당을 포함하여 3당이 합당한 민주자유당에 합류했다. 이 움직임 덕분에 3강 구도였던 1992년 대선에서 승리할 수 있었다. 대권을 잡고 나서는 한국 역사상 가장 말끔하게 부정부패를 청소함으로써 자신이 낡은 정권에 빚을 졌다는 세간의 인식을 떨쳐버렸다. 부정부패 일소는 많은 이들이 오랫동안 염원했지만 권력자와 부자들의 나라, 한국에서는 위험하다고 생각했다. 그런데 김영삼이 일련의 반부패 법안을 통과시킨 것이다. 사상 최초로 금융실명제를, 연이어 부동산 실명제를 실시해 행정부 고위직, 입법부 및 사법부 당국자들의 개인 재산 공개를 의무화했다. 242명이 보유 자산을 설명하지 못하고 사임했고, 1,363명이 해고당했다. 그다음엔 오랫동안 비호를 받았던 군부에 감사관들을 보냈다. 당연하게도 수십 년간 횡행했던 부패의 증거가 발견되었다. 그로 인해 군단장 62%와 사단장 39%가 교체되었다. 전직 국방부 장관 2명이 부정부패 혐의로 재판을 받았고, '하나회'로 알려진 군 고위간부들의 비밀 조직이 해산당했다. 하나회는 쿠데타를 일으켜 결국 1981년 전두환을 대통령으로 만든 조직으로 알려져 있다. 분석가들은 근 30년간 이어진 군부의 정치 개입이 사실상 종식된 것으로 본다. 동아일보 전 편집국장 박권상은 "김영삼은 정치의 문민화에 성공했다. 정말이지 대단한 성공담이다"라고 말했다.

이러한 축출 과정에서 김영삼은 많은 정적들까지 처리했다. 예전 대통령들은 오로지 그 목적만을 위해 반부패 운동을 이용했었다. 그리고 김영삼은 겸손하고 정직한 이미지를 대중에게 각인시키기 위해 노력했다. 서울 중심부에 위치한, 대통령 공관과 집무실이 있는 으리으리한 청와대에서 골프 연습장을 철거했고 그간 고급 음식만 내놓던 식당 메뉴를 칼국수 같은 서민 음식으로 바꿨다. 지난주 신문에는 영부인의 사촌이 알선 수뢰 혐의로 수갑을 찬 사진이 깔렸다. 김영삼은 한국인들은 지도자의 정직성에 국운이 달렸다고 믿는다고 말한다. 하지만 솔선수범하지는 못했다.

또한 김영삼은 과거 권위주의의 끔찍한 유령을 몰아내려고 노력했다. 그 유령이란 200명 이상을 죽게 만든 1980년 광주민주화운동 진압이다. 희생자들을 기리기 위해 광주에 민주묘지와 추모공원이 건설되었고, 1월부터 2월까지 전국 TV에 광주 민주화운동을 다룬 24부작 드라마 〈모래시계〉가 방영되었다. 드라마는 외국 촬영진이 찍은 영상을 이용하여 유혈 폭동을 재현했다. 김영삼 정부는 이 프로젝트를 승인했고, 드라마는 전국적으로 센세이션을 일으켰다. 방송을 놓치지 않으려는 노동자들로 인해 퇴근 시간에는 극심한 교통 체증이 빚어졌다.

다가오는 지방선거는 김영삼의 또 다른 랜드마크가 될 것이다. 하향식 관리와 통치에 찌든 한국 문화에서 권력을 내놓은 특별한 사례일 뿐 아니라, 올해 통과된 전국 선거법 덕분에 역대 가장 깨끗한 선거가 될 테니 말이다. 새 법안은 후보자들의 선거운동 지출 상한액을 낮췄고, 위반자를 5년간 재출마 금지 등으로 엄격하게 처벌한다. 정부는 후보자들의 부정 행위를 유권자들이 보고할 수 있는 핫라인을 만들었다. 유권자들에게 저녁 식사를 대접

한 것으로 알려진 재선 도전 시장을 포함, 지금까지 45명 이상이 체포되었다. 동시에 후보자들은 이제 자유롭게 이동하여 원하는 곳에서 유세할 수 있게 되었다. 이는 과거에는 줄곧 금지된 사항이었다. 남부 시골의 농민 황선희(56세) 씨는 "지금까지 봐온 어떤 선거보다 깨끗합니다. 우리 지역의 대표자들을 직접 선택할 수 있고, 누가 돈을 많이 쓰느냐가 결과를 흔들지 않는 선거라서 무척 기쁩니다"라고 말했다.

뜨거운 이슈 중에는 모든 주요 도시에 극심한 교통 체증과 끔찍한 대기 및 수질 오염, 맹렬한 산업 팽창에 따른 부수적 피해 등이 있다. 더는 수돗물을 믿을 수 없다는 대중의 요구에 따라, 올해 정부는 생수 수입을 합법화했다. 김영삼 그 자신도 이슈이다. 가장 이상주의적인 한국인들이 보기에 전두환의 월권행위에 대해 기소하지 않았고, 그에게 맞서 1992년 대선 후보로 출마해서 3위에 오른 현대그룹 창업자 같은 이들에게 보복하는 행보를 보였기 때문이다. 정주영의 현대그룹은 그 뒤로도 정부의 손길에 고초를 겪었다. 그렇다 해도 선거 문제가 단 하나뿐이었던 과거에 비하자면 진전이 있었다. 군부의 정계 퇴출과 완전한 자유 선거라는 요구 말이다. 강력한 시민단체인 시민운동협의회(공명선거실천시민운동협의회) 대표이자 서울대학교 철학 및 윤리학 교수 손봉호는 "예전에 우리는 늘 공정함과 민주주를 강조했었다. 이번에는 환경 같은 실제적인 이슈에 중점을 두고 있다. 매우 큰 발전이다"라고 말한다.

김영삼은 이러한 개혁만으로도 한국 현대사에 한자리를 차지한 것 같다. 그러나 훨씬 어려운 두 가지 장기 과제가 남아 있다. 북한 문제와 한국 산업의 개방 문제가 그것이다.

대부분의 한국인들이 보기에 김영삼의 머뭇대는 대북 정책은 낙제점이다. 김영삼은 유화 분위기부터 시작하여, 아무 조건도 달지 않고 북한 포로를 석방했다. 그 뒤 얼마 지나지 않아 평양은 핵확산방지조약을 탈퇴하겠다고 협박하며 그를 모욕했다. 지난 여름 김일성이 사망하자, 김영삼은 조문 메시지를 보내지 말라는 우파들에게 설득 당했다. 그 이후로 그는 강경론자들의 포로라고 비난받았다. 핵 문제에 관한 북미 협상 또한 서울을 난처하게 만들었다. 한국인들은 북한이 자신들을 외교적으로 고립시켰다고 생각한다. 민영 기관의 미발표 여론 조사에 따르면 김영삼의 지지율은 취임 당시의 90%에서 30%로 급락했다. 현재 김영삼은 동결된 남북 회담을 개시하기 위해, 쌀이 절실히 필요하다는 북한의 최근 선언에 응답하려 한다. 다음 주 남북 대표들이 베이징에서 이 주제를 논의할 예정이다.

수출 산업을 광신적으로 보호하는 한국 경제를 변혁하는 것은 주로 재벌 개혁에 달렸다. 현대, 삼성, 럭키-골드스타(현 LG 그룹의 전신-옮긴이), 대우처럼 눈에 띄는 재벌들뿐 아니라 이들을 승자로 만든 규제 당국도 개혁할 필요가 있다. 변화는 느리게 진행

금융실명제 실시 및 비밀보장에 대한 특별 담화 발표 장면(flickr-clubcapetown)

되고 있다. 정부는 자금 융통을 더 원활히 해서 중소기업을 육성하고 싶어 한다. 그러나 대체로 폐쇄적인 자본시장 때문에 대출액은 중소기업에게 돌아갈 여력이 없고 대부분 재벌들이 받아간다. 김영삼 정부의 관료들은 알 낳는 거위를 죽이지 않고서는 그리 멀리 갈 수 없다. 재벌은 위험성이 높은 해외 진출의 중심에 서 있다. 대외 투자가 1992년 10억 달러에서 1994년 20억 달러로 급증했다. 자딘플레밍Jardine Fleming 증권 서울지부 리서치 센터장 정태욱은 "정부는 재벌에게 경쟁 우위를 제공하는 다른 방법을 찾아야한다"라고 말한다. "경쟁은 치열하다." 만약 재벌이 경쟁할 수 없다면, 사실상 한국 또한 경쟁할 수 없다.

더욱 흥미로운 것은 김영삼이 한국의 글로벌라이제이션, '세계화' 캠페인을 추진하고 있다는 점이다. 이는 부분적으로는 외교적 필요성 때문이다. 이미 가입한 세계무역기구WTO와 OECD 같은 여러 국제기구는 무역과 금융을 일정 수준으로 개방해야 한다는 규정이 있다. 한국은 여러 품목의 관세를 인하했고 자동차부터 감귤류에 이르는 다른 부문들의 수입장벽도 서서히 내리고 있지만, 금융시장은 여전히 단단히 잠근 상태다. 원화는 아직 통화교환성이 없다(교환가능통화convertible currency가 아니라는 뜻. 아마도 달러화와 자유로이 교환할 수 없어서 국제적 통용성이 없다는 의미인 듯하다—옮긴이). 원화는 아직 전환할 수 없다. 채권 시장은 폐쇄되고 외국인은 상장 주식의 15%만을 보유할 수 있다. 오랜 경험을 지닌 한 미국 관리는 "한국인의 마음 속에는 외부인에 대한 불신이 있다"라고 말한다.

김영삼은 세계화를 확산하기 위해 초등학교 3학년 의무교육과정에 영어를 포함시켰고, 변호사들이 바깥 세상에 대한 중재자 역할을 하기를 기대하여 사법고시 합격 정원을 크게 늘렸다. 지하철 포스터는 양복을 입은 젊은이가 갓을 쓴 노인과 영어로 대화하는 모습을 보여준다. 이러한 '탈국수주의' 시도는 한국의 자의식, 그리고 부풀려져 있는 듯한 자부심과는 전혀 어울리지 않는다고 일부 한국 관측통들은 말한다.

그 노력이 성공하든 실패하든 한 가지만은 확실하다. 그것은 틀림없이 한국식으로, 큰 야망과 많은 피땀으로 이루어질 것이다. 실패하더라도 노력 부족 탓은 아닐 것이다.

ⓒ 이 책의 한국어판 저작권은 TIME으로부터 받았으며 TIME Inc.의 허가로 출판됨.
저작권법에 의해 보호를 받는 저작물이므로, 서면 허가 없이는
어떠한 방법이나 언어로든 전체 또는 일부의 무단전재 및 복제를 금함.

June 26, 1995 / Time Europe / Anthony Spaeth, Reported by Edward W. Desmond, K. C. Hwang / Seoul

He's Just Tough Enough

with Local Elections Looming, Kim Young-Sam, Once A Dissident But Now the President, Faces His Biggest Challenge Yet

Page 16   Words 1934
Section Asia
Category PROFILE

There's a special feeling on the streets of Seoul, the over bustling capital of South Korea. The crowd has sharper elbows than in other Asian metropolises, the steps leading up from the subway are steeper, the revolving doors in office buildings seem to spin faster. South Koreans believe their country has a particular destiny, and they're not a people just to sit around waiting for it.

To find out where South Korea is going in such a hurry, you need merely ask Kim YoungSam, the former hunger striker and tear-gas veteran who in 1993 became the country's first elected civilian President of the post-military rule era. In an interview at his official residence last week, Kim foresaw an "exemplary, first-rate nation." Indeed, South Korea expects to reach the $10,000-per-capita income level this year and has taken the challenging step of applying to join the Organization of Economic Cooperation and Development (O.E.C.D.), the rich-countries club. In addition, Kim wants unification with North Korea, and public opinion is solidly with him, even if the goal is elusive to say the least. Lastly, according to the 67-year-old President, the Korea of the future will "play a pivotal role in world affairs." Next week Kimwill solidify South Korea's place among the world's democracies by presiding over elections for 5,700 local posts, from governors down to ward representatives. That's a revolution: for the past 34 years, the President or other officials appointed each of those officeholders. "Without local elections, democracy returned to South Korea only in name," says Kwangju University Professor Myung Ro Keun, a former democracy activist. "We've been struggling for this for a long time."

That struggle is typical of a country that wasn't content merely to become a shipbuilder: it created a shipbuilding industry in the 1980s that is, next to Japan's, the world's largest. The World Bank refused a loan for a steel mill in the 1960s; Korea responded by building one of the most efficient steel industries ever known. Even the obvious perils of unification with the bankrupt, brainwashed land to the north fail to dent South Korea's courage. Other countries may rise to challenges: South Korea relishes them.

That is good because there are challenges aplenty for South Korea -- and not only from North Korea, where an on-again off-again nuclear-weapons program has dominated news from the peninsula through much of Kim's presidency. That was the case again last week, when the regime of Kim Jong Il concluded three weeks of prickly talks with U.S. negotiators in Kuala Lumpur by accepting the offer of two South Korean nuclear-power plants essential to the October pact that froze Pyongyang's A-bomb program. The North also asked for the U.S. to approve further oil deliveries under the agreement and, in separate talks, pressed Japan to provide emergency rice supplies. Those moves suggest that bad times are getting worse in the North, although whether that will ultimately translate into good news for the South is anyone's guess.

At home, South Korea's factories are booming, but the country has reached a developmental crossroads: after years of industrial overachievement, economists say the economy has to evolve into something more diversified and sustainable -- and fast. The dominant chaebol, South Korea's handful of huge, all-purpose companies, are squeezing out entrepreneurs. Currently 30 conglomerates generate 82% of the country's GNP. The financial system is highly overregulated, and at least until very recently was geared almost exclusively for the chaebol at the cost of other investments, including small to medium-size businesses and social-welfare spending. Politically, the system is still based on a very powerful presidency enshrined in a 1987 constitution.

The big question is whether Kim, the inheritor of all that power, can dismantle some of the pillars of his country's past success without bringing down the whole pagoda. So far, the signs are positive. Kim has the take-charge management style of his predecessors -- some describe it as a take-no-prisoners style -- but he has a very different philosophy and vision. His 1993 crackdown against political and military corruption has probably changed forever and for the better the way authority is wielded in the country.

Kim has had his fumbles. Lambasted for an uncertain North Korea policy and a series of recent disasters -- a bridge collapse in Seoul, a gas explosion in Taegu -- he has also run a government with a revolving door that makes even Koreans dizzy. In less than three years, he has appointed four Prime Ministers, and only one member of his original 25-member Cabinet remains. His party's popularity has waned in recent months and, to make matters more complicated, Kim Dae Jung, the President's former ally turned bitter enemy, is making a comeback from retirement by campaigning in this month's elections on behalf of the opposition Democratic Party. At a rally last week, Kim Dae Jung announced, "The forthcoming local elections are a sort of verdict over what the Kim Young Sam regime has done in the past 2-1/2 years."

But even halfway through his single, nonextendable term, which ends in 1998, Kim is governing at high throttle, pushing an ambitious internationalization campaign designed to pry open one of the most shuttered economies and guarded national psyches in Asia. Apparently, being a lame duck in Korea doesn't mean slowing the pace. As the President said last week, "Our idea is to make Korea a central player in the arena of the global community."

Of course, Kim inherited a country that was already prosperous. None of the other Asian tigers had risen so fast and from such depths. After 35 years of brutal Japanese colonization, the country was virtually razed by the 1950-53 Korean War. Many survivors remember eating grass and bark to stay alive. One of the country's recurring nightmares is a slack economy; when annual growth slumps to 5%, Koreans think they're in a recession. Examples of industrial prowess and material success are myriad. State-of-the-art factories are churning out 2.3 million autos a year, making South Korea the world's fifth largest car manufacturer -- and capacity is scheduled to jump 60% by 2000. Samsung, one of the mighty chaebol, dominates the global market for dynamic random-access memory (D-RAM) chips. Corporate giant Cheil Foods & Chemicals recently announced that it was paying $300 million for an 11.1% stake in DreamWorks SKG, the new Hollywood studio formed by Steven Spielberg, Jeffrey Katzenberg and David Geffen. A leading French designer thinks so much of the South Korean market that her neckties bear the label NINA RICCI: PARIS-SEOUL." And with all the fashionable men and women on the streets of Seoul, Tokyo looks ill-dressed by comparison.

Much of that material progress was made under dictators and authoritarian leaders; the country Kim inherited as President was a newborn democracy, which he played a major role in creating. Born to a prosperous fishing family on the southern island of Koje, Kim attended Seoul National University and after graduation took up a career in politics, from which he has never strayed. He was a member of the first national assembly after the Korean War. Following President Syngman Rhee's resignation in 1960, which led to nearly three decades of military rule, Kim became a full-time oppositionist. He was not an uncompromising firebrand like his fellow dissident Kim Dae Jung, but Kim went on internationally publicized hunger strikes and spent one month in jail under Park Chung Hee. Joining forces with KimDae Jung, he helped lead the student protests of 1986 and '87 that forced President Chun Doo Hwan to relinquish power, write a new constitution and hold elections. But the "two Kims," as the long-time rivals were known, refused to unite in the cause of democracy; they ran separately in the 1987 elections and split the vote, ensuring the victory of a Chun protege, Roh Tae Woo, who served five years.

In 1990 Kim joined in a three-party merger that included Roh's ruling party to form the Democratic Liberal Party. The move eventually secured his own election in December 1992 by heading off another three-way race among big contenders. Then, upon assuming power, he dispelled any notion that he owed debts to the old regime by becoming one of the stiffest new brooms South Korea has seen. He passed a series of anticorruption laws that had long been dreamed of but deemed too dangerous in a land of the powerful and the rich. Koreans were required for the first time to use their real names on bank accounts, and will soon have to do so on land titles. Kim forced high government officials, lawmakers and judiciary officials to disclose personal wealth; 242 resigned when they couldn't explain their assets, and 1,363 more were fired. Then Kim sent the auditors after the long-protected military. Unsurprisingly, they found evidence of decades of corruption. As a result, 62% of the country's corps commanders and 39% of division commanders were replaced. Two former Defense Ministers were tried for corruption, and a secret fraternity of senior officers known as Hanahoe, or "One-Way Society," credited with the coup that installed Chun Doo Hwan in 1981, was disbanded. Analysts say the country has probably seen the end of nearly three decades of military involvement in politics. "Kim succeeded in the demilitarization of politics," says Park Kwon Sang, a former managing editor of Dong-A

Ilbo, a prestigious national daily. "It's really a big success story."

In the purges, Kim also dispatched many of his own enemies. But corruption campaigns had long been waged by Presidents for that purpose alone. And Kim took pains to cultivate a public image of personal humility and probity. At the Blue House, the sprawling executive residence and office complex in the middle of Seoul, he plowed up a golf driving range and converted the gourmet staff kitchen to simple noodle fare. Last week the newspapers were filled with photos of his wife's cousin in handcuffs after being arrested for influence peddling. According to the President, Koreans believe their country's fortunes depend on the uprightness of their leader -- and he's not taking any chances.

Kim has also tried to exorcise one of the nastier ghosts of South Korea's authoritarian past: the suppression of the May 1980 antigovernment uprising in the southern city of Kwangju, in which some 200 people were killed. A cemetery and park are being constructed in Kwangju to honor the victims, and in January and February national television aired a 24-part dramatic series about the incident, The Sand Clock. It re-created the bloody riots, using footage, taken by foreign film crews, that had never been seen in the country. Kim's government approved the project, and it was a national sensation. Workers battled rush-hour traffic to get home in time for the broadcasts.

The upcoming local elections will be another landmark of the Kim presidency. Not only are they an extraordinary surrender of power in a culture addicted to top-down management and governance, but they will probably be the cleanest elections ever, thanks to a national election law passed this year. The measure reduced the amount candidates could spend on campaigns and introduced stiff penalties for transgressors, including a five-year ban on running for office. The government set up a hotline for voters to report erring candidates. More than 45 have been arrested, including a mayor running for re-election who allegedly bought voters dinner. At the same time, candidates are now allowed to move about freely and make speeches where they please, a liberty consistently denied them in the past.

"The election is much cleaner than any I have seen," says Hwang Sun Hee, 56, a farmer in the southern hamlet of Myung Ji. "It's really great to be able both to choose our own local representatives and not to have the outcome swayed by who has the most money." Among the burning issues are the traffic jams that snarl the roads of all the major cities and the dreadful air and water pollution, collateral damage of a red-hot industrial expansion. By popular demand, the government legalized the importation of bottled water this year because almost no one trusts tap water any longer. Kim Young Sam is also an issue -- because to the most idealistic Koreans he has come up short, failing to prosecute General Chun Doo Hwan for his excesses, while showing a vindictive streak toward individuals like the founder of the Hyundai group who dared to run against Kim as a third candidate in the 1992 election. Chung's Hyundai group has suffered at the hands of the government ever since. Nonetheless, it is progress over the past, when there was only one election issue: the demand for the military's exit from politics and for completely free elections. "Before, we always used to stress fairness and democracy," says Son Bong Ho, a professor of philosophy and ethics at Seoul National University and the executive chairman of the powerful Citizens' Movements. "This time we are stressing actual issues, like the environment. It's a giant step forward."

Kim has probably earned his place in modern Korean history with those reforms. Proving more difficult are two long-term problems: North Korea and the need to open Korean industry -- and South Korea in general -- to the outside world. On the belligerent neighbor to the north, Kim's policy has been viewed by most Koreans as a dithering disaster. He started in a conciliatory mode, releasing a North Korean prisoner with no conditions. Shortly thereafter, Pyongyang snubbed him by threatening to pull out of the Nuclear Nonproliferation Treaty. When Kim Il Sung died last summer, rightists persuaded the President not to send a condolence message; ever since, he has been derided by critics as a captive of the hard-liners. Washington's negotiations with Pyongyang over the nuclear matters also put Seoul in a sticky position. South Koreans feel the North has managed to isolate them diplomatically -- and they blame Kim, whose approval ratings have plummeted from 90% after taking office to 30%, according to private, unpublished polls. Now Kim is trying to lever open frozen North-South talks with Pyongyang by seizing on the North's recent declaration that it desperately needs rice. Next week representatives from the two Koreas will discuss the subject in Beijing.

The challenge of transforming the Korean economy from a fanatically protected export megamachine is largely a question of what to do with the chaebol, which include such recognizable names as Hyundai, Samsung, Lucky-Goldstar and Daewoo, and the regulatory universe that made them winners. That is changing slowly. The government is keen to nurture smaller industrial companies by making more capital available to them, but the largely closed capital markets mean there is not enough lending to go around -- and the chaebol have all the muscle. Kim's bureaucrats can't go too far without killing the egg-laying geese. The chaebol are in the midst of high-stakes foreign expansion -- investment abroad surged from $1 billion to $2 billion between 1992 and 1994. "The government has to find other ways to give the chaebol the competitive edge," says Chung Tae Wook, head of research at Jardine Fleming Securities in Seoul. "The competition is fierce" -- and if the chaebol can't compete, in truth, Korea can't.

More intriguing is Kim's campaign for South Korea's globalization, or segyehwa. Partly this is a diplomatic necessity: many international bodies, such as the World Trade Organization, which South Korea has already joined, and the O.E.C.D., have rules that stipulate a certain amount of openness in trade and finance. South Korea has dropped many tariffs, and is slowly unwinding other barriers in areas ranging from cars to citrus imports, but its financial markets are still by far the most tightly locked. The won is not yet convertible; the bond market is closed, and foreigners can hold only 15% of listed shares on the stock market. "There is a distrust of outsiders built into the psyche of Koreans," says a U.S. official with long experience.

To broaden that view, Kim has started compulsory English in the third grade, and he has boosted the number of lawyers admitted every year to the bar in hopes they will act as intermediaries to the outside world. Posters on the subway show a young Korean in Western dress and an old gentleman in traditional costume, including the flat, horsehair hat, addressing each other in English. Some Korea watchers say it's an attempt to "dechauvinize" a country that can hardly be matched for its own sense of self and, perhaps exaggerated, self-worth. Whether the effort works or fails, only one thing is certain: it will undoubtedly be done Korean style, with vast ambition and elbow grease. And it won't fail for lack of trying.

© 1995 Time Inc. All right reserved. Licensed from TIME and published with permission of Time Inc. Reproduction in any manner in any language in whole or in part without written permission is prohibited.

당시 국내의 시선

Chapter 7

개혁 그리고 한계

변하지 않는 구도

1990년 1월 22일. 민주정의당, 통일민주당, 신민주공화당의 합당 기사가 모든 신문의 머리기사를 장식했다. 여당인 민주정의당과 야당인 통일민주당, 신민주공화당 세 당의 합당이었다. 여소야대 구도에서 여대야소로 회귀한 순간이었다. 3공화국의 김종필과 5공화국의 후계자인 노태우의 결합은 군정의 악몽을 떠올리게 하는 것이었다. 평생을 군정과 싸워 민주화 운동을 해온 김영삼이 이들과 손잡는 모습을 떠올리기란 쉽지 않았다.

　세 당의 합당 이유는 남북 통일에 대비하고 정치 발전과 정국 안정을 위해 내각제 개헌을 추진한다는 합의에 따른 것이라고 발표했다.

새롭게 창당한 당의 명칭은 민주자유당으로 정해졌다. 합당 과정에서 반대하는 목소리는 공허한 메아리였다. 김영삼이 이끌던 통일민주당에서 합당을 정치야합으로 규정하고 끝까지 반대한 이들은 여덟 명에 불과했다. 그 가운데 한 명이 노무현이었다.

1990년 10월 26일 한겨레 신문은 '내각제 추진 대통령이 직접 나서기로'를 제목으로 잡았다. 야당과 여론의 반대에 부딪힌 내각제 개헌에 정부가 직접 손을 걷고 나선 것이다. 내각제 개헌이 불가피할 것만 같던 상황을 반전시킨 건 '내각제 개헌 합의 각서' 유출 사건이었다. 정당 내부에서 개헌에 관한 합의가 이미 이루어졌다는 것은 국민이 납득할 수 있는 것이 아니었다. 1990년 11월 1일 김영삼은 내각제 저지를 공식 선언했다. 민주자유당의 당 대표인 김영삼의 반대로 당은 분당 수준의 심각한 내분을 맞이하게 됐다. 사건이 진정된 것은 11월 16일이 되어서였다. 한겨레 신문은 머리기사로 '민자 내분 일단 수습 합의'을 잡고 내각제 개헌 유보를 전했다. 3시간에 걸친 회동을 통해 '국민이 반대하는 내각제 개헌 불가'의 사실을 전했다. 내각제 개헌 합의 각서가 유출된 경로와 유출자는 아직도 알 수 없다.

희망찬 출발

김영삼은 1993년 2월 25일 14대 대통령으로 취임했다. 지역감정을 부추겨 여론을 조작하려 한 초원복집 사건을 겪었지만, 박정희 이후 군인 출신이 아닌 첫 대통령을 반기는 분위기였다. '개혁, 위로부터 시작할 것'이라는 김영삼 대통령의 취임사는 허언이 아니었다. 3월 2일 한겨레 기사는 '안기부, 국내정보 수집 축소'를 전했고, 3월 6일에는 문익환을 포함해 70살 이상 장기복역 좌익수 6명, 재일 동포 간첩단 사건 관련자 등 4만1,886명을 사면했다.

3월 9일 한겨레는 육군참모총장과 국군기무사령관의 보직 해임 기사를 전했다. 누구도 예상하지 못한 행보였다. 같은 날 한겨레 사설 '김영삼 군부 구축 신호탄'에서는 '30년 만의 문민통치 시대에 맞춰 과거 군사정권 시절부터 지금까지 군부에 뿌리깊게 박혀 있는 정치군인들의 제거 작업이 시작됐음을 예고한 것으로 받아들여진다. 이는 김 전 육참총장과 서 전 기무사령관이 이른바 정치군인들의 군맥인 '하나회'의 핵심인물이기 때문이다' 라며 하나회 숙청의 시발임을 짐작하는 정도였다.

같은 해 8월 12일에는 다시 한 번 모두를 놀라게 할 긴급명령이 발표되었다. 금융실명제였다. 동아와 경향, 한겨레 모두 전격이라는 단어를 붙였을 만큼 충격적이고 기습적인 발표였다. 발표와 즉시 모든 계좌를 개설할 땐 실명으로만 가능하고, 기존 비실명자산은 2개월 안에 실명으로 전환해야 하며 전환 자금이 5천만 원이 넘을 경우 자금 출처 조사를 받아야 한다는 내용이었다. '금융실명제가 실시되지 않고는 이 땅의 부정부패를 원천적으로 봉쇄할 수 없고, 정치와 경제의 검은 유착을 근원적으로 단절할 수 없다'라는 정부의 발표는 큰 지지를 받았다.

국민의 지지를 받는 정책으로 큰 인기를 얻었지만 김영삼의 발목을 잡은 건 끊이지 않는 대형 사고였다. 10월 10일 발생한 서해 훼리호 침몰 사건은 140여 명 사망과 실종이라는 머리기사로 세상에 알려졌다. 사고 발생 16시간이 지날 때까지 정확한 승선인원과 명단이 파악되지 않아 인명 피해 집계조차 제대로 이루어지지 않았다. 정부의 무능이 거론될 수밖에 없는 조치였다. 다음 해인 1994년 10월 21일에는 성수대교가 붕괴되는 사고가 터졌고 다음 날 신문은 '무너진 다리, 국가관리 총체적 붕괴'라는 제목을 달았다. 2달 뒤인 12월 7일에는 서울 아현동에서 도시가스가 폭발하는 대형 사고가 터졌고, 1995년 4월 28일에는 대구에서 가스 폭발로 100명 넘는 사망자가 발생하는 사고가 터졌다. 그리고 두 달 뒤인 같은 해 6월 29일에는 삼풍 백화점이 붕괴 되는 사고가 터지면서 사고 공화국이라는 오명을 피할 수 없게 되고 말았다.

2000년 4월 3일 / 타임 아시아 / 도쿄 / 155권 / 13호 / 도널드 맥킨타이어, 스텔라 김

김대중에 대한 평결

다가오는 평결 총선 앞에 위태로워진
김대중 대통령.
유권자들은 그가 약속을 어겼다고 생각한다

페이지 16 **단어** 1934
섹션 아시아
카테고리 커버스토리

집권당인 새천년민주당 소속 후보 우상호는 빈 병으로 가득 찬 비닐 봉지를 집어 들어 재활용 센터로 가는 트럭 위로 던진다. 그의 뒤편에는 겨울 햇살에 얼굴이 그을린 노동자들이 더러운 병과 캔을 땅바닥에 쌓아놓는다. 인근 소각장의 쓰레기 더미에서 자욱한 연기가 피어올라, 한국 정치인들이 좋아하는 선거 홍보 사진 배경으로는 마땅치 않아 보인다. 그렇지만 학생운동가였던 우상호(38세)는 주장하고 싶은 바가 있다. "한국 정치인들을 쓰레기와 비교하는 사람들이 많습니다. 여기에 온 이유는 제가 정계를 청소하고 싶어 한다는 것을 보여주고 싶어서입니다."

다가오는 4·13 총선에서 모든 이가 궁금해하는 것은 정계를 어떻게 청소할 것인가 여부이다. 개혁 성향의 김대중 대통령이 취임한 지 2년째, 한국 경제는 불황을 딛고 우뚝 섰다. 그러나 정계는 여전히 구태의연하다. 부정부패에 찌든 후보자들, 만연한 투표 매수, 당파의 분열과 진흙탕 싸움 등등. 선거운동이 이번 주까지는 공식 시작되지는 않지만, 수십 년 만에 가장 돈이 많이 들고 가장 지저분한 양상을 보인다. 김대중 대통령이 부패를 근절하고 정치를 근대화하겠다는 약속을 지키지 못했다고, 많은 국민들이 생각한다. 본인이 투표 대상인 것은 아니지만, 이번 총선은 여러모로 김대중 통치에 대한 국민투표나 마찬가지다. 신학생 김호은 씨는 서울 시내에서 깨끗한 정치를 지지하는 청원서에 서명하면서 실망감을 드러냈다. "국민들은 기대가 높았다. 하지만 여전히 부패 정치가 계속되고 있다."

그것은 곧 바뀔 것이다. 총선시민연대는 올해 초 부패 정치인들의 공천반대 명단을 인터넷에 올려 정계를 발칵 뒤집었다. 김고은 씨처럼 불만을 가진 유권자들은 부패 정치인을 낙선시키겠다는 서약서에 서명한다. 시민단체들은 한국의 권력 집단 재벌에도 공세를 취한다. 부패한 기업 관행을 끝장내기 위해 소송과 소액주주 운동 등의 수단을 동원하고 있다. 우상호처럼 젊은 세대가 사상 최대 규모로 출마하면서 노년층 의원들에게 도전장을 내밀었다. 이 분위기를 반영하듯, 대중가요 차트 1위에 오른 '바꿔'

라는 노래가 한국인들에게 "바꿔, 바꿔, 세상을 다 바꿔"라고 촉구한다. 고려대 정치학 교수 한심덕에 따르면 시민운동의 부상은 "신선한 공기와도 같다. 한국은 단지 민주주의를 논의만 하는 게 아니라 그 실천에 더 가까이 다가서고 있다."

총선은 김대중 대통령과 그의 개혁 정책에 위협이 된다. 국회 정원 299석(대통령의 개혁으로 인해 273석으로 줄어들게 된다) 중 98석만을 차지한 여당의 초라한 실적으로 인해, 대통령의 경제 개혁을 되돌려놓고 싶은 보수 정치인과 재벌 총수들에게 힘을 받을 수 있다. 그렇다면 사회 전반에 그 효과가 파급되어 투명성과 책임을 중시하는 김대중의 경제 개혁 추세가 가로막힐 것이다. 최신 여론조사에 따르면 새천년민주당은 한나라당과 막상막하의 접전을 벌이고 있어 과반수 의석을 얻기는 어려워 보인다. 양승함 연세대 정치학 교수는 "이번 선거가 향후 한국 정치를 지배할 정치 세력을 결정할 것"이라고 말한다.

김대중의 경제적 성과는 여당의 득표에 도움을 줄 것이다. 그는 한국 경제를 재앙 수준에서 연평균 성장률 10.7%로 회복시켰다. 그러나 중산층 유권자들은 경제 위기가 촉발한 일자리 손실 때문에 여전히 고통스럽다. 침체기 동안 높은 이율로 돈을 벌어 이제는 주식으로 큰 돈을 벌고 있는 부자들에게 분개하는 분위기도 있다. 더구나 이번 총선의 뜨거운 감자는 부정부패인데, 이는 김대중의 취약점이다. 세간의 이목이 집중된 정치자금 스캔들로

집무실에서 근무 중인 김대중 대통령(Flickr, 광열 박)

인해 환경부 장관을 비롯한 여당 인사 여러 명이 실각했다. 김대중은 부패 공직자들을 신속히 해임하여 자신의 흠결 없는 명성을 유지했다. 그러나 아무리 본인이 깨끗하다 한들 그렇지 않은 인사들을 다잡아가며 국정을 원활히 운영하기 힘들다는 분위기 때문에 김대중의 신뢰는 타격을 입었다.

선거운동 양상을 보면 쉽게 이해되는 문제다. 이미 후보자들은 옛날 버릇대로 유권자들에게 공짜 식당 쿠폰이나 예쁜 케이크, 심지어는 현금을 돌리고 있다. '선거 브로커'들은 수수료를 받고 등산모임이나 동창회 등의 단체로부터 표를 얻게 해주겠다고 약속한다. 지역 유지들과 연줄이 있는 브로커들은 자기 고객들이 계속해서 '똑바로' 투표하게 해주겠다면서 한몫 챙긴다.

대통령 퇴임 후에도(김대중의 임기는 3년 뒤 끝나며, 연임이 불가능하다) 좋은 자리를 차지하려고 애쓰고 있는 정치인들에게, 돈을 뿌리고 싶은 유혹은 어마어마하다. 선거 비용 한도는 지역당 15만 달러 미만이지만, 언론 보도에 따르면 일부 출마자들은 270만 달러까지 지출할 거라고 한다. 분명히 후보자들은 선거자금법을 위반하더라도 심각한 처벌을 받지 않을 거라고 생각한다. 참여연대 사무총장 박원순은 "대단히 많은 부패 인사들이 이번 선거에 대단히 많은 돈을 쓰고 있다"라고 말한다. 신생 시민단체 중 하나인 참여연대는 1994년 박원순이 공동 창립한 시민단체이다. 복지 정책 개선을 위한 압력 단체로 출발했으나 정치 윤리 및 기업의 투명성과 책임 같은 문제까지 그 영역을 빠르게 확장했다. 참여연대는 작년 한국제일은행 경영진의 부실경영에 대한 전례 없는 소송에서 승소함으로써 유명해졌다. 그러나 참여연대가 개혁에 진짜 시동을 건 것은 정치가들을 추적하기 시작하면서부터였다. 참여연대는 작년에 다른 단체들과 함께 국회의 각종 위원회 회의에 참석하여 부정부패를 모니터링하려 했다. 그러나 처음에 참여연대 회원들은 입장조차 허용되지 않았다. 입장이 허용된 뒤 회원들은 숱한 뒷거래가 회의장 밖에서 일어난다는 사실을 알게 되었다. 그래서 1월 참여연대와 450개가 넘는 시민단체들이 연합한 선거연대는 전례 없는 조치를 취했다. 부정부패 또는 과거 권위주의 정권과 연루된 정치인 67인의 공천 반대 명단을 작성한 것이다. 총선시민연대는 TV 기자회견에서 공천 반대 명단을 발표하고 웹사이트에도 올렸다.

  그것은 폭탄이었다. 대중은 박수를 쳤고 신문은 명단을 1면에 올렸다. 그러나 정치인들은 한국의 선거법은 시민단체들의 정치 참여를 금지하고 있다고 (정확하게) 주장하며 반격했다. 총선시민연대에는 협박 전화와 팩스, 편지가 밀려들었고, 심지어 폭탄을 터뜨리겠다는 위협까지 받았다. 김대중 대통령은 마침내 개입하여 선거 규정 개정을 국회의원들에게 압박하는 데 성공했다. 명단은 계속 게시되었다. 박원순은 "우리는 대중이 이처럼 엄청난 지지를 보낼 줄은 몰랐습니다. 저희는 정치 부패에 대한 전국적인 불만을 활용했을 뿐인걸요"라고 말했다.

　낙천 운동은 여론을 뒤흔들었지만 여당을 비롯한 주요 정당들은 이에 아랑곳하지 않고 명단에 오른 후보자 다수를 지명했다. 이 때문에 이제 시민단체들은 명단에 오른 사람들을 낙선시키겠다는 서약서에 서명할 것을 촉구하고 있다. 지난주 총선시민연대 지도자들은 227만 명의 서명을 받기 위한 11개 도시 버스 투어를 개시했다. 국회 의석 227석당 1만 명의 서명을 받겠다는 계획이다(추가되는 46석은 비례대표 의석이다). 낙선 운동을 조직한 정은숙 씨는 "대중의 반응은 열광적"이라고 전한다.

　그 에너지는 지난주 서울 도심의 쇼핑 명소 명동 번화가의 서명 테이블에 모아졌다. 인파 행렬은 그 앞에 멈춰 서서 서약서에 서명하거나 "바꿔, 바꿔" 같은 슬로건이 적힌 버튼을 구입했다. 재단사 유승열 씨는 서약서에 자기 이름을 기입하면서, 자신은 군대를 갔다 왔지만 일부 정치인과 그 아들 들은 영향력을 이용해 병역을 기피한다며 불만을 표시했다. "부패가 만연해 있다. 하지만 이제 힘을 가진 건 국민들이다."

　낙천·낙선 운동이 선거에 미칠 영향은 불확실하다. 그러나 주류 정당들은 이미 개혁이라는 시류에 합세하고 있다. 올해 초 온갖 정파의 정치인들이 대중가요 '바꿔'를 앞다투어 로고송으로 쓰려고 했다. 그러나 작곡가 최준영은 지난달 그 노래의 사용권을 총선시민연대에 속한 한국대중음악작가연대에 주었다. 총선시민연대는 낙선 대상 명단에 오른 정치인들이 '바꿔' 또는 자신들의 회원 단체가 저작권을 보유한 노래 수천 개를 선거운동에 사용할 수 없다고 신속히 발표했다.

이 모든 일은 김대중 대통령이 정치 공간을 열어주지 않았다면 가능하지 않았을 것이다. 군사 독재 정권 하에서 반체제 인사로서 오랫동안 투옥되었던 그는 취임하면서 민주적인 자유를 증진할 것을 약속했다. 그러나 비판자들은 그가 자신의 정치적 협력자들과 멀어질까 두려워 유약해졌다고 한다. 박원순 참여연대 사무총장은 "그는 타협했다"라고 말한다. 취임식 후 얼마 되지 않아 참여연대는 자체 입안한 반부패 법안들을 가지고 김대중에게 갔다. 그러나 막상 청와대 회담 자리에서 박원순은 신중함을 택했다. "대통령은 우리가 너무 빨리 앞서가고 있다고 했다." (김대중은 〈타임〉과의 인터뷰에서 "그 대화에 대한 박원순 씨의 기억은 그리 정확하지 않다"면서 개혁 법안을 저지한 야당 의원들을 탓했다.)

또한 이번 선거는 우상호와 같은 젊은 지도자들의 시대가 도래했음을 보여준다. 한국에서는 그들을 386세대라고 부른다. 30대이며 1980년대에 대학에 다녔고 1960년대에 태어난 세대라는 뜻이다. 386세대는 대체로 기성세대보다 개혁지향적이며, 그들 중 다수는 반독재정권 시위에서 전투경찰과 싸우며 정치적으로 각성했다. 연세대 총학생회장 시절, 우상호는 미국 신문과의 인터뷰에서 독재자 전두환을 파시스트라고 했고 때문에 4개월간 투옥된 바 있다. 그로부터 10년이 채 지나지 않아 민주화가 이루어지자, 전두환이 투옥되었다. 우상호는 그 뉴스를 들었을 때 울음을 터뜨렸다. "내가 독방에 앉아 있었을 때 전두환 또한 언젠가 여기에 앉게 될 거라고 상상할 수 있었나?" 물론 우상호 또한 그 자신이 국회에 출마할 거라고 상상할 수 없었다.

한승민은 386세대의 다른 일면을 보여준다. 운동권은 아니었지만 구태 정치에 지친 젊은 전문가들. 미스코리아 서울 출신인 경제학자 한승민은 우상호가 속한 새천년민주당의 숙적인 한나라당 소속으로 국회에 출마한다. 그러나 그녀도 총학생회장 출신인 우상호와 마찬가지로 구태 정치를 혐오한다. 그녀의 출마 지역에 사는 사람들은 노인들을 위한 문화센터와 기타 필요한 시설들이 부족하다는 데 분노하고 있다고 한다. 그들은 정치인들이 공적 자금을 착복하고 있다고 비난한다. 한승민은 "뭔가를 해야 해요"라고 말한다.

이번 선거를 움직이는 또 다른 요인은 지역 감정이다. 지난주 여론 조사에 따르면 한국인들 대부분이 지연地緣에 따라 투표할 계획이다. 대통령에게는 나쁜 소식이다. 그 권력 기반인 남서부 전라도 지역은 여당을 다수당으로 만들어줄 만큼 크지 않기 때문이다. 전임 대통령 5명 중 1명을 제외하고는 전라도와 이웃한 경상도 출신이었고, 이로 인해 경상도 지역에 공장과 도로가 들어설 동안 전라도는 경제적으로 퇴보했다. 그러나 최근 경상도 출신 정치인들은 대통령이 좋은 정부 보직을 전라도 출신들에게 나눠주고 있다고 불평한다. 정치분석가 양승한은 "경상도는 박해 받고 있다고 느끼고 있다"라고 말했다.

이 같은 분열을 치유하고 권위주의 통치의 유산을 정리하려면 한 차례의 대선이나 총선으로는 부족하며 한 세대 이상이 지나야 할 것이다. 그러나 새로운 인재를 영입하는 것, 즉 일부 노년 정치인들을 쫓아내는 것은 분명히 좋은 일이다. 우상호는 작년에 정계에 입문하여 시스템을 흔들어놓으려 했다. "변화 노력을 막고 있는 것은 중량급 정치인들이지만 그들 세대는 사라질 겁니다." 낡은 병들이 담긴 마지막 봉지를 재활용 트럭에 실은 뒤 우상호는 말한다. 이번 선거에서 그가 그 중량급 정치인들을 어떻게 처리하고 싶은지를 보여주는 완벽한 비유가 아닐 수 없다.

ⓒ 이 책의 한국어판 저작권은 TIME으로부터 받았으며 TIME Inc.의 허가로 출판됨.
저작권법에 의해 보호를 받는 저작물이므로, 서면 허가 없이는
어떠한 방법이나 언어로든 전체 또는 일부의 무단전재 및 복제를 금함.

April 3, 2000 / Time Asia / Tokyo / Volume 155 / Number 13 / Donald Macintyre Reporting by Stella Kim

Verdict On Kim

With South Korea Facing Legislative Elections, the President's Reputation is on the Line. Many Voters Feel He Hasn't Delivered on His Promises.

Page 16 / Words 1934
Section Asia
Category COVER STORY

Woo Sang Ho, candidate for the ruling Millennium Democratic Party, picks up a plastic bag full of empty bottles and flings it onto a truck headed for the recycling center. On a patch of ground behind him, workers with faces browned by the winter sun sort piles of dirty bottles and cans. With smoke billowing out over the site from a pile of garbage burning on an adjacent lot, this is hardly the carefully orchestrated campaign photo-op that Korean politicians tend to favor. But Woo, 38, is trying to make a point. "A lot of people compare Korean politics to garbage," says the former student leader. "By coming here I'm trying to show that I want to clean things up."

With legislative elections set for April 13, how to clean things up is the question on everybody's mind. Two years into the presidency of reformist Kim Dae Jung, Korea's economy has come roaring back from recession. But in the realm of politics, it is business as usual: corruption-tainted candidates, rampant vote-buying, mudslinging and factional feuding. Although the campaign doesn't officially kick off until this week, it is shaping up to be one of the most expensive--and dirtiest--in decades. Many Koreans feel Kim has failed to deliver on promises to root out corruption and modernize politics. And though he himself is not on the ballot, the election in many ways is a referendum on Kim's rule. Signing a petition in downtown Seoul in support of cleaner politics, theology student Kim Ko Eun describes her disappointment: "People had high expectations. But we still see the same old corrupt politics."

That may be about to change. A coalition of citizens' groups rocked the political establishment earlier this year by posting a blacklist of corrupt politicians on the Internet. Disgruntled voters like Kim Ko Eun are signing the coalition's petitions, pledging to shun tainted politicians at the polls. Civic groups have even taken on the chaebol, Korea's powerful conglomerates, using lawsuits, shareholder initiatives and other tactics to end rotten corporate practices. Young people like Woo are running for office in record numbers, challenging party elders. Capturing the mood, a chart-topping pop song called Change urges Koreans to "change, change, change the world." The rise of the civic movement, says Hahm Sung Deuk, a political scientist at Seoul's Korea University, is a "breath of fresh air. Korea is moving closer to practicing democracy instead of just talking about it."

The election poses a threat to President Kim and his reform policies. A poor showing by Kim's Millennium Democratic Party, which has only 98 seats in the 299-member National Assembly (Kim's reforms will reduce the number to 273), could embolden old-guard politicians and chaebol leaders who would prefer to roll back Kim's economic reforms. And that would have a spillover effect throughout society, blocking the trend toward transparency and accountability that Kim has put at the center of his economic reforms. The latest opinion polls suggest that Kim's party is up against cutthroat competition from the opposing Grand National Party, making it difficult for Kim to win the majority. "This vote will decide which political forces dominate Korean politics in the future," says Yang Seung Hahm, an expert in Korean politics at Seoul's Yonsei University.

Kim's economic record should be winning his party votes. He has brought the economy back from disaster to an annual growth rate of around 10.7%. But middle-class voters are still smarting from the job losses triggered by the crisis. There is resentment of the rich, many of whom made money from high interest rates during the downturn and are now making a killing in stocks. Moreover, this campaign's hot-button issue is corruption, and Kim is vulnerable. High-profile money scandals have brought down several ruling party figures, including a former Environment Minister. By quickly dismissing corruption-tainted officials, the President has preserved his reputation for perso0nal integrity. But his credibility has been hurt by an emerging sense that Captain Clean can't run a tight ship.

The election campaign is driving the point home. Candidates are already up to their usual shenanigans, handing out free restaurant coupons, fancy cakes and even cash to potential voters. For a fee, "election brokers" promise to deliver the vote from groups such as mountaineering clubs and alumni chapters. Other brokers with ties to local notables will, for a sum, make sure their clients continue to vote the right way.

With politicians already jockeying for position in the post-Kim era (his term ends in three years, and he can't succeed himself), the pressure to spend is enormous. The election limit averages less than $150,000 per district, but media reports say some will spend up to $2.7 million. Candidates apparently feel they won't face serious penalties if they violate campaign-finance laws. "So many corrupt people are spending so much money on this election," says Park Won Soon, secretary general of the People's Solidarity for Participatory Democracy. One of the new citizens' groups, the PSPD was co-founded by Park in 1994. It started out as a pressure group to improve welfare policies but quickly expanded to include issues like political ethics and corporate transparency and accountability. It made a name for itself last year by winning an unprecedented lawsuit against executives at Korea First Bank for mismanaging shareholder funds. But the PSPD really started to shake things up when it began going after politicians. With several other groups, the PSPD last year tried to monitor corruption by attending National Assembly committee meetings. Sometimes its members weren't even allowed in the door. And when they were, they realized a lot of the wheeling and dealing was going on elsewhere. So in January, the PSPD and an umbrella coalition of more than 450 civic groups took an unprecedented step, compiling a list of 67 politicians it considers tainted by corruption or by ties to past authoritarian governments. The coalition released the names at a televised news conference and posted the list on its website.

It was a bombshell. The public applauded, and newspapers front-paged the list. But the politicians fought back, arguing (correctly) that Korea's election law bars citizens' groups from politics. The coalition, the Citizen's Alliance for the 2000 General Election, received a flood of menacing phone calls, faxes and letters, including a fire-bomb threat. President Kim finally stepped in and successfully pressured lawmakers to rewrite the election rules. The list stayed posted. "We didn't expect such enormous public support," says Park. "We just tapped into nationwide discontent over corruption in politics."

The campaign may have stirred public opinion, but the major parties, including Kim's Millennium Democrats, nonetheless went ahead and nominated many of the blacklisted candidates. As a result, citizens' groups are now urging voters to sign a pledge to shun those on the list. Last week, group leaders launched an 11-city bus tour to collect 2.27 million signatures--10,000 for each of the 227 National Assembly seats up for grabs (an additional 46 seats will be parceled out under a proportional system). "The public reaction is enthusiastic," says Chung Eun Sook, a campaign organizer.

That energy was on display last week at a sign-up table on a busy street in Myong-dong, a hip shopping area in downtown Seoul. A steady flow of passersby stopped to sign the petition or buy buttons with slogans like "Change, Change." Putting his name to the pledge, Yoo Seung Yol, a tailor, complains that, while he performed his obligatory military service, some politicians and their children use their influence to evade it. "Corruption is rife," he says. "But now it is the people who have power."

How much impact this movement will have on the election is uncertain.

But mainstream parties are already jumping on the reform bandwagon. Earlier this year, politicians of all stripes scrambled to co-opt the pop song Change. But composer Choi Joon-young last month gave rights to his song to the Association of Pop Music Composers, Lyricists and Arrangers, which is part of the civic coalition. The association promptly announced that blacklisted politicians couldn't use Change for their campaigns--or any of the thousands of songs for which its members hold the copyright.

None of this would have been possible without the political space opened by President Kim. As a long-time dissident imprisoned under Korea's military dictatorships, he came to office promising to promote democratic freedoms. But critics say he has gone soft, fearful of alienating his political allies. "He made compromises," says Park of the PSPD. Soon after Kim came to power, Park says, the group approached him about a package of anti-corruption bills it had crafted. In a meeting at the Blue House, however, Park opted for caution. "He told me we were going too fast already," says Park. ("Mr. Park's recollection of the exchange isn't quite accurate," the President told TIME, blaming opposition lawmakers instead for blocking reform legislation.)

The election also marks the coming of age of young leaders like Woo. Koreans call them the 386 generation: people in their 30s who went to college in the '80s and were born in the '60s. Generally more reform-minded than their elders, many 386-ers earned their first political spurs battling riot police in demonstrations against past dictatorships. As student-union head at Seoul's Yonsei University, Woo called strongman Chun Doo Hwan a fascist in an interview with a U.S. newspaper, which earned him four months in jail. Less than a decade later, Chun found himself in prison, as authoritarianism gave way to democracy. Woo cried when he heard the news: "Sitting in my cell in solitary, how could I ever have imagined that Chun would one day be sitting here, too?" Of course, Woo also couldn't imagine he would one day be running for parliament.

Han Seung Min represents another slice of this new generation: young professionals who weren't student activists but are tired of politics as usual. An economist and former Miss Seoul, Han is running for the opposition Grand National Party, the political nemesis of Woo's Millennium Democrats. But she shares the former student leader's distaste for political sleaze. People in her district, she says, are angry over a lack of cultural centers for the elderly and other much-needed facilities. They blame politicians for pocketing public funds. Says Han: "Something has to be done."

There's one other factor driving this election: regional rivalry. Polls last week indicated that the majority of Koreans plan to vote along regional lines. That's bad news for President Kim, whose power base in southeastern Cholla province isn't big enough to give his party a majority. All but one of the previous five presidents came from neighboring Kyungsang province, which meant factories and roads for Kyungsang, but economic backwardness for Cholla. These days, however, Kyungsang politicians grouse that Kim is doling out plum government jobs to his Cholla friends. "Kyungsang feels persecuted," says political analyst Yang Seung Hahm.

It will take more than one President, one election or even one generation to heal these divisions and clean up the legacy of authoritarian rule. But bringing in new talent--and kicking some of the old bums out--

surely won't hurt. Woo plunged into politics last year to try to shake up the system. "It is the political heavies who are blocking efforts to change, but their generation will disappear," says Woo, after tossing the last bag of old bottles onto the recycling truck--a perfect metaphor for what he hopes to do to those political heavies at the polls.

© 2000 Time Inc. All right reserved. Licensed from TIME and published with permission of Time Inc. Reproduction in any manner in any language in whole or in part without written permission is prohibited.

당시 국내의 시선

민주 투사의 고뇌

무거운 짐

1998년 2월 대통령에 취임한 김대중 앞에는 역대 누구보다 어려운 짐이 쌓여 있었다. 1997년 시작된 외환 위기가 본격적으로 진행되면 은행과 기업의 부도 소식이 날마다 이어졌다. 1998년 2월 25일 취임일에 나온 동아일보의 사설 제목은 '희망을 여는 대통령'이었다. '건국 50년 만에 선거를 통한 여야 간 수평적 정권교체가 평화적으로 성취됐다'로 시작한 사설처럼 그 의미만으로도 대한민국에 중요한 사건이었다. 그러나 이를 감격하기에는 현실의 장애물이 만만치 않았다. IMF 관리 체제로 들어간 경제 위기는 이제 막 시작이었다. 치솟는 물가와 도산 기업들, 그와 함께 증가하는 실업자 관리는 당장 해결해야 할 정부의 숙제였다. 경제 회생이 국내 최대 안건이 되었다. 정부의 모든 역량은 경제 회복에 집중되었다.

정부 취임 이후 2년 동안 김대중 정부가 보인 경제 성과는 기적에 가까웠지만, 그 기적 뒤엔 실업을 동반한 빈곤과 빈부격차가 자리를 잡았다. 여기에 김대중 대통령에 기대했던 청렴한 대통령, 인권 중심의 대통령이라는 희망이 기대치에 미치지 못하자 불만의 목소리가 새어 나오기 시작했다. 1999년 8월 13일 한겨레 신문의 머리기사는 '김현철 씨 사면 비난 여론'이었다. 전 김영삼 대통령의 차남으로 1992년 대선 당시 비자금을 조성, 횡령한 혐의로 수감되어 있던 김현철 씨를 '화해와 용서의 정신'으로 사면한다는 데 대한 비난이었다. 정의의 심판관이길 바라던 김대중 대통령의 입에서 나온 화해를 국민은 수용하지 못한 것이다. 뒤이어 터지는 각종 비리 사건 역시 발목을 잡았다. 공기업의 퇴직금 돈잔치, 국정원의 도감청 의혹, 언론대책 문건 사건, 옷 로비 사건 등이 꼬리를 물었다. 총선까지 채 6개월도 남지 않은 상황에서 집권 여당인 새천년민주당에겐 곤혹스러운 일이었다. 풍자와 조롱, 실망이 새천년민주당과 김대중에게 쏟아졌다.

투사가 걸어온 길

대한민국 정치사를 온몸으로 관통한 김대중의 의정 활동 시작은 1963년 제6대 국회의원으로 당선되면서였다. 초선 국회의원 김대중을 각인시킨 사건은 1964년 4월 20일 국회 필리버스터 사건이다. 4

월 20일 동아일보는 머리기사 '김준연 의원 구속동의 요청'에서 '야측 전술로 표결 계속 지연'이라고 내용을 요약했다. 국회 본회의에서 일본 자금 1억 3천만 불 사전 수수설을 폭로해 공화당에게 고발된, 자유민주당 김준연 대표의 구속동의안 상정을 지연시키려 한 김대중의 합법적 의사진행 방해였다. 한일 회담이 본 궤도에 오른다는 기사와 맞물려 불공정, 밀실 합의라는 비판 속에서 논리적으로 회담의 불공정한 점을 지적한 정치인 김대중은 낭중지추로 떠올랐다.

제7대 국회의원 선거에서 목포시 국회의원으로 당선되고, 이후 대통령 후보까지 빠르게 성장한 김대중은 박정희 정권에게 눈엣가시였다. 제7대 대통령 선거에서 박정희와 맞붙게 된 김대중은 부패와 장기집권을, 박정희는 안보와 경제 건설을 무기로 꺼내 들었다. 1971년 4월 1일 동아일보는 머리기사로 이를 다뤘다. '안보, 경제 건설 대 부패, 장기 집권'이라는 제목에서 김대중은 '민주국가에서 한 사람이 아무리 정치를 잘해도 장기 집권하면 물이 썩듯이 부패하고 만다'라고 주장했고, 공화당의 김종필 부총재는 '안보 문제가 복잡한 현 시점에서 대통령이 군을 효과적으로 지휘하면서 중단 없는 전진을 계속해야 한다'라고 주장했다. 선거의 결과는 53.2% 대 45.2%로 박정희의 승리였다. 8퍼센트 차의 승리였지만, 뒷말 많은 선거였다. 1971년 4월 29일 동아일보 1면이 전한 신민당의 입장은 '전면적인 부정 불법선거'였다. 대리투표, 투표 용지 분실, 선관위장의 사인이 찍히지 않은 투표 용지 같은 증거가 넘쳐났다. 사설 역시 이런 선거의 의혹을 전했지만 결과에 승복할 수밖에 없었다.

대통령 선거 이후 치러진 국회의원 선거에서는, 유세를 돕던 김대중이 의문스러운 교통사고를 당하는 악재를 겪었지만 신민당은 예상을 뛰어넘는 성과를 보였다. 신민당이 개헌 저지선을 가볍게 넘는 국회의원 의석수를 확보한 것이었다. 개헌을 반복하며 장기 집권을 해온 박정희에게는 재앙 같은 일이었고, 이는 다음 해인 1972년 10월 유신으로 이어지게 된다.

10월 유신이 진행되자 미국과 일본으로 자리를 옮겨 반 유신 투쟁을 벌이던 김대중이 납치되는 사건이 발생했다. 일본에서 정체를 알 수 없는 괴한에게 납치되어 구사일생으로 구출된 사건이었다. 사건 이후 1973년 8월 14일 신문은 김대중의 인터뷰로 도배되었다. '동경서 납치한 자칭 구국대원, 김대중 씨 서울 자택에 데려다 놔'라고 전한 동아일보는 실종 경위를 설명한 김대중의 인터뷰를 실었다. 한국 정부는 김대중 납치와 관련해 아무런 연관이 없다고 주장했지만 여러 의혹을 남겼다.

납치 사건 이후 김대중은 가택 연금 속에서도 반유신 투쟁을 이어갔으나 10·26 사건이 터지고 최규하 대통령이 긴급조치 9호를 해제하면서 가택 연금사태에서 벗어날 수 있었다. 그러나 김대중의 자유는 오래가지 않았다. 새로운 권력의 핵심이 된 신군부에 의해 '내란' 음모 사건'으로 구속되었다. 1980년 5월 17일에 이루어진 긴급체포였다. 김대중이 연행된 사건이 알려진 것은 5월 19일이었다. '김대중 씨

등 26명 연행, 정치활동 중지 대학 휴교'라는 제목으로 비상계엄 확대와 김대중의 체포 소식이 알려졌다. 깊은 상처를 아로새긴 5월이 지나고, 1980년 7월 4일 3면을 가득 채운 것은 계엄사 발표였다. '계엄사 발표 김대중 일당의 내란음모 사건 수사결과 전문'이라는 제목으로 나온 기사는 김대중은 반국가단체인 재일 한민통을 발기, 조직, 구성하고 북괴 노선을 지지, 학생선동, 대중규합, 민중봉기, 정부 전복을 투쟁 목표로 삼아 내란선동을 했다는 내용이었다.

내란 음모로 사형이 선고되자 김대중을 위한 구명 운동이 전세계적으로 압박을 가해오기 시작했다. 정통성이 미흡한 5공화국에게 이런 해외의 시선은 견디기 힘든 것이었고, 이 결과 1981년, 김대중의 형은 사형에서 무기징역으로 감형되었다. 1월 23일 동아일보를 1면을 통해 전한 정부의 감형 이유는 '김대중 등 피고인들이 관련된 사건은 구시대 정치의 슬픈 유산으로서 이제 과거의 악몽을 가지고 제5공화국의 서장을 얼룩지게 할 필요가 없다고 판단했기 때문'이었다. 이어 1982년 3월 3일 특별사면으로 다시 20년형으로 감형되었고, 같은 해 12월 23일에는 형집행 정지처분을 받고 신병치료를 목적으로 미국길에 오르게 되었다.

1985년 2월 8일 귀국한 김대중이 다시 국내 정치로 돌아온 것은 1985년 3월 6일이었다. 1980년 11월 5일 공포된 '정치풍토쇄신을 위한 특별 조치법'에 따라 금지되었던 정치활동이 전면 해금 조치되었다. '자유와 질서가 조화된 가운데 안정 속에서 새로운 정치 풍토가

착실하게 정착되고 있는 시점에서 구 시대 정치의 낡은 유산을 청산하고 새 시대 정치를 더욱 발전시켜 민주주의 토착화의 전진을 가속화시킬 단계에 으르렀다는 판단'이 해금의 이유였다.

오랜 기간 가택연금과 투옥을 번갈아가며 민주화 운동을 해 온 김대중이 대통령으로 당선된 것은 1997년이었다. 4수 끝에 어렵게 당선된 김대중이었지만, 그 앞에 기다리고 있는 건 인공호흡이 필요한 한국 경제였다.

2003년 3월 3일 / 타임 아시아 / 161권 / 8번 / 마이클 슈만, 도널드 맥킨타이어, 김유승, 박혜빈

평화와 전쟁

핵 위기 도중 취임한 노무현 대통령,
이 위험한 순간의 남자를 만나다

페이지 36 **단어** 3578
섹션 아시아 / 남북한 / 새 인물
카테고리 인터뷰 / 프로필 / 커버 스토리

대한민국의 신임 대통령 노무현이 작은 초가 마을인 봉하마을의 가난한 농촌 소년이던 열세 살 무렵의 먼 등굣길, 진흙투성이 논길로 가는데 나이도 더 많고 덩치도 더 큰 불량배가 자꾸 그를 밀치고 욕을 하곤 했다. 어느 날 노무현은 참을 만큼 참았다고 생각했다. 친구 두 명한테 도움을 청한 노무현은 선포했다. "그 녀석이 다시는 그런 짓 못 하게 하는 거야!" 다음 번에 그 불량배가 다가오자 세 소년은 그를 때려눕히고 걸어갔다. 주눅든 폭군은 노무현을 다시는 괴롭히지 않았다.

첫 연대의 경험은 앞으로도 그에게 도움을 줄 자산이 되었다.

하지만 오늘날 노무현과 대치하고 있는 불량배는 강력한 백만 대군이 있고 핵무기를 보유했을 수도 있다. 더구나 노무현의 친구들은 자기 나름의 사정이 있어서 도움을 구하기가 쉽지 않다.

노무현 대통령(56세)은 한국 역사의 중대 기로에서 가장 중요한 일을 시작했다. 그는 고국을 벗어난 적이 거의 없고 대외 관계에는 완벽히 초보자인데, 김정일이 핵무기로 무장하여 한반도를 '잿더미'로 만들겠다고 위협하는 국제 위기의 중심에 섰다. 당장 지난주 북한은 1953년 휴전협정을 백지화할 수도 있다고 경고했고, 미그19기 한 대를 보내 한국 영공을 2분간 침범했다. 한편, 김정일 대처법을 둘러싼 한미 간 고질적인 논쟁이 지난 50년간 남한 정책의 핵심이었던 전통적 한미 동맹을 약화시키고 있다. 콜린 파월 미국 국무부 장관이 대통령 취임식 참석을 위해 서울에 방문하는 2월 25일, 양측이 김정일 문제를 논의하면서 한미 동맹은 시험대에 오를 것이다.

노무현이 당면한 외교 문제는 아무리 노련한 정치가라도 안절부절못할 악몽이다. 북한은 미국이 공격하지 않겠다고 약속할 것과 부시 행정부가 직접 대화에 나설 것을 요구하고 있다. 미국은 다자간 회담을 원하며, 북한이 핵무기 프로그램을 폐기하지 않는 한 진지한 협상을 시작하지 않을 거라고 말한다. 이 같은 벼랑 끝 외교 전술에 처음 대처하는 노무현은 중재자를 자처했다. 한국이 북한의 직접적 군사 위협의 볼모가 되는데도 말이다. 적어도 지금까지는 노무현은, 원조와 투자 및 협상이 아슬아슬한 북한 정권을 세계의 일원으로서 책임감 있게 행동하게 할 거라는 생각을 고수하고 있다. 노 대통령은 〈타임〉과의 독점 인터뷰에서 "한국 국민들은 대화만이 핵 문제를 해결할 수 있다고 믿는다"라고 말했다.

노무현은 김정일을 도발할 수 있는 모든 조치, 즉 경제제재, 또는 핵폭탄에 핵분열 물질을 제공하는 원자로를 제거하기 위한 국부 공격 등은 수용할 수 없다고 본다. "만약 한국 국민들이 경제제재와 압박으로 전쟁을 초래하지 않고 핵무기를 제거할 수 있다고 생각한다면 생각을 달리 하지 않겠는가." 그러나 그렇지 않기 때문에 대화가 유일하게 '신뢰할 수 있는' 옵션이라는 "우리의 입장을 바꾸기는 힘들 것"이라고 주장했다.

미국 입장에서, 그렇게 회유적인 자세는 양보한다는 인상을 주고 미국의 협상력을 떨어뜨릴 공산이 크며, 김정일의 핵 위협에 놀아나는 것이다. 마찬가지로 한국 야당 정치인들은 회유책과 북한 원조는 퇴임하는 김대중 대통령이 만든 잘못된 '햇볕정책'을 영속시킬 따름이라고 주장한다.

어쨌든 노무현에게는 지지층이 있다. 그중에서 한국이 미국에 맞서야 한다고 생각하는 젊은이들이 지난 12월 대선에서 박빙의 승부 끝에 노무현이 승리하도록 이끌었다. 노무현은 이제 아시아 지역에서 경제 강국으로 떠오르고 있는 한국의 상징이다. 한국은 한국전쟁 종전 이래 미국에게 피보호국이었지만, 이제는 보안 문제에 있어 미국과 동등한 파트너로 대우 받기를 간절히 바라고 있다. 〈타임〉과 인터뷰하는 동안 노무현은 클린턴 행정부가 대북 공격을 고려했던 1994년 북핵 위기를 분명하게 회상했다. "북한과 미국이 핵전쟁 일보직전까지 갔다는 것을 우리는 사후에 알게 되었다. 이번에는 우리가 미국 정부와 긴밀하게 협력하고 조율할 필요가 있다"라고 그는 힘주어 말한다.

노무현이 덩치 큰 아이들과, 또는 국가들과 맞서려는 의지는 오랫동안 명백히 드러났다. 인권 변호사로서 그는 1981년 미국의 후원을 받는 한국 독재자들에게 고문당한 학생운동가들을 변호하면서 두각을 나타냈다. 약자로서 성장했던 과거와 한국의 암흑기 동안 정의를 위해 싸웠던 경험이 옳고 그름에 대한 그의 명징한 감각에 기여했을지도 모른다. 1976년 변호사 시험에 합격하자마자 그는 작은형 노건평에게 불법 구매한 소총을 당국에 자진 제출하라고 부탁했다. 노건평이 애지중지하던 소총을 내놓지 않자, 노무현은 노건평의 집에 몰래 들어가 총을 갖고 나와 직접 경찰에 넘겼다. 노건평은 그때 화가 났다고 말하고는 자기 동생은 "결코 거짓말 할 사람이 아니다"라고 덧붙였다.

이렇게 뻣뻣할 만큼 강직한 구석은 직설적이면서도 느긋한 그의 매너와 대조를 이룬다. 〈타임〉과 인터뷰하는 동안 노무현은 자주 활짝 웃으면서도 결코 냉정을 잃지 않았다. 1994년 펴낸 자

서전에 직접 써놓은 대로, 폭음하고 아내를 괴롭혔던 과거를 추궁당하자 그의 보좌관들은 기겁했다. 하지만 노무현은 참을성 있게, 요즘은 저녁에 와인 한 잔 정도만 마신다고 대답했다. 부인이 이혼하겠다고 위협한 적은? "그건 비밀이지요." 노무현은 농담으로 넘겼다.

"김정일 위원장은 북한 국민들 앞에
패배자의 모습을 보일 수는 없을 거라고 생각한다."

그러나 노무현의 지지자들조차 그가 국제 위기를 해결할 경험과 자격이 있는지 미심쩍어 한다. 지금껏 올랐던 최고위 관직은 해양수산부 장관이었고, 국외로 나간 적도 거의 없다. 항해 강습을 받으려고 일본에 다녀오기는 했다. 한국에 가장 중요한 동맹국인 미국에 방문한 적도 없고, 과거 자신은 미국에 관심이 거의 없다고 천명한 바 있다. 한·미 양측은 새로운 관계를 원만하게 시작하지 못했다. 노무현의 당선 소식에 서울의 거리에 나와 열광적으로 축하하던 사람들은 승리의 춤을 추었다기보다 한국 땅을 지키는 3,700 미군 부대에 대한 분노를 쏟아낸 것에 가깝다. 대통령 당선인은 부드러운 화법으로 난국을 헤쳐 나갔다. 시위대들에게는 미국에 대한 비난을 자제할 것을 당부했고, 당황한 미국 기업과 투자자들에게는 그들의 기반은 여전히 탄탄하다며 안

심시켰다.

그러나 더 큰 타격을 입은 것은 북핵 위기에 관한 협상을 위해 경험이 일천한 특사단을 워싱턴에 보냈을 때다. 특사 한 명은 북한이 핵폭탄으로 무장하는 것보다는 북한이 붕괴되는 것이 더 무서운 일이라고 말했는데, 이를 들은 미국 참관인 한 명은 특사단을 '서커스단freak show'이라고 비아냥댔다. 나중에 그 특사는 그의 발언이 오해를 받았다고 말했고, 노무현은 처음부터 다시 시작하고 싶다고 말했다. 이번 주 파웰 장관의 방문으로 양국 행정부 고위 관리들은 통합적인 대북 전략을 철저하게 논의하게 된다. 노무현은 자신이 한미 간의 "의견 차이나 불화를 없애기 위해 최선을 다할 것"이라고 약속했다. 미국은 타협을 시도할 수도 있다. 서울에 주재하는 한 서양 외교관은 대북 포용 정책을 계속하려는 노무현의 의도가 미국의 생각과 "양립 가능하다"라고 한다. "이번 이슈에 관해서는 노무현의 직감이 부시의 그것과 근본적으로 다르지 않다고 본다. 북한이 핵무기를 보유하길 바라는 사람은 없다."

설령 미국 측과 합의에 도달할 수 있다 하더라도, 노무현의 대북 정책은 상당수 한국 유권자들을 소외시킬 수 있다. 혹자는 대북 포용 정책이 북한과 경제적 유대를 개선시키지도 못했고 북한의 호전성을 누그러뜨리지도 못했다며, 갈취의 제도화나 마찬가지라고 비판한다. "햇볕정책" 지지자들은 최근 몇 주 동안 극심한 타격을 입었다. 한국에서 가장 큰 재벌 그룹 중 하나인 현대가, 사업권을 확보하고 2000년 6월 당시 대통령 김대중과 김정일의 평양 정상회담을 원활하게 뒷받침하려고 북한에 5억 달러를 송금했다는 의혹이 제기되었기 때문이다. 여론조사에 따르면 한국인의 70%가 대북송금 스캔들을 전면 조사해야 한다고 응답했다. 노무현은 당초 조사를 실시하는 데 찬성했지만 나중에는 국회에 결정을 맡겨야 한다고 입장을 바꿨다. 한나라당 송은범 의원은 "지금 상황은 불확실하고 불투명하며 의혹을 불러일으키는 것들이 많다"라고 말한다. "나와 다른 의원들은 북한이 그 돈을 전력 증강에 썼다고 강하게 의심하고 있다."

노 대통령은 포용 정책을 포기하지 않을 것이라고 말한다. 만약 한국이 이웃 국가들에게 손길을 내밀지 않았다면 "북한은 이미 핵무기 몇 대를 보유하고 있었을 것"이라고 한다. 그러나 그는 포용 정책을 수정하고 있다. "햇볕정책"이라는 명칭을 "평화 번영 정책"으로 바꾸고 있다며, 향후 원조금은 은밀하게 지불하지 않고 공개적으로 하겠다고 약속한다. 노무현에게는 대북 포용 아닌 다른 대안은 존재하지 않는다. 한국은 냉전시대 외교 방식으로 회귀하면 빈곤한 북한 체제가 갑자기 불안정해질 거라고 걱정하기 때문이다. 그럴 경우 아무리 낙관적으로 보더라도 수십만 난민들이 급속히 남쪽으로 흘러들어 꾸준히 발전하던 한국 경제가 위태로워질 공산이 크다. 최악의 경우 막다른 골목에 몰린 김정일이 군사 도발을 할 수도 있다고 우려하는 이들도 있다.

　보잘것없고 너무나 작은 마을 출신이라는 그의 태생을 감안하면, 이 같은 지정학적 난국에 그가 중심 역할을 맡았다는 것은 상상하기 어려운 일이다. 어쨌든 고향 봉하마을의 어린 시절 친구와 결혼한 남자가 아니던가. 그러나 노무현이 시골뜨기라고 과소평가해서는 안 된다. 어린아이였을 때도 위험한 싸움을 마다하지 않은 강한 의지가 있었다. 중학교 1학년 때는 독재자 이승만의 업적을 찬양하는 글짓기 대회에서 다같이 백지를 내자고 같은 반 급우를 선동했다. 화가 난 선생님 앞에서 노무현은 학생들에게 '부정 선거'를 지지하라고 강요해서는 안 된다고 대꾸했고, 이 때문에 정학을 당했다. 고등학교 졸업 후 노무현은 낚시망 만들기 따위로 뜬벌이를 하다가 법률을 공부하기로 결심했다. 4년간 사법고시를 준비했는데, 봉하마을이 내려다보이는 언덕에 직접 지은 움막에서 홀로 지내기도 했다. 1976년 세 번째 시도 끝에 어렵기로 악명 높은 사법고시에 합격한 뒤 세법 전문 변호사로 개업했다. 곧 많은 돈을 벌어들였지만 상당한 돈을 술과 요트로 날렸다. 아내가 불평하면 아내를 때렸다. "남자한테는 여자가 서너 명은 항상 있어야지. 한 명은 가정용, 또 한 명은 함께 춤출 빵빵이용, 그리고 또 한 명은 인생과 예술을 논하는 오솔길용." 그가 1983년에 했다는 농담이다.

　1980년대 초부터 노무현은 차츰 한국의 민주화 운동에 개입했고, 인권 영웅으로 변모했다. 당시의 독재자 전두환은 1980년 권력을 잡자 반대자들을 무자비하게 탄압했다. 이듬해, 또 다른 변호사가 노무현에게 남부 항구도시 부산에서 금지도서를 읽었다는 이유로 영장 없이 체포된 학생들을 변호해달라고 부탁했다. 공판 전, 피고인 중 한 명이 경찰에 고문을 당해 피투성이가 된 발가락을 그에게 보여주었다. 그 장면이 자신의 인생을 바꾸었다고 노무현은 말한다. 그때부터 학생운동가와 노조 지도자들을 변호하며 억압적인 정권과 맞서 싸우기 시작했다. 또한 아내를 더 존중하는 마음으로 대하게 되었다. 그는 "내가 아내에게 억압자였음을 깨달았다"라고 회상한다.

노무현이 온 국민의 주목을 받게 된 계기는 갓 취임한 노태우 대통령이 전두환 정권의 부정부패와 인권 유린에 관한 TV 청문회를 열었을 때다. 1988년 부산에서 국회의원으로 선출된 노무현은 전 정권의 지도자들을 거침없이 다그쳤고, 그 모습을 TV로 본 수백만 국민들은 말문이 막힐 정도로 기뻐했다. 1990년대에는 김대중 집권당의 내부 핵심층에 들어갔고, 비공식적으로 대통령 후계자로 부상했다.

직설적이고 당당하며 독립적인 노무현이라는 브랜드는 한국이 글로벌 무대에서 더욱 자신 있게 자기 주장을 펼치는 국가적 분위기와 완벽하게 맞아떨어진다. 그러나 노무현은 통합적인 대북 전략을 수립하고자 하는 미국을 필연적으로 괴롭히게 될 것이다. 노무현이 통치하는 한국은 미국에게 온순한 하급사원 역할은 맡지 않을 것이다. 노무현을 잘 아는 봉하마을 사람들은 그가 한국이란 배를 조종해 험한 바다를 헤쳐 나갈 능력이 있다고 확신한다. 작년 어느 날, 노무현의 형인 부자 농부 노건평 씨는 귀한 금계金鷄(들꿩의 일종으로 예부터 벼슬과 부를 상징하는 길조라고 한다―옮긴이)가 가족 농장의 뜰에서 노니는 것을 보았다. 그 금계는 지금 닭장에서 살고, 전국에서 온 호기심 많은 방문객들에게 전시되고 있다. 노건평 씨는 금계가 한국에서 부와 권력을 상징한다면서, 노무현에게 좋은 징조라고 확신한다. 금계가 온 것이 "순전히 우연일 리 없다"는 것이다. "하늘에서 보낸 게 틀림없습니다." 노무현에게는 필요한 것은 딱 그런 운일 것이다.

(취재 : 도널드 매킨타이어, 김유승, 박혜빈 / 서울)

노무현과의 인터뷰

"의견 차이를 없애기 위해 최선을 다하겠다."

한국의 신임 대통령은 미국 측과 협력하고 싶다면서 그러나 오직 대화만이 북한을 무장 해제시킬 수 있다고 주장한다.

노무현 대통령은 10여 년래 아시아에서 가장 심각한 안보 위기를 맞이했다. 미국과 일본, 한국이 일관된 대북 정책을 도출하기 위해 노력하고 있지만, 노무현은 핵을 보유했을지도 모를 북한에 대한 포용 정책을 지속하기를 바라는 유권자들을 회유하기도 해야 한다. 노무현은 취임식 4일 전, 대통령직 인수위원회 사무실에서 〈타임 아시아〉 편집국장 칼 타로 그린펠드Karl Taro Greenfeld, 서울지국장 도널드 매킨타이어Donald Macintyre, 경제 전문 특파원 마이클 슈만Michael Schuman과 만나 자신이 "어려운 순간"에 취임했다고 인정했다. 이 인터뷰의 발췌를 싣는다.

북한의 핵무장이 두려운가?

그렇다.

한국이 지금까지 그 결과가 실망스러운 대북 포용 정책을 계속해야 하는 이유가 무엇인가? 더구나 북한이 이미 핵무기 보유국이 되었을 수도 있는데도?

물론 나 자신과 모든 한국 국민은 북한의 핵 보유를 단호하게 반대한다. 그러나 한편으로는 북한의 핵 보유를 막는 과정에서 전쟁을 초래하지 않아야 하며, 우리는 그런 전쟁 가능성을 우려하는 것이다. 제재와 압박 전술은 전쟁을 초래할 수 있기 때문에 대화 말고는 신뢰할 만한 대안은 없다고 나는 생각한다.

북한과의 대화가 결국 북한의 핵 위협으로 귀결되었다는 미국의 입장은 어떤가?

나는 미국 사람들이 북한에 대해, 특히 9·11 테러 이후 품고 있는 분노와 두려움을 이해한다. 그러나 북한 주민들의 정서 또한 이해한다. 이것은 도덕적 평가나 처벌 문제가 아니라 현실을 있는 그대로 보고 합리적으로 대처해야 할 문제이다.

어떤 국가들이 문제 해결에 동참해야 하는가?

일본과 미국, 한국 모두가 북한 문제에 이해관계를 갖고 있다. 가장 중요한 것은 한국 국민들이 이 문제의 심각성을 어떻게 보는가 하는 것이다. 1994년, 북한과 미국이 핵전쟁 일보직전까지 갔다는 사실을 우리는 사후에 알게 되었다. 북한 핵무기 프로그램으로 인한 위기가 가장 최근 발생했던 1994년, 클린턴 행정부는 북한의 핵 시설을 파괴하기 위해 군사 타격을 잠시 고려했다. 그것은 곧 한국 국민들의 막대한 희생을 의미했을 것이다. 현재 진행 중인 과정은 1994년의 그것과 너무나 흡사하다.

군사적 옵션과 제재 옵션 모두 협상 테이블에서 어떻게 배제시킬 것인가?

대북 군사 공격은 가능하지 않다는 나의 공개 발언이 대북 협상 전술의 유연성을 제한할 수도 있음을 이해하며, 나는 이 점에 대해 우려하고 있다. 따라서 우리는 미국 정부와 긴밀하게 협조하고 조율할 필요가 있다. 1994년 사태에 관해 말하자면, 그것은 한국 정부를 매우 크게 긴장시켰다.

향후 북한의 비핵화를 보장하기 위해 어떠한 조치들을 취해야 하는가?

북한이 핵무기를 보유함과 동시에 경제적 번영을 누릴 수는 없다는 사실을 이해하고 있다고 생각한다. 또한 북한이 국제적 안보와 경제 지원을 보장받기 위해 핵무기를 포기해야 한다는 사실을 잘 알고 있다고 생각한다. 김정일 국방위원장은 북한 국민들 앞에 위대한 지도자의 모습을 보여왔다. 김정일 위원장이 북한 국민들 앞에 패배자의 모습을 보일 수는 없을 거라고 생각한다.

햇볕정책을 계속할 것인가?

나의 정책이 전직 대통령의 정책과 달라야 할 이유가 딱히 있다고는 보지 않는다. 야당과 협의하고 국민에게 더 많은 동의를 얻고 과정의 투명성을 높임으로써 햇볕정책의 방법론을 개선하기 위해 노력할 것이다. 대통령에 선출되기 전까지는 한미 간 의견 조율이 가깝다고 생각했지만, 선출된 뒤에는 대화에 약간의 문제가 있음을 알게 되었다. 의견 차이나 불화를 없애기 위해 최선을 다하겠다. 미국 정부의 몇몇 사람들이 [전직 대통령] 김대중이나 내가 이런 상황에 대처하는 방식에 만족하지 못한다고 들은 바 있지만, 다음과 같은 점을 이해해주었으면 한다.

상황이 시작된 것은 북한이 우라늄 농축 프로그램을 진행하고 있다고 선언했을 때다. 대통령 당선인으로서 나는 북한이 우라늄 농축 프로젝트에 착수했다는 가능성을 설명하는 근거 자료를 받았지만, 북한이 실제로 이 프로그램을 진행하고 있는 확실한 증거는 아직 받지 못했다. 우라늄 농축 프로젝트의 존재 여부에 관해서 우리는 미국 정부의 의견을 존중하고 따르겠다. 또한 우리는 북한의 우라늄 농축 프로그램에 관한 미국 측 성명을 의문시하거나 부인한 적이 없다. 그러므로 한미 양국은 대북 군사 공격의 가능성 말고는 의견 차이가 없다. 이 이슈에 관한 우리의 의견 차이까지도 향후 대화에서 극복할 수 있을 거라고 본다. 한국이 미국의 상황 인식을 따르지 않아서 미국인들이 유감스러워하거나 상처받는 것은 안 좋은 일이라고 본다.

'햇볕정책'의 명칭을 바꿀 것인가?

'평화번영 정책'이라고 할 것이다.

햇볕정책이 실시된 지 5년이 지난 지금, 북한과 많이 대화했고 돈도 많이 주었는데 한국의 안보 상황은 더 나아졌는가?

햇볕정책의 성과를 더 잘 이해하려면 한국이 대화를 중단하고 북한에 계속 압력을 가할 경우 어떤 결과가 초래될지 생각해야 한다. 그랬더라면 북한은 이미 핵무기 몇 대를 보유하고 있었을 테고, 우리는 심각한 위기를 직면했을 것이며, 한국 국민이나 세계의 다른 이해 당사자들은 엄청난 위협 아래 살고 있을 것이다.

북한과 직접적인 의사 소통은 있는가? 북한의 고위 관리들과 연락할 수 있는가?

아직은.

그것이 목표인가?

그렇다.

김정일과 또 다른 정상회담을 갖거나 방북하기를 희망하는가?

모든 가능성을 열어두고 싶다.

주한미군 감축이나 철수를 기대하는가?

나는 미군이 한국에 남아 있기를 바란다는 입장을 누차 밝혔다. 미군은 감축되거나 철수하지 않을 것이다. 만약 미국이 그런 계획을 갖고 있다면 한국 당국과 협의하기를 희망하며, 그런 계획을 진행하기 전에 한국 국민을 설득하기 위해 노력해주기를 바란다. 만약 한국 국민들이 미군을 원하지 않는다면 미군은 철수할 수 있다는 일부 미국 신문 기사들을 보았는데, 그것은 정확하지 않다고 본다. 심지어 촛불 집회 시위자들도 미군 철수를 원한다고 한 적이 전혀 없다.

March 3, 2003 / Time Asia / Volume 161 / Number 8 / Michael Schuman,
Reporting by Donald Macintyre, Kim Yooseung and Hyebin Park

Peace And War

Roh Moo Hyun Takes Office amid a Nuclear Crisis.
Meet the Man of This Dangerous Moment

Page 36   Words 3578
Section Asia / Koreas / The New Man
Category INTERVIEW / PROFILE / COVER STORY

When Roh Moo Hyun, the new president of South Korea, was an impoverished 13-year-old farm boy in Bonsan, a tiny village of clay-and-thatch huts, an older, much bigger bully constantly pushed him around and called him names during his long trek through muddy rice paddies to school. One day, Roh decided he had enough. He enlisted the support of two friends and proclaimed, "We won't let him do it again!" When the bully next came around, the three small boys knocked him to the ground and kicked him. The humbled tyrant never bothered Roh again.

That early experience in coalition building may serve him well in the days ahead. But the bully Roh confronts today has a million-strong army and might possess nuclear weapons. What's more, Roh's friends these days have agendas of their own and may not be so easily enlisted.

Roh, 56, steps into South Korea's most important job at a critical juncture in his nation's history. An absolute novice in foreign relations who has barely set foot outside his homeland, he finds himself at the center of a global crisis as North Korean dictator Kim Jong Il threatens to arm himself with nuclear weapons and turn the peninsula into "smoking ashes." Just last week the North warned that it might abandon the 1953 Korean War armistice, then sent one of its MiG-19 jet fighters for a provocative two-minute swoop through South Korean airspace. Meanwhile, a deep-seated dispute with the U.S. over how to defang Kim is eroding the traditional alliance that has been at the heart of South Korea's policy for the past 50 years. That alliance gets its first big test this week, with U.S. Secretary of State Colin Powell visiting Seoul for Roh's Feb. 25 inauguration and to discuss Kim Jong Il.

The diplomatic nightmare facing Roh (pronounced No) would unnerve even a seasoned statesman. North Korea wants the U.S. to promise not to attack it and is demanding direct talks with the Bush Administration. The U.S. says it wants multilateral talks and won't begin serious negotiations until the North dismantles its nuclear weapons program. Roh, the neophyte in this game of global brinkmanship, has cast himself in the role of peacemaker--even while his country is held hostage by the direct military threat from the North. So far, at least, he is sticking to the idea that aid, investment and negotiations will beguile the teetering North Korean regime into behaving like a responsible world citizen. "The Korean people believe...that only dialogue will bring a solution" to the nuclear issue, Roh says in an exclusive interview with TIME.

As Roh sees it, any action that could provoke Kim Jong Il to fight--economic sanctions, a surgical strike to take out nuclear reactors that provide fissile materials for bombs--is unacceptable. "If the Korean people believed sanctions and pressure could eliminate nuclear weapons without causing war," he says, "then Korean people will have a different thought." Since that's not the case, Roh asserts "we are going to have a hard time changing our position" that dialogue is the only "credible" option.

To Washington, that conciliatory stance smacks of appeasement, threatens to strip the U.S. of bargaining power and plays into Kim Jong Il's radiated hands. Likewise, opposition politicians in South Korea argue that cajoling and aiding the North merely perpetuates the misguided "Sunshine Policy" propounded by outgoing President Kim Dae Jung--an approach that has brought the country no closer to its dream of reunification with the North.

Roh, however, has his constituents, including young South Koreans who think their country should stand up to America--and who propelled him to a narrow victory in last December's elections. Roh the President is a symbol of a South Korea that's now emerging as a major economic power in the region and is eager to be treated as an equal partner with the U.S. on security matters, not as the protectorate it's been since the end of the Korean War. During his interview with TIME, Roh pointedly recalls the 1994 crisis in which the Clinton Administration contemplated attacking North Korea. "We learned later that North Korea and the U.S. were on the brink of nuclear war," he says, "and that would have meant a massive sacrifice on the part of the Korean people." This time around, he chides, "we need a closer cooperation and coordination with the U.S.

government."

Roh's willingness to stand up to the biggest kids--or countries--has long been evident. As a human-rights lawyer, he made his mark in 1981 defending student activists tortured by dictatorial South Korean leaders who were propped up by the U.S. His own underdog upbringing and his fight for justice during South Korea's dark days may have contributed to his crystalline sense of right and wrong. Soon after he passed the bar exam in 1976, Roh asked his older brother Gun Pyung to turn in to the authorities a rifle that had been illegally purchased. When Gun Pyung refused to give up his prized possession, Roh sneaked into his brother's house, confiscated the gun and handed it over to the police himself. Gun Pyung says he was furious, but adds that his brother "would never lie."

This streak of starchy rectitude is belied by Roh's blunt but easygoing manner. During his interview with TIME, Roh frequently broke into a grin and never lost his cool. When he was grilled about his past of heavy drinking and spousal abuse, which Roh had described in a 1994 autobiography, his aides were aghast. But Roh patiently answered, saying he has only one glass of wine with dinner these days. Did his wife ever threaten to leave him? "It's a secret," Roh joked.

"I think that Chairman Kim Jong Il probably cannot appear defeated in the eyes of his people."

Yet even Roh's boosters question if he has the experience and credentials to handle an international crisis. Until now, his highest government post was a stint as Minister of Fisheries, and he has rarely set foot outside the country--he once traveled to Japan for sailing lessons. He has never visited the U.S., and in the past professed little interest in South Korea's most important ally. The two sides have not begun their new relationship smoothly. Roh's election was heralded with wild celebrations on the streets of Seoul that were less victory dance and more an outpouring of anger toward the 37,000 U.S. troops that guard Korean soil. The President-elect smooth-talked his way through the imbroglio, convincing demonstrators to tone down the invective and later reassuring skittish American businesses and investors that they remained on solid footing.

But more damage was done this month when he sent an inexperienced diplomatic team to Washington for talks on the North Korean crisis. One envoy proclaimed that a North Korea armed with an atom bomb was less scary than the prospect of the country falling apart--an assertion that led a U.S. observer to label the diplomatic mission "a freak show." The envoy later said his statements were misunderstood--and Roh insists he wants to start over. Powell's visit this week marks the first time high-level officials from both administrations have sat down to hash out a cohesive North Korea strategy. "I will do my best to remove the differences or disagreements" between Korea and the U.S., Roh vows. The U.S. might try to meet him halfway. A Western diplomat in Seoul, calling Roh's intention to continue engagement with Pyongyang "compatible" with U.S. thinking, says, "I don't believe Roh's instincts are fundamentally different from Bush's on this issue. No one wants North Korea to have nuclear weapons."

Still, even if an accommodation with Washington can be reached, Roh's policy toward North Korea might alienate a large part of the South Korean electorate. Critics say engagement with the North has produced neither improved economic ties nor a less warlike neighbor--it's more like institutionalized extortion payments. Advocates of the "Sunshine Policy" were dealt a particularly grievous blow in recent weeks with allegations that Hyundai Group, one of South Korea's biggest conglomerates, funneled $500 million to North Korea to secure business deals and help smooth the way for a landmark June 2000 summit in Pyongyang between South Korea's then President Kim Dae Jung and Kim Jong Il. Polls show 70% of South Koreans want a full investigation of the scandal--Roh initially supported an investigation but then changed his tack, saying the decision to launch a probe should be left to the country's National Assembly. "Right now, things are murky, opaque and full of things that raise suspicions," says Eom Ho Song, a lawmaker with the opposition Grand National Party. "I and other lawmakers strongly suspect North Korea used the money to build up its military."

Roh says he's not about to abandon engagement. If the South hadn't reached out to its neighbors, "North Korea would already have some nuclear weapons," he says. But he is making adjustments. He says he is changing the name of the "Sunshine Policy" to the "Peaceand Prosperity Policy," and he promises that future aid payments will be made in the open instead of furtively. To Roh, there is no alternative to such engagement. There are fears in South Korea that a return to cold war-era diplomacy could lead to a sudden destabilization of the impoverished North. At best, that could mean refugees streaming across the Demilitarized Zone by the hundreds of thousands, throwing a wrench into South Korea's steadily advancing economy. At worst, some fear, it could mean the dying regime of a desperate Kim Jong Il lashes out militarily.

Roh's central role in this geopolitical tangle seems almost unimaginable, given his humble and decidedly parochial origins. After all, this is a man who married a childhood friend from his native village of Bonsan. But Roh shouldn't be underestimated because of his small-town background. Even as a young boy he had a formidable willingness to fight treacherous battles. As a seventh-grader, Roh persuaded his entire class to hand in blank sheets of paper in lieu of an assignment to write an essay on all the good that South Korean strongman Syngman Rhee had done for the country. Confronted by a furious teacher, Roh retorted that students shouldn't be forced to support a "corrupted election"--an answer that earned him a suspension from school.

After graduating from high school, Roh drifted between odd jobs, including work making fishing nets, before deciding to give law a try. He studied on his own for four years, spending part of the time in isolation in a mud hut he built on a hill overlooking Bonsan. In 1976, on his third try, he passed the notoriously difficult bar exam, then started a tax law practice. He was soon making real money, but he blew much of it on alcohol and yachting. When his wife would complain, he hit her. "A man needs three to four women. One for home, one for dancing, and one for discussing life and art," he joked in 1983.

In the early 1980s, Roh became increasingly involved in South Korea's pro-democracy movement, and his transformation into a human-rights hero began. The country's then dictator, Chun Doo Hwan, launched a ruthless crackdown on dissent when he seized power in 1980. The next year, another lawyer asked Roh if he would help defend some students who had been arrested without warrants in the southern port city of

Pusan for reading banned books. Before the hearing, one of these young defendants showed Roh his toes, which had been bloodied during a police torture session. The sight changed his life, Roh says. He began fighting against the oppressive regime by defending student activists and union leaders. He also learned to treat his wife with greater respect. He recalls, "I realized that I was an oppressor--of my wife."

Roh first came to the country's attention when a newly elected President, Roh Tae Woo, had organized televised hearings into corruption and human-rights abuses by the Chun government. Roh, elected to parliament from Pusan in 1988, grilled the leaders of the former regime as millions of Koreans watched on television, dumbfounded and delighted by his no-holds-barred interrogation. In the 1990s he joined the inner circle of Kim Dae Jung's party, unofficially emerging as the President's successor.

Roh's brand of straight-talking, fearless independence seems to fit the national mood perfectly as South Korea strives to assert itself more confidently on the global stage. But he will inevitably rankle the U.S., which is keen to define a united strategy on North Korea. Under Roh, it seems, South Korea is unlikely to play the part of America's docile junior partner. Back in Bonsan, those who know him best are sure of Roh's ability to steer his country through these perilous waters. One day last year, confides his older brother, rice farmer Gun Pyung, a rare, golden pheasant fluttered into the courtyard of the family farm. It now lives in a pen there, on display for curious visitors from around the country. Gun Pyung is convinced that the pheasant--a symbol of power and wealth in South Korea--is a good omen for the Rohs. The bird's arrival "can't be pure coincidence," he says. "It must have been sent from heaven." It may be just the kind of luck Roh Moo Hyun needs. --With reporting by Donald Macintyre, Kim Yooseung and Hyebin Park/Seoul

INTERVIEW WITH ROH MOO HYUN

"I Will Do My Best to Remove the Differences"

The new President says he wants to work with Washington, but insists only dialogue can defang Pyongyang

As South Korea's new President, Roh Moo Hyun finds himself in the middle of Asia's gravest security crisis in over a decade. While Washington, Tokyo and Seoul struggle to come together on a coherent and consistent policy toward North Korea, Roh must also placate a constituency that wants continued engagement with a potentially nuclear North. Four days before his swearing in, Roh met in the offices of his presidential transition team with TIME Asia's editor Karl Taro Greenfeld, Seoul bureau chief Donald Macintyre and business correspondent Michael Schuman, admitting he was taking office at "a difficult moment." Here are excerpts:

DOES A NUCLEAR-ARMED NORTH KOREA FRIGHTEN YOU?

Yes.

WHY SHOULD SOUTH KOREA CONTINUE TO ENGAGE NORTH KOREA WHEN SO FAR THE RESULTS HAVE BEEN DISAPPOINTING--AND WE MAY HAVE A NUCLEAR-ARMED NORTH KOREA?

I myself and all of the Korean people are firmly against North Korea's nuclear possession. On the other hand, in the process of stopping North Korea from having nuclear weapons we should not cause war, and we're concerned about that possibility. I don't think there are any other credible alternatives to dialogue because sanctions and pressure tactics can cause war.

WHAT ABOUT THE U.S. POSITION THAT DIALOGUE WITH NORTH KOREA AMOUNTS TO NUCLEAR BLACKMAIL?

I understand the anger and the fear that the American people harbor against North Korea, especially after the 9/11 terror. And I also understand the sentiment of the North Koreans. This is not a moral evaluation or punishment problem but a cold, rational issue.

WHICH COUNTRIES SHOULD BE INVOLVED IN SOLVING THE PROBLEM?

Japan, the U.S. and South Korea all have an interest in the North Korean problem. What is most important is how the Korean people view the seriousness of this problem. [In] 1994, we learned later that North Korea and the U.S. were on the brink of nuclear war. [In 1994, the last time a crisis erupted over North Korea's nuclear program, the Clinton Administration briefly considered a military strike to destroy Pyongyang's nuclear facilities.] And that would have meant a massive sacrifice on the part of Korean people. The ongoing process is too close, too similar to the process that went on in 1994.

HOW CAN YOU TAKE BOTH THE MILITARY OPTION AND THE SANCTIONS OPTION OFF THE BARGAINING TABLE?

I understand that my public statement that no military attack on North Korea is possible might limit the flexibility of the negotiation tactics toward North Korea, and I am concerned about this point. Therefore we need a closer cooperation and coordination with the United States government. As for the 1994 case, it left the Korean government very, very nervous.

WHAT MUST BE DONE TO ENSURE THAT WE WILL NOT HAVE A NUCLEAR-ARMED NORTH KOREA TOMORROW?

I believe North Korea understands that you cannot both have nuclear weapons and opening up and economic prosperity at the same time. And I also believe that North Korea is aware that it must renounce its nuclear weapons in order to get a guarantee for international security and economic assistance. Chairman Kim Jong Il of the North has presented himself as the great leader in front of the North Korean people. I think that Chairman Kim Jong Il probably cannot appear defeated in the eyes of his people.

WILL YOU CONTINUE THE "SUNSHINE POLICY"?

I don't think there is a particular reason for my policy to be different from the former President's policy. I will try to improve the methodology by consulting with the opposition party and winning more approval of the people and increasing transparency of the process. Until I was elected I believed that the coordination between the U.S. and Korea was close, but after I was elected I found out myself that there have been some problems with the dialogue. I will do my best to remove the differences or disagreements. I heard that some people in the U.S. government are not satisfied with how [former President] Kim Dae Jung or myself are dealing with this situation, but please try to understand the following points--the situation was started by North Korea announcing its nuclear uranium-enrichment program. As the President-elect of Korea, I have been provided with the grounds that explains the likelihood that North

Korea is undertaking the uranium project, but I have not received any firm evidence that it is actually going ahead with this. On the point of whether such a project exists or not, we respect the U.S. government opinion and follow it. Also, we have never questioned or denied the U.S. statement regarding the North Korean uranium-enrichment program. So there is no disagreement between our two countries except on the possibility of a military attack on North Korea. I think even our differences on this issue can be overcome through dialogue in the days to come. I don't think it's a good thing that the Americans are feeling regrets or are hurt that Korea is not following U.S. opinion on this situation.

WILL THE NAME OF THE "SUNSHINE POLICY" CHANGE?

We will term it the "Peace and Prosperity Policy."

AFTER FIVE YEARS OF THE "SUNSHINE POLICY," A LOT OF TALKING AND A LOT OF MONEY GOING TO NORTH KOREA, IS SOUTH KOREA IN A BETTER SECURITY SITUATION?

To better understand the achievements of the "Sunshine Policy" we have to think about what the consequences would have been if South Korea cut off dialogue and continued to exercise pressure on North Korea. Had we done so, North Korea would already have some nuclear weapons, or we would have faced a serious crisis, or the Korean people or other interested parties around the world would be living under a huge threat.

DO YOU HAVE DIRECT COMMUNICATIONS WITH NORTH KOREA? CAN YOU REACH HIGH-LEVEL NORTH KOREAN OFFICIALS?

Not yet.

IS THAT A GOAL?

Yes.

DO YOU HOPE TO HAVE ANOTHER SUMMIT WITH KIM JONG IL OR TRAVEL TO NORTH KOREA?

I would like to keep all the possibilities open.

DO YOU EXPECT U.S. TROOPS IN SOUTH KOREA TO BE REDUCED OR WITHDRAWN?

I have made it very clear many times that I want the U.S. forces to remain in Korea. The U.S. forces in Korea will not be reduced or pulled out. If [Washington] has such a plan, I hope the U.S. will consult with the Korean authorities and I hope that the U.S. will try hard to convince the Korean people before proceeding with such a plan. I saw some articles from American newspapers saying that if Korean people don't want U.S. troops then they can leave, but I think that it is an inaccuracy. Even the people who demonstrated in candlelight vigils never said they wanted U.S. troops to leave the country.

© 2003 Time Inc. All right reserved. Licensed from TIME and published with permission of Time Inc. Reproduction in any manner in any language in whole or in part without written permission is prohibited.

당시 국내의 시선

Chapter 9

스타 대통령의 등장

벼락 같은 청문회 스타

1990년 1월 1일. 새해 신문은 전년부터 계속된 5공화국의 청문회를 일면 기사로 다뤘다. 정치자금 불법 모금과 광주 발포 명령 등을 따져 묻는 자리에서 전두환은 모든 것을 부정하고 있다는 내용이었다. 불성실한 증언과 위증, 불출석 시비가 불거지는 가운데 3면 기사는 청문회 스타가 될 노무현의 기사가 실렸다. 12월 31일 광주 발포 명령 책임자를 묻는 자리에서 '5월 22일 상황이 어려워져 자위권…'이라고 전두환 전 대통령이 입을 열자 평화민주당 정상용 의원이 '발포 책임자를 밝혀라'라며 외쳤고, 이에 민정당 의원들이 이를 제지하는 소동이 터졌다. 회의 질서를 위해 정회가 선포되고 증언대에서 전두환 대통령이 내려오는 순간, 초선의원이던 노무현이 증인석을 향해 명패를 집어 던진 사건이었다. TV로 생중계되던 장면은 노무현이라는 이름을 각인시켰고, 이후 청문회에서 증인들을 논리적으로 몰아붙이는 모습은 소신 있는 야당 정치인 노무현의 이미지를 만들어갔다.

이후 낙선을 거듭하던 노무현은 1998년 국회의원이던 이명박이 부정선거로 자진 사퇴하자 재보궐 선거를 통해 다시 국회의원이 되었고, 이후 김대중 대통령 취임과 함께 해양수산부 장관을 지냈다. 노무현이 탈권위와 책임을 강조한 것은 해양수산부 장관 취임사에서도 나타났다. "매는 제가 맞겠습니다. 여러분에게 쏟아지는 매는 제가 맞겠습니다. 일하십시오. 자신 있게 일하십시오. 일을 추진하다 실수는 생길 수 있습니다. 그건 제가 책임지겠습니다. 그러나 일을 하지 않으면 그 모든 책임은 여러분이 져야 할 것입니다. 진실을 이야기하십시오. 반대 의견이 있으면 직을 걸고 반대하십시오. 현장에 가서 판단하십시오. 이제부터 여러분과 저는 한 팀입니다."

돌풍의 대선 후보

2001년 7월 20일 매일경제는 노무현의 대선 출마 선언을 전했다. '노무현 고문, 이인제 이길 수 있다'라는 제목의 기사에서 인터넷 홈페이지 회원 7,000명에게 16대 대통령 선거에 출마할 계획을 밝히는 이메일을 보냈다는 사실을 전했다. 기사처럼 노무현은 9월 6일 부산에서 공식으로 대통령 선거에 출마할 뜻을 밝혔지만 전망은 어두웠다. 당 내부에서 벌인 경선의 승리도 장담하기 힘든 상황이었다. 2002년 3월 1일 국민일보의 제목이 '이인제 독주 양상에 관전 재미 반감… 자칫 싱거운 경선, 득실 논란'이었을 만큼 노무현에게는 힘든 선거였다.

이변이 없을 것이라 보였던 경선에 조금씩 불기 시작한 바람은 광주에서 돌풍이 되었다. 국민일보는 3월 16일 '노무현 선두 돌풍, 광주 경선 1위'라는 기사를 내보냈다. 오마이 뉴스는 3월 19일 '한국일보 조사에서도 52% 대 37%, 노무현 돌풍 '허풍'인가 '태풍'인가'로 기사 제목을 정했다. 동아일보는 3월 20일 기사에서 '노풍에 보이지 않는 손'으로 잡았다. '노무현 띄우기가 연출되고 있는 것 같다. 작위적인 냄새가 난다'라는 신한국당 이회창 후보 측의 의구심을 전하면서, 함께 이회창 후보 측에서는 '섣불리 음모의 '음'자도 꺼내지 마라'라고 했다는 이야기를 전했다. 의혹을 제기한 곳에서 의혹을 말하지 말라는 기사였다. 기사에서 보이지 않는 손으로 지목된 청와대는 사실 무근을 주장했다. 3월 21일 오마이뉴스는 '노무현 죽이기에 나선 조중동'이라는 기사를 보냈다. 일부 언론에서 노무현 돌풍에 청와대가 있다고 의혹을 부풀려 영남의 표를 견제하려 한다는 추측이었다.

경선이 거듭될수록 돌풍의 규모는 이제 누구도 의심할 수 없을 만큼 큰 태풍이 되었다. 누구도 이길 수 없을 것 같던 신한국당의 이회창 후보에게 노무현이라는 태풍이 나타난 것이었다.

2002년 4월 27일 노무현 후보가 새천년민주당 대선 후보로 확정

되면서 16대 대통령 선거는 신한국당 이회창 후보와 새천년민주당 노무현 후보의 대결이 되었다. 이회창 후보는 아들의 병역비리 논란으로 노무현 후보는 김영삼 시계 사건 등으로 결과를 알 수 없는 상황이었다. 선거 당일 출구조사에서조차 승패를 쉽게 알 수 없었던 선거는 개표 중에도 계속 1위가 뒤바뀌는 가운데, 결국 노무현 후보가 48.9%로 승리했다.

판사 출신의 인권 전문 변호사에서 청문회 스타 초선 국회의원은 열정적인 지지 세력의 자발적 참여를 바탕으로 16대 대통령에 취임했다.

2008년 6월 16일 / 타임 아시아 / 171권 / 23호 / 마이클 슈만, 제니퍼 비엘

이명박의 청와대 블루스

유권자들의 지지를 얻고자 했으나
유권자들의 변덕을 경험한 '불도저' 이명박 대통령

페이지 30 **단어** 1739
섹션 The Well / 아시아 / 대한민국

지난 2월 대한민국 대통령 선거에서 이명박은 무적의 분위기에 둘러싸였다. 66세인 이 전직 CEO는 선거에서 쉽게 승리했다. 일방적인 승리는 경제를 개혁하고, 북한을 거칠게 다루며, 한국의 국제적 위상을 높이겠다는 자신의 아젠다를 밀어붙일 권한을 부여받은 듯했다. 그러나 불과 3개월 만에 한국인들이 '불도저'라고 부르는 남자는 꼼짝달싹 못하게 되었다. 지난 며칠 동안 수만 명의 시위대가 서울 도심에서 그를 반대하는 시위를 열었다. 지지율이 20% 근처까지 참담하게 떨어졌고, 불만을 무마하기 위해 내각 개편이 필요해 보인다. 무적의 분위기는 사라졌다.

6월 3일 청와대에서 진행된 〈타임〉과의 독점 인터뷰에서 이명박은, 민심이 바뀌고 조건적인 정치 무대에 자신의 강압적인 리더십 스타일을 맞추려고 노력하고 있다고 했다. "어떤 사람들은 내가 다른 사람들이 하는 말이나 한국 대중의 목소리를 듣지 않는다고 비난한다. 내 리더십이 너무 일방적이고 독불장군식이라고 비난한다. 그러나 나는 오랫동안 CEO였고 CEO는 소비자와 그들이 하는 말을 존중하고 경청해야 한다. 물론 나는 더 많은 것을 듣고자 노력할 것이다."

보수파이자 자유무역 옹호자이며, 한국에 경제 개혁이 매우 필요하다고 보는 이명박이 합의를 추구한다는 것은 상상하기 어렵다. 서울 시장에 재임한 지난 10년간 청계천을 복원하기 위해 서울의 간선 도시고속도로(청계고가도로―옮긴이) 철거를 명령하지 않았던가. 국내 최대의 건설사인 현대건설 CEO를 역임했을 때도 관례인 양 큰 권력을 행사하지 않았던가. 20년 전 한국은 소수의 사람들이 통치했다. 정부는 독재자와 그의 보좌관들이 지배했고, 경제는 마찬가지로 독재적인 재벌들이 문어발식 사업 확장을 통해 지배했다. 이것이 이명박을 만들어낸 세상이었다. 그리고 자유롭고 자주 방향성을 잃었던 노무현 대통령 집권 5년 뒤, 유권자들에게는 이명박의 지시적이고 '할 수 있다'라는 태도가 먹혀들었다.

그러나 현대 한국은 민주주의, 그것도 까다로운 민주국가이다.

이명박 대통령의 취임(flickr-hojusaram)

빈부, 노소, 좌우로 분열된 국가다. 이러한 사회가 수많은 NGO와 시민운동을 낳았고, 이데올로기 편향적인 정당들이 정부가 내린 결정이라면 국운이 걸린 듯 사사건건 트집 잡게 만들었다. 요즘에는 권력자들도 무임승차를 하지 못한다. 지난 4월 재계 1위 삼성그룹의 회장 이건희조차 조세 포탈과 횡령 혐의로 기소되자 사임했다. 이런 상황에서 양심적인 공직자라면 이익집단들을 더욱 민감하게 대해야만 한다. 대통령학 전문가인 고려대학교 함성득 교수는 "한국은 완전히 효과적인 통치를 위해 타협하고 협상하고 설득할 줄 아는 리더가 필요하다. 이명박은 지휘관보다는 중개인 역할을 해야만 한다"라고 말한다.

이런 상황에서 아시아 정치인들은 대개 방어 태세를 취한다. 철권통치자의 시대는 지났다. 지난 20여년 동안 아시아 지역 국가들은 권위주의적·가부장적 정권에서, 종종 통치가 거의 불가능해 보이는 지저분한 민주주의 정권으로 이행하는 과정을 겪었다. 아시아인들은 정치적 영향력을 과시하고 있다. 투표소 밖에서도 적극적으로 시민권을 행사하며, 공약을 이행하지 않는 자들을 용서하지 않는다. 태국의 탁신 친나왓 총리와 필리핀의 조지프 에스트라다 대통령은 각국 선거에서 큰 표차로 집권했는데도, 여론이 등을 돌리자 임기를 채우지 못하고 쫓겨났다. 최근 말레이시아 총선에서는 야권이 승리함으로써 수십 년간 집권했던 연합정부를 약화시켜 국정이 마비되었다. 수하르토 권위주의 정권이 32년 만에 물러난 세계 4위 인구대국 인도네시아는 종교, 이데올로기, 지역 차원으로 분열되어, 정부가 정책을 결정할 때마다 내부 논쟁의 늪에 빠져든다.

따라서 이명박은 사소해 보이는 이슈들을 두고 유권자들에게서 갑자기 신임을 잃었다는 데 놀라서는 안 된다. 4월 말, 이명박은 조지 부시 미국 대통령과 캠프 데이비드에서 정상회담을 갖기에 앞서 미국산 소고기 수입 금지 조치를 해제했다. 2003년 미국 농장들에서 광우병이 발견된 이래 시행된 조치였다. 광우병 발생이 잠잠해지자 이명박은 수입 중단 조치를 해제함으로써, 미국과 유대관계를 개선하고 자유무역협정 비준에 우호적인 분위기를 조성하려 한 것이다. 그러나 많은 한국인들의 눈에는, 이명박이 미국에 굴복하면서도 공공 안전을 위험에 빠뜨리고 국내 농업에 피해를 입히는 듯 보였다. 6월 1일 약 4만 명의 시위대가 서울 시내의 주요 도로들을 막고 이 결정에 항의했다. 경찰은 시위대를 물대포로 해산시킬 수밖에 없었다. 이명박 또한 후퇴할 수밖에 없었다. 광우병에 취약한 30개월령 이상 미국산 소고기에 대하여 다시 수입 금지 조치를 내린 것이다.

"이명박은 지휘관보다는 중개인 역할을 해야만 한다"
– 고려대학교 정치학 교수, 함성득

〈타임〉과의 인터뷰에서 이명박은 시위자들의 입장을 "충분히 이해한다"라고 말했다. "자신들의 건강과 아이들의 안전에 관한 문제"이며 수정된 쇠고기 수입 금지 조치가 "식품안전 문제를 대단히 걱정하는 이들의 두려움과 우려를 진정시킬 것"이라고 했다. 자신은 놀랄 만큼 거센 대규모 시위가 광우병 소고기에 관한 것만은 아님을 인식하고 있다고 통역을 통해 그는 말했다. 한국은 저항 문화가 확고히 자리 잡았다. 독재 정권 치하에서 학생들은 큰 위험을 감수하고 민주화 시위를 준비했다. 가장 큰 위험을 감수했던 학생들은 결국 1987년 영웅이 되었다. 고조되는 길거리 폭동에 독재자 전두환은 직선제 개헌을 허용할 수밖에 없었다.

그는 "한국에는 대중 시위가 진정하고 의미 있는 변화의 시작이라는 전통과 역사가 있다"라고 말한다.

이명박이 대중의 기대치를 너무 높여서, 의도와는 달리 시위를 부추긴 것일 수도 있다. 그는 'CEO 대통령'으로 취임하면서 10년 후 한국의 경제성장율을 2007년 5%에서 7%로, 1인당 국민소득을 4만 달러로 두 배 올리겠다고 약속하며, 그 방안으로 규제 완화, 자유무역, 국내 및 국외 투자를 강화하기 위한 세금 감면 등을 제시했다. 이명박은 "한국을 세계적으로 매우 경쟁력 있는 일류 선진국 중 하나로 만들고 싶다"라고 한다.

그러나 보통 한국 사람들에게는 그 목표가 점점 더 멀어지는 것으로 보인다. 한국 경제는 둔화하고 있다. 식료품 및 연료 비용이 급등함에 따라 인플레이션이 연평균 5%에 달했고, 이는 7년래 최고 수치이다. 이것은 그가 유권자들에게 그려준 활기찬 경제의 대한민국의 그림은 아니다. 본인조차 미국의 불황 가능성과 글로벌 경제 둔화가 국내에 미칠 영향을 감안하여 자신의 목표가 "수정되어야 할 것"이라고 인정한다. "국제 경제 상황이 그리 호의적이지 않기 때문에 좋은 결과를 바로 기대할 수는 없다. 지금 내가 생각하기에는, 나를 뽑아준 국민들은 원하는 만큼 빠르게 변화를 보지 못해서 실망하는 시기를 거치게 될 수도 있다."

어쩌면 지나가는 시기일 수도 있다. 어쩌면 더 나쁜 시기일 수도 있다. 이명박이 5년 임기 중 남은 기간 동안 행정부가 곤경

이명박 대통령이 복원한 청계천(pixabay)

에 빠질 수도 있는 "심각한 위기"에 처해 있다고 정치학 교수 함성득은 말한다. 이명박이 그런 운명을 피하려면 단지 정책을 시행하고 국민이 거기에 따를 거라 기대하지 말고 그 정책을 설득시키기 위해 더 노력해야 할 것이다. "이명박은 그다지 섬세하지 못해서, 자신의 태도와 행동이 지닌 정치적 함의를 이해하지 못한다."

이명박이 사태를 호전시키는 것은 매우 중요하며, 이는 한국만을 위해서만이 아니다. 한국은 미국과 오랜 (비록 때때로 무례했던) 동맹이며 중국과는 점점 더 중요한 교역 상대국이 되고 있다. 그렇기에 동북아시아의 권력 균형을 유지하는 데 핵심적인 역할을 한다. 최근 지진으로 황폐화된 중국 쓰촨성을 방문하고 돌아온 이명박은 세계적 강국인 미국 및 중국과 관계를 구축하는 데 아무런 어려움이 없다고 한다. "중국은 우리나라의 1위 교역 상대국이자 1위 투자 대상국이다. 우리의 관계는 오랫동안 매우 긴밀해졌고 현실적으로 이를 무시할 수 없다." 동시에 그는 미국과의 관계를 계속 강화할 거라면서 그것은 "동북아시아의 평화적 안정을 보장할 뿐 아니라 한반도의 전쟁 억제에 도움이 되기 때문"이라고 한다.

그가 언급한 전쟁은 당연히 북한과의 갈등 가능성이다. 북한의 핵무기 포기를 돕기 위해, 이명박은 무조건적 경제 지원을 북한에 제공한다는 한국의 정책을 철회했다. 대신 경제 협력과 핵군축 진척을 연계했다. 이 움직임은 북한을 격분시켰지만, 이명박은 이에 구애받지 않는다며, 북핵 6자 회담의 일원인 한국은 중국과 미국과 계속 협력하여 해결책을 모색하겠다고 한다. 북한 기근에 대한 보도에 관해서는 그 위기의 심각성에 대한 "100% 정확한 평가는 없다고 본다"라고 말한다. 그러나 북한이 인도주의적 지원을 요청한다면 "우리는 언제나 그랬듯 지금도 지원을 제공할 준비가 되어 있다"라고 했다.

더 시급한 문제는 국내 위기이다. 그러나 이명박의 전력을 보면 그는 폭풍을 피해 가지 않을 것이다. 자신을 둘러싼 정치 격변을 긍정적으로 보고 싶어 한다. 그것이 "한국의 역동적인 측면"이자 "한국인을 다른 나라 국민들과 차별화하는 특징적 성격"이라면서. "이것을 성장엔진으로 이용할 수 있다." 아니면 그것이 남은 대통령 임기를 매우 불편하게 만들 수도 있겠다.

ⓒ 이 책의 한국어판 저작권은 TIME으로부터 받았으며 TIME Inc.의 허가로 출판됨.
저작권법에 의해 보호를 받는 저작물이므로, 서면 허가 없이는
어떠한 방법이나 언어로든 전체 또는 일부의 무단전재 및 복제를 금함.

June 16, 2008 / Time Asia / Volume 171 / Number 23 / Michael
Schuman, Reporting by Jennifer Veale

Lee's Blue House Blues

South Korea's President Lee Myung Bak
rode a groundswell of support into office,
but "the Bulldozer" is discovering that in Asia,
fickle voters sometimes push back

Page 30   Words 1739
Section The Well / Asia / South Korea

There was an air of invincibility surrounding Lee Myung Bak when he took office as South Korea's President in February. The 66-year-old former CEO won election with ease, the lopsided victory seemingly providing Lee with a mandate to ram through his ambitious agenda of economic reform, tough love for North Korea and a higher international profile for his country. But a mere three months later, the man South Koreans call "the Bulldozer" has bogged down. In the past few days, tens of thousands of protesters have taken to the streets of downtown Seoul to demonstrate against him. Lee's public approval rating has sunk to around a miserable 20%, and it looks like he'll have to reshuffle his Cabinet to placate critics. That air of invincibility is gone. In an exclusive interview conducted June 3 at the Blue House, the presidential residence, Lee told TIME that he has been trying to adapt his hard-charging leadership style to a political arena in which mandates are shifting and conditional. "Some people have laid criticism on me that I tend to not listen to other people or to the voices of the Korean public," Lee said, "that my leadership style is very one-sided and I go my own way. But I was a CEO for quite a while, and a CEO must listen to consumers and what they say. Of course I will try to listen more."

It's difficult to imagine Lee—a conservative free-trade advocate who has strong views about South Korea's need to reform its economy—as a consensus-seeker. After all, when he served as mayor of Seoul earlier this decade, he ordered that one of the city's major highways be demolished so a stream could be restored. As CEO of Hyundai Engineering & Construction, the country's largest construction company, Lee wielded a lot of power—as was customary. Korea a couple of decades ago was ruled by a handful of men: the government by a dictator and his aides, and the economy by equally dictatorial tycoons through sprawling corporate empires. This was the world that forged Lee Myung Bak, and it was his commanding, can-do attitude that appealed to voters after five years under the liberal, often rudderless leadership of Roh Moo Hyun, Lee's predecessor as President.

But modern South Korea is a democracy, and a fractious one at that. The country is riven by divisions between rich and poor, old and young, left and right. The society has spawned myriad NGOs, civic movements and ideologically committed political parties that contest virtually every government decision as if the fate of the nation were at stake. No one in power gets a free pass these days: in April, alpha tycoon Lee Kun Hee, chairman of Samsung Group, the country's top conglomerate, was forced to resign after being indicted for tax evasion and breach of fiduciary duty. Under the circumstances, even the most well-meaning official must tread with heightened sensitivity to interest groups. Says Hahm Sung Deuk, an expert on presidential politics at Korea University in Seoul: "Korea needs a leader who can compromise, negotiate and be persuasive to govern completely effectively. Lee should be playing the role of the broker rather than the commander."

It is not unusual for an Asian politician to find himself in a defensive crouch. The day of the strongman has passed. For more than two decades, countries throughout the region have been undergoing transitions from authoritarian, patriarchal regimes to messy democracies that sometimes seem to be almost ungovernable. Asians are flexing their political muscles, exercising their civil rights vigorously even beyond the ballot box—and woe betide the leader who fails to deliver what he promises. Despite winning the presidencies of their respective countries by wide margins, Thaksin Shinawatra of Thailand and Joseph Estrada of the Philippines were tossed out of office before their terms were up when public opinion turned against them. In recent parliamentary elections in Malaysia, victories by opposition party politicians weakened a coalition that has ruled the country for decades, paralyzing the government. In Indonesia, the end of 32 years of Suharto's authoritarian rule has fractured the world's fourth most populous nation along religious, ideological and regional lines, turning policymaking into a morass of intragovernmental wrangling.

So Lee should not be surprised that he now finds himself suddenly unpopular with the electorate, and over a seemingly minor issue. In late April, Lee lifted a ban on imports of U.S. beef ahead of his Camp David summit with President George W. Bush. The ban had been in place since mad cow disease was discovered on American farms in 2003. With the disease in abeyance, Lee removed the barrier to improve ties and to help clear the way for ratification of an important free-trade agreement with the U.S. But to many Koreans, it looked like the President was selling out to Washington, in the process endangering public safety as well as hurting Korea's agricultural industry. On June 1, an estimated 40,000 demonstrators clogged the main thoroughfares of downtown Seoul to protest the decision; police were forced to disperse the unruly crowds with water cannons. Lee was forced to retreat himself, effectively reimposing a ban on imports of U.S. beef from cattle more than 30 months old, which are more susceptible to mad cow disease.

'Lee should be playing the role of the broker rather than the commander.' —HAHM SUNG DEUK, POLITICAL EXPERT, KOREA UNIVERSITY

In his interview with TIME, Lee says he "fully understands" the protesters' point of view. "This is a matter that concerns their health and safety of their young children," Lee says, adding that the modified beef ban "will allay the fears and concerns of those who are strictly worried about food-safety issues." Speaking through an interpreter, Lee also says he recognizes that the surprisingly large and vociferous demonstrations were about more than bad meat. South Korea has an entrenched culture of protest. Under authoritarian rule, students took great risks in staging pro-democracy demonstrations; those who took those risks ultimately became heroes when, in 1987, a crescendo of street riots forced dictator Chun Doo Hwan to allow direct presidential elections. "There is a tradition and a history here in Korea where public demonstrations were the beginning of true and meaningful changes," Lee says.

Lee may have inadvertently made demonstrations more likely by raising public expectations a little too high. When he took office as the country's "CEO President," he promised to lift South Korea's economic growth to 7% (from 5% in 2007) and to double the country's GDP per capita in 10 years to $40,000 through a program of deregulation, freer trade, and lower taxes aimed at spurring foreign and domestic investment. Lee says he wants "to make Korea one of the advanced, first-rate nations that will be extremely competitive globally."

But to the average Korean, that goal seems increasingly out of reach. The country's economy is slowing. Inflation is running at an annual rate of nearly 5%—the highest in seven years—due to soaring food and fuel costs. This is not the picture of an economically vibrant Korea Lee painted for voters—and the President acknowledges his goals "will have to be adjusted" to take into account the domestic impact of a global economic slowdown and possible recession in the U.S. "The international economic scene has not been very favorable," he says, "so we cannot expect results immediately. I think right now, the Korean people who elected me might be going through a phase in which they are rather disappointed that they are not seeing change as fast as they want to see it."

Perhaps it's a passing phase. Perhaps it's something worse. Lee, says Hahm, the Korea University professor, is facing "a serious crisis" that could hobble his administration for the remainder of his five-year term. To avoid that fate, Lee will have to try harder to sell his policies, instead of simply implementing them and expecting the public to go along. "Lee is not sophisticated and does not understand the political implications of his attitude and behavior," says Lee Jung Bock, a political-science professor at Seoul National University.

It's of vital importance that Lee turn things around, and not just for South Korea. As a longtime (although sometimes disagreeable) ally of the U.S. and an increasingly important trading partner with China, South Korea plays a key role in maintaining the balance of power in Northeast Asia. Lee, who recently returned from a trip to China that included a tour of earthquake-devastated Sichuan province, says he doesn't see a conflict in cultivating ties with both world powers. "China is our No. 1 trading partner as well as No. 1 destination for Korean investment," he says. "Our relationship has grown very close over the years and we cannot realistically ignore this." At the same time, Lee says he intends to continue to boost ties with Washington "because this will ensure not only the peaceful stability of Northeast Asia but also help to deter war here on the Korean peninsula."

The war he refers to is, of course, the possibility of conflict with North Korea. To help prod Pyongyang into giving up its nuclear weapons, Lee has rolled back South Korea's policy of providing unconditional economic assistance to the North. Instead, he has linked economic cooperation with progress in nuclear disarmament. The move enraged Pyongyang, but Leesays he is undeterred, and that South Korea, a member of the six-party talks on North Korean nuclear disarmament, will continue to work with China and the U.S. on a solution. Regarding reports of looming famine in the North, Lee says "I don't think anybody has a 100% accurate assessment" of the seriousness of the crisis. But he says that if Pyongyang asks for humanitarian assistance, "we are, and we always have been, prepared to provide it."

Of more immediate concern is his own crisis at home. But Lee's track record suggests that he will weather the storm. He chooses to see the political upheaval around him as a positive—as a "dynamic aspect of Korea" and "the defining character that really differentiates Koreans and Korea from other countries and people," he says. "This can be harnessed into an engine of growth." Or it can make a President's term in office very uncomfortable.

© 2008 Time Inc. All right reserved. Licensed from TIME and published with permission of Time Inc. Reproduction in any manner in any language in whole or in part without written permission is prohibited.

당시 국내의 시선

Chapter 10

불도저, 청와대 입성

샐러리맨의 우상

평사원으로 입사해 사장까지 지낸 이명박은 샐러리맨의 신화였다. 이 경제계의 슈퍼스타는 김영삼의 추천으로 정치에 뛰어든다. 경제 전문가로 민주자유당 국회의원이 된 이명박은 종로구 국회의원을 거쳐 2002년 서울특별시장으로 당선되었다. 집권여당인 새천년 민주당이 참패한 선거에서 한나라당 서울 시장 후보로 출마해 당선된 그는, '불도저 시장'이라는 별명처럼 서울시의 모습을 바꾸는 건설 사업에 저돌적으로 달려들었다. 당선과 함께 공약이던 청계천 복원을 위해 청계고가도로 철거 계획이 발표되고, 그 실행을 위한 구체적인 계획이 발표되었다.

발전하는 서울의 상징과 같았던 청계고가도로였지만 역설적 도시 빈민의 상징이기도 했기에, 그 철거에는 아쉬움과 기대가 공존했다. 국민일보는 2002년 3월 19일 '[한마당] 청계천 복원'이라는 제목의 기사로 그러한 기대와 아쉬움을 전했다. 2002년 6월 4일 동아일보는 '독자토론 마당 서울 청계천 복원'이라는 기사에서 시민들의 의견을 모아 정리했다. 환경 복원이 우선이라는 의견과 시민 공원이 생긴다는 기대감에 환영한다는 의견, 동대문 시장 주변 상인들의 생계가 막막해진다는 의견, 더 급한 육아 노인 교육에 먼저 투자해야 한다는 등 다양한 의견이 모인 기사였다. 여러 의견이 교환되고 우려와 기대가 반복되었지만 철거는 정해진 일이었다.

2007년 7월 1일 경향신문은 '도심진입 자가용 이용 자제'라는 제목의 기사로 청계천 복원 공사 시작을 알렸다. 예정대로 고가도로를 철거하고 청계천을 복원하는 공사였다. 다음 해 7월에는 버스환승제도가 대거 개편되고, 서울숲을 조성하는 등 여러 사업을 펼치며 인기를 모았다. 서울특별시장으로 재임하며 모은 인기는 2007년 17대 대선으로 이어졌다.

당 내 경선에서 이명박과 맞선 이는 박근혜였다. 5, 6, 7, 8, 9대 대통령이었던 박정희의 장녀 박근혜는 강력한 경쟁 상대였다. 정권 심판론이 뜨거웠던 2007년의 분위기는 당내 경선을 통과하면 대선은 문제가 없다는 분위기였다. 이런 분위기 속에서 한나라당은 후보들끼리 폭로전과 비방을 이어갔고, 친박계와 친이계로 나뉘며 심각한 내부 갈등이 불거졌다. 치열한 경쟁과 진통을 겪으며 치러진 경선의 승리자는 이명박이었다.

촛불의 공포

747정책과 대운하 건설을 공약으로 건 이명박은, 상대와 두배 넘게 차이를 벌리며 17대 대통령으로 당선되었다. 17대 대통령 이명박은 손쉽게 이긴 선거와 달리 어려운 집권 초기를 보내고 있었다. 뼈와 내장을 포함한 30개월 이상 대부분의 특정 위험 부위를 포함한 30개월 미만 미국산 쇠고기의 수입이 체결되면서 여론이 급격히 악화된 것이다.

2008년 5월 2일 한겨레 신문은 '[현장] 1만여 명 합창, 광우병 소 수입 반대' 기사를 내보냈다. 청계광장에 모인 시민이 소고기 수입을 반대한다는 기사였다. 소고기 수입으로 급격히 악화되는 여론과 대통령 지지율의 추락은 언론을 갈라놓았다. 3일 뒤 동아일보는 '진보진영 촛불행사 조직 반정부 투쟁 집결'을 제목으로 잡았다. '진보 시민단체들은 2일과 3일 서울 청계광장 등 전국에서 열린 '미국 쇠고기 수입 반대' 촛불시위를 주도하며 온라인과 오프라인에서 수입 반대 여론을 확산시키고 있다. 진보진영에서는 내심 이 파동이 2002년 미군 장갑차 사고로 숨진 신효순, 심미선 양 추모 시위처럼 확산되기를 기대하고 있다'라는 내용처럼, 소고기 수입 반대를 넘어 정권 흔들기라는 지적이었다. 한쪽에선 괴담이, 한쪽에서는 유언비어가 범람했다. 2008

년 동아일보는 '광우병 촛불집회 배후세력 누구인가'라는 사설에서 촛불집회를 주도하는 세력의 코드는 친북반미라고 주장했고, 오마이뉴스는 '까막눈 팔순 할머니까지 화나게 한 미국 소'라는 제목으로 국민을 무시하는 오만방자한 정부의 권력남용을 주장했다. 봉합되기엔 너무 커다란 상처가 역사에 새겨지고 있었다.

2012년 12월 17일 / 타임 아시아 / 180권 / 25호 / 에밀리 로할라, 오드리 유

역사의 총아(寵兒)

12월 19일 대선에서 승리하면
한국 최초 여성 대통령이 되는 박근혜 후보,
그러나 미래를 위해 극복해야 하는 과거

페이지 26　**단어** 2859
섹션 특집 / 세계 / 대한민국
카테고리 커버스토리

쌀쌀한 11월 저녁 대한민국 광주광역시, 대부분 중년인 (남자들은 야구 모자를 쓰고 여자들은 퍼머를 한) 한 무리의 사람들이 기차역에서 기다리는 이는 자신들의 아이돌, 예순 살의 대통령 후보 박근혜다. 갑자기 유명한 '강남 스타일'의 리프가 황혼을 헤집고 울려 퍼진다. 핫팬츠와 무릎까지 오는 양말에, 짧은 진홍색 재킷을 입은 젊은 여성 4명이 플랫폼에서 껑충거린다. 진홍색은 박근혜가 소속된 여당(새누리당)을 상징하는 색이다. 군중 가운데는 '강남 스타일'의 트레이드마크 춤(올가미를 흔들며 말을 타는)을 추는 그녀들을 보고 어리둥절해하는 사람들도 있다. 유튜브에서 가장 조회

1975 소아마비 청소년 전용 복지시설인 한국 소아마비협회 정립회관 개관식에 참여한 박근혜(서울사진아카이브)

수가 높고 세계적으로 한국과 동의어가 된 그 노래의 뮤직비디오를 한 번도 본 적 없는 듯이.

그 광경은 박근혜의 광주 선거운동 오프닝이었지만, 이 행사와는 어울리지 않아 보였다. '강남 스타일'은 젊고 활기차고 불손한 한국을 반영한다. 나이 많고 보수적인 박정희 지지자들은 그 그림과는 어울리지 않는다. 그 문제에 관해서는 박근혜도 마찬가지다. 혼잡한 유세장에 길게 늘어선 지지자들한테 정중하게 인사하고 우아하게 악수하는 동안, 그녀는 진지하고 금욕적인 인상을 풍긴다. 유세와 기자 회견에서는 대본에 충실하다. 비판자들은 그녀가 쿨하다기보다는 차갑다면서, 부당하게도 그녀를 '얼음 여왕'이라고 부른다.

박근혜는 사람들과 더 친근해져야 한다. 한국을 18년간 통치한 철권통치자 박정희 전 대통령의 장녀인 그녀는 오랫동안 세간의 주목을 받았다. 여론조사에 따르면 그녀는 주요 경쟁자 문재인 후보(59세)에게 근소한 차이로 줄곧 앞서 있다. 학생운동가 출신 인권 변호사 문재인은 좌파 성향인 야당 민주통합당 소속이며, 그래서 특히 젊은 유권자들은 그를 기득권에 도전할 수 있는 진보 인사로 여긴다. 선두주자 박근혜 후보는 이미지를 더 참신하게 만들어 주로 장년층인 지지층을 넓힐 필요가 있음을 알고 있는 듯하다. 광주 유세에서 그녀는 "제가 새로운 시대를 시작하도록 도와주십시오"라고 간청하며 연설을 시작했다.

박근혜 후보가 12월 19일 대선에서 승리한다면 한국은 최소한 하나의 측면에서 새 시대를 시작할 것이다. 어두운 정장을 입은 노년 남성들이 지배하던 나라에서 여성이 최초로 최고위직에 오르게 되는 것이다. (한국은 세계경제포럼의 2012년 젠더 격차 순위에서 108위를 차지했다. 107위 아랍에미리트연합과 109위 쿠웨이트 사이에 끼어 있는 것이다.) 설령 박근혜가 패한다 하더라도, 한국 역사는 그녀를 최초의 여성 대통령 후보로 기록할 것이다.

박근혜는 자신의 당을 바꾸려 한다. 새누리당은 대기업 및 기득권층과 동일시되고 있다. 박근혜는 새누리당에 개혁의 주도자라는 새로운 배역을 맡기려 한다. 설령 보수파 일부는 저항하더라도, 많은 국민들이 한국에 개혁이 필요하다고 생각하기 때문이다. 최근 몇 주간은 중소기업 대표들과 저소득층을 지켜주겠다는 포퓰리즘 공약을 내밀었다. 그녀가 단지 당선되기 위해 변장하고 있다고 생각하는 이들도 있다. 서울에 있는 동아시아연구원의 여론분석 전문가 정한울은 "그녀가 오랫동안 유지한 보수파 후보의 정체성과, 개혁을 내세운 새로운 정체성은 상충한다"라고 지적한다. 그러나 박근혜는 자신이 진심이라고 맹세한다. 〈타임〉에 보낸 서면 답변에서 그녀는 "정치인이 약속을 하면 반드시 지켜야 한다"라고 말했다.

한국의 발라드

한국을 누가 이끄느냐는 중요한 문제다. 1960년대, 박근혜의 아버지는 역사에 남을 위대한 경제적 전환을 이끌어낸 선구자로, 수출 산업을 통해 한국을 빈곤에서 벗어나게 했다. 다른 아시아 국가들도 이 모델을 채택하여 아시아 지역의 경제 기적으로 이어졌다. 오늘날 한국은 세계에서 11번째로 큰 경제 대국이다. HSBC의 조사에 따르면 2013년 실질 국내총생산이 3.8% 증가할 것으로 예상된다. 최상은 아니지만 대부분의 서방 국가들은 부러워할 만한 수치다. 국제적 입지를 가진 한국의 일류 기업들만큼, 정치도 역동적이다. 소프트 파워에 관해서라면, 삼성 휴대폰부터 매끈한 케이팝까지, 한국은 동아시아의 주도 세력으로서 일본의 자리를 대체하고 있다.

그러나 한국은 지정학적으로도 국내적으로도 고질적인 문제를 안고 있다. 외부적으로, 미군 기지가 주둔한 한국을 둘러싼 이웃 국가들은 우호적이지 않다. 불량 국가인 북한은 분명히 또 다른 로켓 발사를 계획하고 있고, 오랜 적인 일본은 섬 몇 곳을 두고 영유권 분쟁을 벌이고 있으며, '방 안의 용'('아무도 감히 이야기하지 않는 어려운 문제'라는 뜻인 '방 안의 고릴라'를 비튼 표현—옮긴이) 중국은 큰 시장이지만 자원과 영향력에 있어서 큰 라이벌이기도 하다. 내부적으로, 한국 경제는 계열사들이 서로를 먹여 살리는 소수의 대기업 또는 재벌에 대한 과도한 의존을 탈피할 필요가 있다. 한국 사람들은 삼성 계열사가 지은 아파트에서 잠을 깨고, 삼성 핸드폰이나 태블릿으로 스케줄을 확인하고, 삼성 재킷을 걸치고, 삼성의료원으로 르노 삼성 자동차를 타고 간다.

개인적으로는 많은 한국 사람들이 과도한 업무로 심한 스트레스에 시달린다. (노래 '강남 스타일'에서도 조롱한) 대단히 물질주의적인 라이프스타일 탓에 가계 부채가 가처분소득의 154%에 이르고, 소득 격차가 벌어지고 있는데도 OECD 회원국 가운데 복지에 가장 적게 지출하는 나라다. 교육제도는 세계에서 가장 잔인하기로 명성 높을 만큼 경쟁적이고 OECD 내에서 자살율이 가장 높다. 더 공평한 사회에 대한 요구가 커지고 있다. 서울시장 박원순은 "한국 만 한 성장 수준에 오른 국가라면 국민의 삶의 질을 높여야 한다"라고 말한다. "우리는 창의적이고 새로운 아이디어를 내놓고 실험해야 할 상황에 놓여 있다."

그래서 박근혜의 배경이 부각된다. 1961년 쿠데타로 권력을 잡은 장군인 박정희는 많은 한국인들, 특히 노년층에게 영웅으로 숭배받지만, 권위주의적 통치 기간에 저지른 노골적인 학정 때문에 경멸받기도 한다. 그의 권력과 영향력이 워낙 컸기에 그가 남긴 유산은 현대 정치를 보는 프리즘으로 남아 있다. 박근혜의 정치 혈통은 축복만큼이나 저주이기도 하며, 이점이기도 하지만 오점이기도 하다. 화합의 인물이 되려면 자신의 과거를 극복해야만 할 것이다. 그녀는 "'대통령의 딸'이라는 꼬리표가 항상 따라붙을 것임을 안다"라고 〈타임〉에 전했다. "[하지만] 아버지에 대해 엇갈린 견해들을 누구보다 잘 알고 있다. 나는 나 자신의 공로로 평가 받고 싶다."

과거의 그림자

서울의 박정희 기념도서관은 박근혜 일가 전설의 그라운드제로이다. 복잡하게 얽힌 이 복합 건물은 한 남자와 그가 만든 변화에 대한, 유리와 돌로 된 헌정이다. 로비에는 전 독재자의 거대한 초상화가 걸려 있다. 전시물들은 그의 농업 개발 계획과 수자원 관리 기술을 극찬한다. 그가 공장과 댐, 도로 개통 행사에서 리본을 자를 때 썼던 가위들만 전시한 케이스도 있다.

　최근 어느 오후, 전시실들은 거의 비어 있었고 관람객은 노인 몇 명뿐이었다. 우재영 씨(80세)는 기념품 상점에서 두유를 마시면서, 박정희는 자신의 영웅이라고 힘주어 말했다. 한반도가 일본의 식민지였을 때 태어난 우재영 씨는 한국전쟁을 겪고 박정희 집권 전 배고픈 시절을 살았다. 이런 열정으로 〈타임〉에 독재자의 작은 초상화 액자를 기념품으로 사주었고, 박근혜 후보에게 투표할 거라고 말했다. "좋은 아버지한테 배웠으니 좋은 대통령이 될 겁니다."

"아버지에 대한 엇갈린 견해들을 누구보다 잘 알고 있다."

나는 나 자신의 공로로 평가받고 싶다."
– 한국 대선의 선두 주자 박근혜, 박정희 전 대통령의 딸

물론 그러리라는 보장은 없다. 하지만 박근혜가 빨리 성장해야 했던 것은 분명하다. 그녀가 파리 유학 중일 때 어머니(육영수 여사)는 박정희 저격 사건 당시 살해되었다. 1974년 8월 15일 광복절 아침, 박정희가 서울국립극장을 가득 메운 청중 앞에서 연설하고 있을 때 북한 동조자 문세광이 권총을 발사했다. 첫 번째 총알은 목표물을 빗겨갔지만, 두 번째 총알은 영부인을 맞혔고 영부인은 그날 늦게 숨지고 말았다.

영부인에 대한 총격 사건에 대한 박정희의 반응은 전설로 회자되었다. 영부인이 무대 밖으로 호송되자 그가 마이크로 돌아갔다고 한다. "여러분, 하던 얘기를 계속하겠습니다." 요즘 그 이야기 뒤에는 1979년 박정희 암살 사건 당시의 일화가 반드시 이어지기 마련이다. 박정희는 저녁 연회에서 아직 밝혀지지 않은 이유로 중앙정보부장에게 저격당했다. 아버지의 암살 소식을 들은 딸 박근혜는 나라부터 먼저 생각했다. 그녀는 북한의 침공 가능성을 언급하면서 이렇게 말했다고 한다. "휴전선은요?" 보수 전문가 조갑제 작가는 "간이 크다라는 표현이 있는데, 배짱이 좋다는 뜻"이라고 말한다. 박정희 부녀 모두가 가진 자질이다. 어머니의 죽음으로 당시 22세였던 박근혜는 사실상 영부인이 되어 미국 대통령 제럴드 포드 등 해외 고위인사들을 맞이했고, 여러 행사에서 대통령 일가를 대표했다. 이 영부인 역할 덕분에 국민들은 그녀에게 큰 호감을 갖게 되었다.

그러나 독재자의 딸이 되는 데는 정신적인 대가가 따른다. 그녀의 아버지는 개발을 최우선 순위에 놓았다. ("인간의 삶에서 경제는 정치와 문화에 앞선다." 그의 유명한 글귀다.) 한국 경제가 강해짐에 따라, 박정희는 국가 통제를 강화했다. 1970년대 후반까지 수천 명의 야당 인사들이 가혹한 보안 법령에 따라 체포되고 때로는 고문을 당했다. 박정희 정권 치하에서 민주화 운동으로 투옥된 적이 있는 문재인 후보는 그때를 "탱크가 캠퍼스 주변을 돌아다니고 학교가 몇 달 동안 폐쇄되는 세상이었다"라고 회상했다. 박정희와 그 후계자들이 저지른 폭력적인 탄압에 불구하고 자유를 향한 투쟁은 계속되었고, 마침내 1987년 수십 년 만에 처음으로 자유롭고 공정한 선거가 열렸다.

아버지가 암살된 뒤 박근혜는 스포트라이트에서 물러나 은둔해 생활한 편이었다. 그랬던 그녀가 정계로 복귀했다. 1998년 국회의원이 되었고 4번 재선되었다. 2006년에는 선거 유세를 하는데 군중 속에 있던 전과자가 달려들어 커터칼로 그녀의 얼굴을 그었다. 텔레비전 영상에는 박근혜가 오른쪽 뺨의 10cm 상처에서 흐르는 피를 침착하게 지혈하는 장면이 나왔다. 최근 텔레비전 광고는 여전히 눈에 띄는 그 흉터를 희생과 국가적 치유의 메

박근혜 대통령의 취임식(flickr-Republic of Korea)

타포로 바꿔놓았다. 그녀는 "그날의 상처는… 저를 완전히 바꿔 놓았습니다"라고 내레이션 한다. "그때부터 남은 인생, 국민들의 상처를 보듬으며 살아가겠다고 결심했습니다."

2007년에는 보수 진영의 대선 후보 지명을 원했지만 이명박 후보에게 패했다(한국 대통령은 5년 단임이며 이명박 대통령은 이번에 퇴임한다). 건설사 CEO였던 이명박은 당선 당시에는 인기가 있었다. 국민들은 그가 경영자 출신이라 결단력이 있으리라 기대했던 것이다. 그러나 그의 재임 기간은 따분했고, 임기 후반은 친척과 측근들이 연루된 부정부패 스캔들로 얼룩졌다. 더구나 앰네스티 인터

내셔널은 최근 보고서에서, 이명박 정부가 언론 자유를 탄압하기 위해 국가보안법을 남용했다고 비판했다. 지난 2월 박근혜는 사면초가에 빠진 이명박의 한나라당을 새누리당으로 개명했다. 그 후 새누리당을 이끌어 4월 총선에서 뜻밖의 승리를 이끌었다.

오늘, 박근혜는 한국의 젊은 민주주의로부터 국내 최고위직을 얻어낼 수 있을 것으로 보인다. 아버지와는 달리 총이 아닌 표를 통해서. 그렇지만 오랫동안 그녀는 아버지를 비판하지 않으면서 "역사와 국민"이 그 업적을 평가할 거라고만 말해왔다. 9월에는 대중의 압력에 밀려 여론조사 수치가 떨어지자 메시지를 수정하기는 했지만, 아버지를 노골적으로 비판하지는 않았다. 한 텔레비전 연설에서 그녀는 이렇게 말했다. "압축적인 발전의 과정에서 많은 상처와 아픔이 있었고 때론 굴곡이 있었던 것도 사실입니다… 기적적인 성장 뒤편에 열악한 노동환경으로 고통받는 노동자의 희생이 있었고 안보를 지켰던 이면에 공권력에 의해 인권이 침해받았던 일도 있었습니다. 이로 인해 상처와 피해를 입은 분들과 그 가족들에게 다시 한 번 진심으로 사과드립니다."

그 성명에 만족한 사람은 거의 없었다. 일부 보수주의자들은 그녀가 점수를 따려고 정치적 압박에 굴복하여 아버지의 이름을 더럽혔다고 비난했다. 그녀의 진정성을 문제 삼는 이들도 있었다. 진보 전문가인 유창선 작가는 말한다. "국민들은 그녀에게 아버지의 죄를 책임지라는 게 아니라 그녀의 역사 해석을 묻는 것이다. 그녀는 대답할 의무가 있다."

세대 차이

비교적 풍족한 시기에 태어난 젊은 세대는 역사의 무게를 덜 느끼며, 권위주의적인 과거보다는 한국 민주주의의 미래에 더 관심이 있다. 한국에서 가장 인기 있는 팟캐스트를 (1천만 다운로드를 기록했다고 한다) 진행하는 김어준(43세)은 임무 같은 단어는 거의 쓰지 않는다. 김어준은 유사 언론, 유사 코미디 방식으로 한국 보수 기득권층들을, 특히 퇴임하는 이명박 대통령을 깔아뭉갠다. 이번 대선은 정부를 추궁하고 보통 사람들의 우려와 투쟁을 해결할 기회라고 김어준은 말한다. 박근혜에 대한 구 세대의 낭만적인 시각에 대해서는 어이가 없다고 한다. "박근혜는 미래를 이야기하지만 미래를 대표하지는 않지요."

늘어난 그의 동지들처럼, 김어준은 오랫동안 한국에 이익을 안겨준 경제 모델을 점검할 필요가 있다고 본다. 한때 무소속 대선 후보였던 안철수(50세)는(의사이자 IT 창업자로서, 진보 진영의 표가 문재인 후보와 갈리지 않게 하고 박근혜 후보를 이기기 위해 레이스를 중도 포기한) 최근 연설에서 많은 시민들에게 말했다. 한국은 "아이들이 유명 대학에 진학하려고 치열한 경쟁에서 불쌍하게 고통받는 곳, 젊은이들이 일자리를 찾을 수 없는 곳, 부모가 대출을 갚고 자녀들의 교육을 뒷바라지하려고 허리띠를 더 졸라매야 하는 곳"이다. 그는 한국이 "점점 더 불안해지고 외롭고 미래를 확신하지 못하는 곳"이라고 표현했다.

이 같은 전국적인 불만 때문에 박근혜는 좌회전을 한 것이 틀림없다. 그녀는 가계부채와 어린이 보육 같은 생계 문제를 해결하여 "중산층을 회복할 것"이라고 약속하고 있다. 두 캠프 모두 경제를 분권화하겠다고 약속하고 있지만, 문재인은 더욱 전면적인 개혁을 원한다. 그는 한국의 대기업들이 "불공정한 특권들"을 누리고 있다면서 중소기업을 보호하기 위한 더 강력한 독점 금지법을 요구해왔다.

사실 한국인들은 자국의 세계 일류 브랜드, 특히 가전제품 브랜드를 자랑스러워하지만, 한편으로는 개별 창업가들에게 도움을 주어야 한다는 인식이 커지고 있다. 김빈(30세) 씨는 국내 업체에서 휴대폰 디자이너로 8년 동안 일했다. "딱딱하고" "가부장적인" 근무 환경 때문에 퇴사한 김빈 씨는 빈컴퍼니Beeeen & Co.라는 디자인 회사를 창업했다. 창업 과정이 워낙 번거롭기도 하고 비용도 많이 들어서 사업 친화적인 홍콩에서 법인을 설립하기로 결정했다. 그리고 한국의 남성 공장장들이 그녀를 대수롭게 여기지 않는다는 걸(더 크거나 재벌과 관련된 다른 주문부터 처리했다고 한다) 깨닫자, 생산지를 중국으로 옮겼다. "한국인 사장들한테는 딸 취급을 받았지만, 중국에서는 회장 대우를 받았습니다. 그들은 제가 하는 일을 존중해주었죠."

박근혜 퇴진 및 탄핵을 요구하는 촛불시위(pixabay)

여성이라는 카드

박근혜의 선거운동부터가 남자들 세계에서 이루어진다. 선거 유세의 하루 내내 중년 남성들이 그녀와 함께하며, 이따금 끼어드는 여성은 기자나 스탭들뿐이다. 그녀의 지지자들, 특히 남성 노인들은 그녀를 '효녀'라고 본다. 언론매체는 그녀가 독신이며 아이가 없다는 점을 자주 언급한다. 그녀가 '강하다'라거나 '터프하다'라는 말을 분석가들이 할 때 "여자 치고는"이라는 전제를 덧붙인다. 박근혜 스스로도 성 정체성을 서슴없이 스테레오 타입화하면서, 당선된다면 "어머니 같은 여성 리더십"을 발휘하겠다고 약속하고 있다.

한국의 성 지표는 좋지 않다. 뛰어난 능력을 지닌 여성들이 부족하지 않지만 많은 여성들이 일찍 퇴사하는데, 부분적으로 그들을 하찮은 존재로 만들어버리는 마초적인 기업 문화 탓이다. 직장 여성은 남성에 비해 평균 39% 적은 임금을 받으며, 저임금과 복지 혜택 부재에 시달리는 계약직 노동자의 대다수를 차지하는 실정이다. 박근혜는 직장 내 차별과 싸우고 출산 혜택을 늘리는 한편 한부모 가정을 지원함으로써 직장 여성을 지원하겠다고, 그리고 출산율을 높이겠다고 약속해왔다. 박근혜는 "여성들은 활기찬 사회적 리더로서뿐 아니라 아이를 키우는 엄마로서도 성공할 수 있다"라고 〈타임〉에 말했다. 그녀의 비판자들은 여성 복지에 보이는 관심이 너무 적고 너무 늦었다고 말한다. 노동 활동가 박지니는 "박근혜가 [선거] 카드 놀음을 하고 있는 것"이라고 말한다.

편의 때문이든 이데올로기나 나름의 통찰 때문이든, 박근혜와 문재인 모두가 자신을 '변화의 주도자change agent'라고 내세운다. 첫째, 그들은 스스로 짊어진 역사의 짐을 처리해야 한다. 박근혜는 "정치 권력이란 것이 얼마나 찰나적이고 때로는 끔찍할 수 있는지 알고 있다"라고 〈타임〉에 말한다. 문재인은 자신의 변호사 친구였던 노무현 전 대통령의 비서실장을 지냈다. 평범한 농촌 출신인 노무현은 자유와 깨끗하고 열린 정부를 약속하며 대통령에 당선됐다. 그러나 나중에 가족들이 부정부패 의혹에 빠지자, 뒷산에서 뛰어내려 스스로 목숨을 끊었다. 선두주자 박근혜가 (확률은 떨어지지만 문재인도) 대선에서 승리하려면, 많은 유권자들이 과거를 용서하거나 잊을 준비가 되어 있어야 한다. 만약 그렇다면, 한국은 새로운 미래를 만들어낼 것이다.

ⓒ 이 책의 한국어판 저작권은 TIME으로부터 받았으며 TIME Inc.의 허가로 출판됨.
저작권법에 의해 보호를 받는 저작물이므로, 서면 허가 없이는
어떠한 방법이나 언어로든 전체 또는 일부의 무단전재 및 복제를 금함.

December 17, 2012 / Time Asia / Volume 180 / Number 25 / Emily Rauhala, Reporting by Audrey Yoo

History's Child

If she wins South Korea's presidential election on Dec. 19, Park Geun-hye will become her nation's first female leader. But to guide her country into the future, she must overcome the past.

Page 26 Words 2859
Section Features / World / South Korea
Category COVER STORY

It's a chilly November evening in the South Korean city of Kwangju, and a mostly middle-aged group—the men in baseball caps, the women with perms—are at the train station awaiting their idol: 60-year-old presidential contender Park Geun-hye. Suddenly, the unmistakable riff of "Gangnam Style" throbs through the twilight. Wearing the crimson of Park's ruling Saenuri Party, four young women in short shorts, knee-highs and cropped jackets bound across the platform. As they perform the riding and lassoing moves of the song's trademark dance, many in the crowd look stunned, as if they have never viewed the most watched video on YouTube or heard the song that has become globally synonymous with South Korea.

The spectacle at the station was the opening act for Park's Kwangju campaign stop, but it seemed out of sync with the occasion. "Gangnam Style" reflects a young, exuberant and irreverent South Korea. Park's supporters—older and conservative in outlook—don't quite fit that picture. Neither, for that matter, does Park. On the hustings, while she bows politely and graciously shakes hands with long lines of well-wishers, she comes across as earnest and stoic. At rallies and press conferences, she tends to stick to script. Cold, not cool, say her critics, who, perhaps unfairly, call her the "ice queen."

Park should be comfortable with people. As the eldest child of Park Chung-hee, the strongman who ruled South Korea for 18 years, she has long been in the public eye. Polls have her holding a narrow but stubborn lead over her main rival, 59-year-old Moon Jae-in. Moon was a student activist and later a human-rights lawyer, and he belongs to the left-leaning, opposition Democratic United Party, so younger voters in particular see him as a liberal who could challenge the Establishment. Though the front runner, Park seems aware that she needs to jazz up her image and broaden her appeal beyond the older set—to get some Gangnam style of her own. In Kwangju she starts her speech with an entreaty: "Help me start a new era."

South Korea will start a new era in at least one respect should Park win the Dec. 19 election. In a land dominated by gray men in dark suits, a Park presidency would be the first time a woman has occupied the highest office. (South Korea ranked 108th in the World Economic Forum's 2012 gender-gap rankings—sandwiched between the United Arab Emirates at 107 and Kuwait at 109.) Even if Park loses, her nation's history will record her as the first female contender for President.

Park is also trying to change her party. Saenuri is identified with Big Business and the Establishment; Park wants to recast the party as the champion of the reforms that many South Koreans feel the country needs, even if some conservatives resist. In recent weeks she has struck a populist tone, promising to stick up for small-business owners and low-income families. Some think she is undergoing a makeover simply to be elected. "Her longtime identity as a conservative candidate and her new identity as a candidate of change are clashing," says Jeong Han-wool, a public-opinion expert at the Seoul-based East Asia Institute. But Park vows she is for real. In written responses to TIME, she says, "If a politician makes a promise, it should be kept."

THE BALLAD OF SOUTH KOREA

It matters who leads South Korea. In the 1960s, Park's father pioneered one of history's great economic turnarounds, picking industries to export the country out of poverty. The model was adopted by other Asian nations, leading to the region's economic miracle. Today, South Korea is the world's 11th biggest economy; real GDP growth, according to HSBC research, is projected to be 3.8% in 2013—not superlative, but a figure most Western countries would envy. The politics are vigorous, as are South Korea's top companies, which have a global footprint. When it comes to soft power—from Samsung phones to glossy K-pop—South Korea has supplanted Japan as East Asia's leading force.

But South Korea also has entrenched problems, both geopolitical and domestic. Externally, the country, which hosts U.S. military bases, isn't in a friendly neighborhood. It's surrounded by rogue state North Korea (apparently planning yet another rocket launch), old enemy Japan, with which it's locked in a bitter dispute over the sovereignty of a few islets, and the dragon in the room, China, a big market but also a big rival for resources and influence. Internally, the economy needs to be weaned off its overreliance on a handful of conglomerates or chaebol, whose internal businesses feed one another. South Koreans can easily wake up in an apartment built by a Samsung subsidiary, check their schedules on a Samsung phone or tablet, throw on a Samsung jacket and drive a Renault Samsung car to the Samsung Medical Center.

Individually, many South Koreans are badly stressed from too much work. An intensely materialistic lifestyle—mocked by "Gangnam Style"— has contributed to household debt climbing to 154% of disposable income, and though the income gap is widening, among Organisation for Economic Co-operation and Development members, South Korea spends the least on welfare. The education system is among the world's most brutally competitive, and within the OECD, South Korea's suicide rate is the highest. Calls are growing for a more equitable society. "A country that has reached Korea's level of growth has to raise the quality of life of its citizens," says Seoul's mayor, Park Won-soon (no relation to Park Geun-hye). "We are in a situation that requires us to come up with creative, new ideas and to experiment."

Then there's Park's background. While her father, a general who seized power in a 1961 military coup, is revered by many South Koreans, particularly older folk, as a hero, he is also despised for flagrant abuses during his authoritarian rule. So outsize was his power and influence that his legacy remains the prism through which contemporary politics is viewed. Park Geun-hye's political pedigree, thus, is as much curse as blessing—it benefits yet also tarnishes her. To be a figure of unity she will have to overcome her history. "I know that the moniker of a 'President's daughter' will always be with me," she tells TIME. "[But] I know more than anyone the divergent views about my father. I want to be judged on my own merits."

SHADOWS OF THE PAST

Seoul's Park Chung hee presidential Library & Museum is ground zero for Park family lore. The sprawling complex is a tribute in glass and stone to a man and the transformation he wrought. In the lobby hangs a story-high portrait of the former dictator. Exhibits extol his rural-development schemes and water-management techniques. One case displays simply the scissors he used to cut ribbons at the openings of factories, dams and roads.

On a recent afternoon, the halls were nearly empty, save for a few elderly men shuffling about. Over soy milk at the gift shop, 80-year-old Woo Jae-young declares that Park Chung-hee is his hero. Born when the Korean Peninsula was a colony of Japan, Woo survived both the Korean War and the hungry years before Park's assumption of power. Such is his enthusiasm for Park that he buys TIME a small, framed portrait of the dictator to keep as a memento, and says he will vote for Park Geun-hye: "She was educated by a good father, so she will be a good President."

'I know more than anyone the divergent views about my father. I want to be judged on my own merits.'

—SOUTH KOREAN PRESIDENTIAL FRONT RUNNER PARK

GEUN-HYE, DAUGHTER OF PARK CHUNG-HEE

There's no guarantee of that, of course. But what's clear is that Park was forced to grow up fast. She was studying in Paris when her mother Yuk Young-soo was killed in a failed assassination attempt on her father. On the morning of Aug. 15, 1974, on South Korea's independence day, Park Chung-hee was speaking before a packed house at Seoul's National Theater when Mun Se-gwang, a sympathizer of North Korea, opened fire. The first shot missed its mark; the second hit the First Lady, who died later that day.

The story of Park Chung-hee's reaction to the fatal shooting of his wife has become the stuff of legend. As she was carried off the stage, he returned to the microphone. "Ladies and gentlemen," he said. "I will continue my speech." These days, the tale is invariably told as a preface to an anecdote about his daughter, who, when told of her father's 1979 assassination, thought of her country first. "Is the border secure?" she reportedly asked, referring to possible North Korean incursions. Says Cho Gab-je, a conservative pundit and writer: "We have an expression, 'to have a big liver'—it's having guts. This is a quality both have." Her mother's death made Park Geun-hye, just 22 then, the de facto First Lady, hosting foreign dignitaries, including U.S. President Gerald Ford, and representing the First Family at events—a role that earned her much goodwill at home.

But being a dictator's daughter exacts a psychic toll. Her father—who was shot dead at a dinner by his own intelligence chief for reasons still unclear—made development his top priority. ("In human life, economics precedes politics and culture," he famously wrote.) As South Korea's economy strengthened, he tightened his hold on the country. Up till the late 1970s, thousands of opposition figures were arrested, and sometimes tortured, under draconian security regulations. In a recent speech, Park's challenger Moon, who was jailed by Park Sr.'s regime for his activism, recalled that "it was a world where tanks would be running around campus, and schools were forced to shut down for months." Despite violent crackdowns by Park and his autocratic successors, also military men, the struggle for liberty persisted until 1987, when the country held its first free and fair presidential election in decades.

After her father's assassination, Park retreated from the spotlight, living in relative seclusion. Eventually she returned to political life. In 1998 she became a legislator, being re-elected four times. While she was on the campaign trail in 2006, an ex-convict lunged from the crowd and slashed her with a box cutter. Television footage showed Park calmly trying to stanch the bleeding from the 10-cm gash to her right cheek. A recent TV spot turns her still visible scar into a metaphor for sacrifice and national healing. "The wound inflicted that day ... changed me completely," she narrates. "Since then I have decided to dedicate the rest of my life tending to your wounds."

In 2007, Park sought the conservative camp's presidential nomination but lost to Lee Myung-bak, the outgoing incumbent. (South Korean Presidents serve single five-year terms.) Lee, a former construction CEO, was popular when he was elected; citizens figured that as a former business boss he would be decisive. But his time in office has proved humdrum, and the latter stage of his tenure has been tarnished by corruption scandals involving his relatives and aides. In a recent report, moreover, Amnesty International accused the Lee government of expanding the use of the National Security Law to suppress free speech. In February, Park helped rebrand Lee's besieged Grand National Party as Saenuri, meaning "New Frontier." She then led it to an unexpected victory in the April parliamentary polls.

Today, Park stands to gain from South Korea's young democracy by winning the highest office in the land through the vote instead of the gun, as her father did. Yet for years she would not criticize him, saying only that "history and the people" would judge his record. In September, as public pressure mounted and her poll numbers slid, she modified her message, but without condemning him outright. "In the shadows of South Korea's rapid growth, there was pain, suffering and irregularities as well as various human-rights abuses committed by authorities," she said in a televised address. "I deeply apologize to all those who were personally hurt and family members of victims of government abuse." Her statement satisfied few. Some conservatives accused her of caving to political pressure, besmirching her father's name to score political points. Others questioned her sincerity. "The people are not holding her responsible for the sins of her father but asking about her interpretation of history," says Yu Chang-seon, a liberal writer and pundit. "She has a duty to answer."

GENERATION GAP

History weighs less heavily on younger South Koreans who, born into relative affluence, are more concerned with the country's democratic future than its authoritarian past. Words like duty do little for Kim Ou-joon, 43, the host of what—at a reported 10 million downloads—is one of South Korea's most popular podcasts. Kim specializes in quasi-journalistic, quasi-comedic takedowns of Seoul's conservative establishment, especially departing President Lee. This election, he says, is about holding government to account and addressing the concerns and struggles of ordinary people. He is mystified by the older generation's romantic view of the Parks. "Park Geun-hye talks about the future," he says, "but she doesn't represent it."

Like a growing number of his compatriots, Kim believes the economic model that profited South Korea for so long needs an overhaul. Onetime independent presidential candidate Ahn Cheol-soo—a 50-year-old doctor and entrepreneur who dropped out of the race so as to not split the liberal vote with Moon and hand victory to Park—spoke for many fellow citizens in a recent speech. South Korea, he said, was "where children suffer miserably in the fierce competition to enter prestigious universities; where young people cannot find jobs; where parents must tighten their belts more than ever to pay their mortgage and support their children's education." He described the country as "increasingly anxious, lonely and unsure about the future."

This national malaise has doubtless stirred Park's leftward turn. She is promising to "restore [the] middle class" by addressing bread-and-butter issues like household debt and child care. Both camps are pledging to decentralize the economy, but Moon wants more sweeping reforms. South Korea's corporate titans enjoy "unfair privileges," he has said, calling for stronger antitrust laws to protect small and medium-size enterprises.

Indeed, while South Koreans are rightly proud of their world-class brands, especially those in the field of consumer electronics, there's a growing acknowledgment that individual entrepreneurs need help.

Been Kim, 30, was a mobile-phone designer for an established South Korean outfit for eight years. The environment, says Kim, was "rigid" and "patriarchal," so she left to start her own design firm Beeeen & Co. Breaking out proved hard. The process of setting up a company was so cumbersome and expensive that she opted to incorporate in business-friendly Hong Kong. And when she realized that male factory managers in South Korea weren't taking her seriously—putting other, bigger, chaebol-linked orders first—she moved production to China. "Korean bosses treated me like a daughter," she says. "In China they treat me like a chairman; they respect what I do."

ODD WOMAN OUT

Park's campaign itself takes place in a man's world. A day on the election trail with her is a whirl of middle-aged men, punctuated by the occasional female journalist or staffer. Her supporters, particularly older men, see her as a "dutiful" daughter (the female counterpart of the filial son). The media like to mention that she is single and childless. When analysts say she is "strong" or "tough," they invariably add "for a woman." Park isn't averse to a little gender stereotyping herself, promising "motherly, female leadership" should she be elected.

South Korea's gender indicators aren't good. There's no shortage of accomplished female graduates, but many drop out of the workforce early, due in part to a macho business culture that marginalizes them. Women with jobs earn on average 39% less than men and are overrepresented among contract laborers toiling with low pay and no benefits. Park has promised to support working women—and increase the country's low birth rate—by fighting workplace discrimination, increasing child-care benefits and supporting single-parent families. "Women can not only succeed as vibrant social leaders but simultaneously as nurturing mothers," she tells Time. Park's critics say her concern about women's welfare is too little too late. Says labor advocate Jini Park (no relation): "She is playing [an election] trump card."

Whether out of expedience, ideology or epiphany, both Park and Moon are presenting themselves as change agents. First, though, they must deal with their own burdens of history. "I know how fleeting and, at times, harrowing, political power can be," Park tells Time. Moon, for his part, served as chief of staff to his lawyer friend, onetime President Roh Moo-hyun. Roh rose from humble farming origins to be elected on platforms of freedom and open and clean government. But when his family later became mired in corruption allegations, he leaped to his death from a hill behind his house. For front runner Park—and also, though to a lesser extent, Moon—to win, much of the electorate has to be ready to forgive or forget the past. Perhaps then, South Korea will forge a new future.

© 2012 Time Inc. All right reserved. Licensed from TIME and published with permission of Time Inc. Reproduction in any manner in any language in whole or in part without written permission is prohibited.

Chapter 11 | 당시 국내의 시선

아버지의 이름으로

외교의 공주

1974년 8월 육영수 여사의 사망으로, 박정희 대통령의 장녀였던 박근혜가 퍼스트 레이디 역할을 대행했다. '소녀외교'라고 이름 붙은 박근혜의 정치 활동은 육영수 여사의 사망 이후 1979년 박정희가 사망할 때까지 이어졌다.

   1974년 11월 23일 동아일보 '한미 정상의 흐뭇한 대좌'에는 정상 만남 자리에 함께 앉아 있는 박근혜의 사진을 실었다. '현관에 같이 서 있던 근혜 양을 내 딸이라고 소개하자 포오드 대통령은 짙은 갈색의 투우피이스를 입고 있는 근혜 양을 보고 옷이 아름답다고 칭찬하고는 소접견실로 들어갔다'라는 설명도 빠트리지 않았다. 1977년 3월 3

일 동아일보 7면에는 '박근혜 양이 밝힌 청와대 가정교육. 지만 군 스스로 육사 지원'이라는 제목의 단신이 실렸다. '부모님께선 모든 일에 정성을 다하셨고 끝난 후엔 부족한 점 없나 다시 돌아봐'라는 요약처럼 청와대 안주인 역할을 해내고 있음을 알렸다. 1977년 3월 17일에는 '박근혜 양 참석, 경로병원 개원'이라는 기사를 전했다. '16일 오후 4시에 있은 경로병원개원식에는 대통령 영애 박근혜 양을 비롯해 최태민 총재, 구자춘 서울시장 등이 참석했는데, 근혜 양은 격려사에서 경로병원의 개원으로 불우한 노인들을 친부모처럼 돌보아줄 수 있게 되었다'라는 소식을 전했다. 외교뿐만 아니라 국내 활동까지 활발한 퍼스트 레이디의 모습이었다.

선거의 여왕

박정희 대통령의 사망 이후 은둔의 시기를 보낸 박근혜가 다시 모습을 드러낸 건 1997년이었다. 대선 후보였던 이회창의 권유로 한나라당에 입당해 1998년 4월 재보궐 선거를 통해 국회의원이 되어 돌아왔다. 대구에서 출마한 박근혜는 51.5%로 상대 후보를 크게 앞지르며 당선되었다. 1998년 4월 3일 동아일보 4면에는 당선자의 인터뷰가 실렸다. '아버지가 못 다한 뜻 펼쳐 나가겠다'라는 제목 밑에는 '선거 기간 동안 선친 생각 많이 했어요.'라는 작은 제목을 달았다. '정치를 위한 정치를 하기 위해 선거에 뛰어든 것이 아니다'라는 각오와 당선 소감은 다른 당선자의 2배 넘는 크기로 실렸다.

2003년 12월 신문은 한나라당의 불법 선거자금 문제로 뒤덮였다. 12월 9일 경향신문은 '첩보영화 뺨치는 돈트럭 인계'라는 제목을 뽑았고, 12월 12일 동아일보는 '한나라당, 분노한 민심 직시하라'라는 사설을 내놓았다. 이 사건은 정치인 박근혜를 한나라당 비상대책위원장으로 만들었고, '천막당사'와 국회의원 선거를 거치며 바닥을 모르고 떨어지던 한나라당을 구해냈다. 당을 재정비한 뒤 17대 대통령 선거에 출마했으나 이명박 후보와 경선에서 패한 박근혜에게 다시 위기가 닥쳐왔다. 2007년 12월 30일 서울신문 기사는 '이-박 불안한 동거'라는 제목으로 기사를 올렸다. 2008년 총선 공천 문제를 두고 갈등의 싹이 자라고 있었다.

학살이라는 이야기가 나돌 만큼 친박계 의원들이 공천에 무더기로 탈락하자 이들은 '친박 무소속 연대'와 같은 성격의 미래한국당으로 나뉘어 선거에 뛰어들었다. 한 치 앞도 알 수 없는 상황에서 오로지 박근혜의 이름을 건 선거는 돌풍이 되어 돌아왔다.

박근혜의 이름은 2008년 4월 9일 치러진 선거에서 14명이나 당선시키며 모두를 놀라게 만들었다. 연합뉴스는 2008년 4월 10일 기사 제목으로 '박근혜의 힘, 친박 생환자 얼마나 되나'라고 뽑았다. 선거의 여왕이 된 순간이었다.

최초의 여왕

2012년 12월 19일. 새누리당 후보로 출마한 박근혜는 대통령에 당선되었다. 상대였던 문재인 후보와 치열한 경쟁 끝에 이뤄낸 승리였다. 대통령으로 당선된 박근혜에 대한 우려와 기대는 우열을 가릴 수 없었다. 청와대에서 보낸 어린 시절은 서민의 삶을 전혀 모를 것이라는 우려와 동시에 의전과 외교에 능하리라는 기대를 만들었고, 독재자의 딸이라는 멍에는 강력한 리더십을 펼칠 것이라는 기대와 함께 인권 후퇴를 가져오리라는 우려를 낳았다.

   대통령으로 당선되면서 박근혜 대통령은 수많은 타이틀을 얻게 되었다. 대한민국 건국 이래 첫 부녀 대통령이며, 첫 여성 대통령이었다. 대한민국 최초의 미혼 대통령이며, 직선제 개헌 이후 50%를 넘는 득표율로 당선된 대통령이었다. 최초의 기록은 계속 이어져 박근혜 대통령은 탄핵으로 파면된 첫 번째 대통령으로 기록되었다.

2017년 5월 15일 / 미국판 / 189권 / 18호 / 찰리 캠벨, 조 압둘카림, 스테폰 김

협상가

다음 한국 대통령이 될 문재인은
대화를 원한다

페이지 40　**단어** 1899
섹션 특집 / 세계

　　　　1976년 8월 18일 아침, 미군 두 명이 비무장지대에 있는 미루나무 한 그루를 손질하기 위해 출발했다. 그 나무는 유엔과 북한의 경계 중간에서 시야를 가리고 있었다. 정전협정으로 사실상 종전된 한국전쟁(1950~1953) 이후 한반도의 공산주의 국가 북한과 자본주의 국가인 한국을 분리하는 비무장지대에 서 있었던 것이다. 양측은 이미 가지치기에 동의했지만, 북측은 병사들에게 보내 작업 중지를 명령했다. 아서 보니파스Arthur Bonifas 소위와 마크 바렛Mark Barrett 중위는 이를 거절했고, 자기들이 들고 온 도끼로 곧바로 살해당했다.

유엔군 사령관이던 리처드 스틸웰Richard G. Stilwell 대장은 유엔군의 결의를 보여주는 상징적 행동으로 그 나무를 완전히 베어버리라고 명령했다. 벌목 작업에 투입된 부대에 젊은 한국인 병사 문재인이 있었다. 위험할 정도로 긴장된 상황이었다고 오늘 그는 회상한다. "만약 북한이 이 작업을 방해했다면, 바로 쉽게 전쟁으로 넘어갔겠지요."

전쟁이 한반도에서 다시 발발할 가능성이 있다. 그렇다면 곧 문재인은 최전방에 다시 서 있을 것이다. 인권 변호사 출신인 문재인(64세)은 부정부패 스캔들로 인한 박근혜 대통령의 탄핵으로 5월 9일 조기 실시되는 대선에서 확실한 선두주자이다. 한국은 아태 지역 내 최악의 소득 불평등, 청년 실업 증가, 낮은 성장률 등 많은 문제를 안고 있다. 그러나 대선 캠페인의 초점은 북한 최고지도자 김정은을 다룰 최선책을 모색하는 것이 되었다. 김정은은 미국 대통령 도널드 트럼프와 핵무기 프로그램을 둘러싸고 팽팽하게 맞서고 있다. 김정은은 4월 15일 화려한 열병식을 통해 신세대 탄도미사일을 공개했고, 일련의 시험 발사를 가장 최근인 4월 29일에도 실시했다. 미 해군 항모전단이(트럼프의 말대로라면 '무적함대'가) 한반도에 도착하기 몇 시간 전이었다. 왕이 중국 외무장관은 "분쟁이 발발할 수 있다"라며 경고했다.

따라서 한국의 차기 대통령은 걸핏하면 화를 내는 독재자 김정은과 지정학에 관해서는 초짜인 트럼프가 심화시키고 있는 위기를 승계하게 된다. 그러나 2012년 대선에서 아깝게 낙선하고 중도좌파 더불어민주당 후보로 다시 나선 문재인은 자신의 운명이, 남과 북이 70년 분단을 딛고 화합하게 만드는 것이라고 믿는다. "5천 년간 남북은 단일 언어와 단일 문화를 공유했습니다. 결국에는 우리는 통일해야 합니다."

북한 실향민의 아들인 문재인은 이 문제를 자기 식대로 밀고 나가려 한다. 김정은 정권과 다투지 않고 신중하게 포용하겠다는 것이다. 지금처럼 적대 감정이 되풀이된다면 어느 누구에게도, 특히 '은둔 왕국'에서 오랜 고통을 겪고 있는 북한 주민들에게 도움될 것이 없다고 한다. "우리 아버지는 공산주의가 싫어 월남했고 저 역시 북한 공산 체제가 싫습니다. 그렇다고 북한 주민들이 억압 정권에 있도록 내버려두자는 게 아니지요."

문재인은 전쟁의 그늘 아래 태어났다. 그의 부모는 1950년 12월 수천 명의 피난민들과 함께 유엔군 보급선을 타고 북한에서 탈출했다. 그로부터 2년 뒤 한국의 거제도에서 문재인이 태어났다. 전후 한국에는 당시 더 번영했던 북한과 달리 산업 시설도 없었고 비옥한 농경지도 없었다. "제 어린 시절은 가난의 영향을 받았습니다. 하지만 가난이 장점이 된 면도 있었어요. 저는 독립심을 키웠고 친구들보다 더 성숙했고요. 삶에서 돈이 가장 중요한 게 아니란 걸 깨달았지요."

문재인이 성인이 될 무렵 한국에 돈이 몰려들기 시작했다.

박근혜 대통령 탄핵과 촛불 시위의 한 상징이 된 세월호(pixabay)

1960년대부터 수출 주도의 과학기술, 자동차와 조선업 호황에 힘입어 급속한 경제성장이 이루어졌다. 문재인은 학생운동가로 명성을 떨쳤고, 1980년 사법고시에 합격했다. 변호사로 뛰어난 경력을 쌓은 후 노무현 대통령 행정부에 합류하라는 요청을 받았다. 현재 한국의 경제 규모는 GDP 기준 세계 12위인 데 반해, 북한은 소련식 계획경제 하에서 침체의 늪에 빠져 있다. 이제 2,500만 인구인 북한은 세계에서 가장 가난한 나라 중 하나다.

문재인은 통일이 남한에 엄청난 경제 부담을 안길 것임을 알고 있다. 따라서 통일의 첫 단계는 경제 협력이라고 그는 말한다. 남한 기업들이 저렴한 북한 노동력에 접근하도록 허용하고 비무장지대를 넘어 문화 교류를 재개해야 한다고 한다. "경제적 통합이 북한에만 도움이 되는 게 아니고, 한국 경제를 되살릴 신성장 동력이 될 겁니다."

그러나 점진적 통일은 경제뿐 아니라 생존에 대해서도 도전을 제기한다. 오늘날 비무장지대는 단지 균형이 맞지 않는 두 국가를 분리하는 것이 아니라, 자유주의 국가 남한의 소비지상주의와 스탈린주의 북한의 신물나는 피해망상 또한 분리하고 있다. 이처럼 가까우면서도 먼 나라는 없다. 불량 독재자가 중무장한 채 대치하고 있는 경우라면 더욱 그렇다. 남한의 지도자라면 김정은을 다루는 방법이 언제나 큰 도전 과제가 될 것이다.

> **"경제적 통합은 북한에만 도움이 되는 게 아니라
> 한국 경제도 되살릴 것입니다."
> − 문재인**

남북 관계는 단지 나쁜 정도가 아니다. 지금은 관계라 할 것이 전무하다. 마지막 남북 정상회담은 10년 전이었고, 2013년부터 비무장지대에서는 공식적 대화가 한 번도 없었다. 유엔군이 북한

측에게 전할 말이 있으면 확성기를 써야 한다. 문재인으로서는 받아들일 수 없는 상황이다. "김정은이 아무리 비이성적인 지도자라 해도, 그가 북한을 통치하고 있다는 사실을 인정해야 한다"라고 문재인은 말한다. "그러니까 대화해야지요."

김정은이 고삐를 늦추고 있다는 징후들이 있다. 반대파를 잔혹하게 탄압하는 것은 여전하지만, 시장(장마당)이 자리 잡을 수 있게 허용했고, 식량을 독점적으로 배급하던 배급소를 철폐했다. 평양에는 새로운 건물이 계속 올라서고, 평면 TV와 노래방 기기가 흔해졌으며, 주민들은 이제 '러시아워'를 대화 주제로 삼고 있다. 2015년 신년 연설에서 김정은은 한국과 대화할 용의가 있다고 말하기까지 했다. 그러나 여전히 북한 핵 문제가 걸림돌이다. 협상 카드가 몇 장 없음을 잘 아는 김정은은 핵무기는 협상 대상이 아니라고 거듭 주장해왔다. 문재인에게 대화는 "핵무기 프로그램의 동결 또는 폐기와 같은 가시적인 성과가 보장되어야" 의미가 있을 것이다.

문재인은 예전에도 이 같은 협상이 성공했으므로 다시 성공할 수 있다고 생각한다. 노무현 대통령의 비서실장으로서 그는 2007년 역사적인 남북 정상회담과 북핵 6자회담(2004~2009)을 성사시킨 바 있다. 6자회담은 북한의 인공위성 발사 때문에 종료되었고, '햇볕정책' 기간 동안 북한에 원조된 45억 달러가 오히려 핵무기 프로그램을 가속화했다는 비난을 받았다. 평양의 위성 발사가 회담을 종식시켰고, 평론가들은 약혼의 햇볕정책이 실제로 무기 프로그램을 가속화하는 동안 정권에 쏟아져 나온 45억 달러 원조가 회담을 끝내고 있다고 비판한다. 그러나 문재인은 지난 10년간 실시한 고립과 비난의 정책보다는 햇볕정책이 낫다는 것을 2005년 9월 19일 공동 성명이(북한 핵무기의 완전 폐기, 평화조약 체결, 북미 관계의 정상화까지 포괄한) 증명한다고 지적한다. "심지어 북한은 원자로의 냉각탑을 폭파하기까지 했습니다. 이와 같은 단계적 접근은 여전히 유효하다고 생각합니다."

트럼프가 (오바마 정부가) 이란과 맺은 핵 협정을 대놓고 경멸하고 있다는 점을 감안할 때, 협정 불이행 전력이 있는 북한과 유사한 협상을 추진한다는 것은 상상하기 어렵다. 그러나 문재인은 자신과 트럼트가 '전략적 인내'라는 오바마 행정부의 대북 정책이 실패했다는 데 동의했다고 말한다. 트럼프가 다른 방침을 취하도록 설득할 수 있다고 그는 자신한다. "김정은과 햄버거를 먹으며 대화할 수 있다고 트럼프가 말한 것이 기억납니다." 무엇보다 트럼프는 실용주의자라는 것이다. "그런 의미에서 트럼프와는 별 어려움 없이 더 많은 아이디어를 나누고 더 잘 대화하여 합의에 이를 수 있을 수 있을 거라고 봅니다." 실제로 5월 1일 트럼프는 〈블룸버그〉 인터뷰에서 김정은을 만난다면 "영광일 것"이라고 말했다.

안전한 대안은 거의 없다. 트럼프는 북한 무역의 90%를 감당하는 중국에게, 북한을 압박하고, 북한과 거래하는 기업과 은행에 조치를 취하라면서 압력을 가하고 있다. 트럼프는 "중국은 북한에 상당한 영향력이 있다"라고 말했다. 하지만 북중 관계는 불신의 늪에 빠져 있다. 중국은 올해 말까지 북한 석탄 수입을 금지한다는 전례 없는 유엔 제재안에 서명했다. 중국이 제재를 더 가할 여지도 있다. 예컨대 2003년 중국은 북한에 매년 제공하던 50만 톤의 원유 공급을 중단하여 김정일을 6자회담에 끌어들인 바 있다.

그러나 중국도 한계가 있다. 김정은 정권이 붕괴하면 북한 난민들이 대거 중국으로 밀려들 것이다. 한국에는 2만 8,500명의 미군이 주둔하고 있는데, 남북이 통일된다면 중국 국경 지대에 주둔하게 될 것이다. 따라서 김정은은 중국이 절대로 북한의 붕괴를 초래할 수준까지 압박하지 못한다는 것을 알고 있다. 하버드 대학 케네디스쿨Harvard Kennedy School의 한반도 연구그룹 선임 연구원은 "포커 게임에서 다른 플레이어들이 내 카드를 빤히 보고 있는데도 블러핑하는 것과 마찬가지"라고 말한다.

미국이 군사적 조치를 취할 수도 있겠지만, 대부분의 전문가들은 그럴 리 없다고 본다. 북한이 보복할 가능성은 논외로 하더라도, 미국의 아시아 안보 동맹이 와해되고 아시아 지역 국가들이 중국과 가까워지게 만들 테니까. 서울 용산에 있는 트로이 대학의 동아시아 전문가 대니얼 핑크스톤Daniel Pinkston은 "미국이든 어느 국가든 누가 이익을 보겠는가?"라고 반문한다. "미국의 북한 공격은 미친 짓이다."

이 모두를 고려하면 문재인의 포용 정책은 성공할 여지가 있다. 벤처 창업으로 부호가 된 안철수는 5월 9일 대선에서 문재인의 주요 경쟁자인데, 북한을 협상 테이블로 끌어들이려면 더욱 군사적인 접근을 취해야 한다고 주장한다. 여기에는 중국이 모욕적으로 여기는 사드의 한국 배치를 수용하는 것도 포함된다. 4월 29일 여론조사에서 21% 포인트 앞선 문재인은 보다 신중한 입장이며, 사드 배치는 차기 행정부에서 검토할 사안이라고 말한다.

그러나 두 후보 모두 미국의 대북 조치를 취하려 할 때 남한을 소외시켜서는 안 된다고 주장한다. 만일 군사 분쟁이 발발한다면 5천만 한국 국민이 1차 희생자가 될 수 있기 때문이다. 비록 한국의 젊은 세대는 북한에 친밀감을 거의 느끼지 않지만, 나이든 세대는 문재인처럼 통일을 갈망한다. 문재인은 말한다. "어머니는 [가족 중에서] 유일하게 월남하신 분입니다. 아흔 살 먹은 어머니의 여동생은 아직도 북한에 살아 있고요. 어머니의 마지막 소원은 여동생을 다시 만나는 것입니다."

그 소원이 전쟁보다 평화를 원하는 남과 북의 수많은 보통 사람들에게 반향을 얻고 있다.

ⓒ 이 책의 한국어판 저작권은 TIME으로부터 받았으며 TIME Inc.의 허가로 출판됨.
저작권법에 의해 보호를 받는 저작물이므로, 서면 허가 없이는
어떠한 방법이나 언어로든 전체 또는 일부의 무단전재 및 복제를 금함.

May 15, 2017 / U.S. Edition / Volume 189 / Number 18 / Charlie Campbell, Reporting by Zoher Abdoolcarim, Stephen Kim

The Negotiator

Moon Jae-in is set to become President of South Korea, and he wants to talk

Page 40   Words 1899
Section The Features / World

On the morning of Aug. 18, 1976, two American soldiers set off to trim a poplar tree in the Korean demilitarized zone (DMZ). The tree was obscuring the line of sight between U.N. and North Korean guard towers on the narrow strip of land that has separated the peninsula's communist North from its capitalist South since an armistice effectively ended the 1950--53 Korean War. Both sides had approved the pruning, but North Korea sent soldiers to order the work to stop. Captain Arthur Bonifas and First Lieutenant Mark Barrett refused, and were promptly hacked to death with their own axes.

General Richard G. Stilwell, then commander of the U.N. Forces in South Korea, ordered the tree completely cut down as a symbolic act of resolve. Among the troops sent to help fell the tree was a young South Korean soldier named Moon Jae-in. Tensions were dangerously high, he says today. "If the North had tried to interfere, it could easily have triggered war."

War is again a possibility on the Korean Peninsula--and Moon may soon be once again at the front line. The former human-rights lawyer, 64, is the clear front runner for President in the upcoming May 9 election, called after the impeachment of President Park Geun-hye over a corruption scandal. South Korea has many problems, including the Asia-Pacific's worst income inequality, rising youth unemployment and anemic growth. But the campaign has turned on how best to deal with North Korean Supreme Leader Kim Jong Un, who is locked in a standoff with new U.S. President Donald Trump over his country's nuclear program. Kim unveiled a new generation of ballistic missiles at a glittering parade on April 15, and conducted the latest in a series of tests on April 29, just hours before a U.S. Navy strike group--an "armada," as Trump put it--was due to arrive at the Korean Peninsula. China's Foreign Minister Wang Yi has warned that "conflict could break out at any moment."

So South Korea's next President will inherit a deepening crisis with an irascible dictator on one side and a geopolitical neophyte on the other. But Moon, the center-left Democratic Party candidate who narrowly lost the presidency in 2012, believes it is his destiny to bring the two Koreas closer together after seven decades apart. "The North and South were one people sharing one language and one culture for about 5,000 years," he says. "Ultimately, we should reunite."

As a son of refugees from the North, Moon is determined to go his own way about it--tackling the Kim regime not by aggression but by measured engagement. The current cycle of antagonism helps no one, he says, least of all the long-suffering population of the Hermit Kingdom. "My father fled from the North, hating communism. I myself hate the communist North Korean system. That doesn't mean I should let the people in the North suffer under an oppressive regime."

Moon was born in the shadow of war. His parents fled the North aboard a U.N. supply ship in December 1950 alongside thousands of other refugees. Moon was born on South Korea's Geoje Island just over two years later. The postwar South had neither the heavy industry nor the fertile farmland of the then more prosperous North. "Poverty dictated my childhood," he says now. "But there were benefits as well: I became independent, more mature than my peers, and I realized that money is not the most important thing in life."

By the time Moon entered adulthood, money had begun flowing into the South. The country experienced rapid economic growth from the 1960s on, driven by export-led tech, automotive and shipbuilding booms. Moon grew to prominence as a pro-democracy student activist, passing the state bar exam in 1980. Following a distinguished legal career, he was invited to join the administration of former President Roh Moo Hyun. Today, the economy he hopes to lead is the world's 12th largest by GDP. In contrast, the North stagnated under a Soviet-style planned economy. Now, the nation of 25 million is one of the world's poorest.

Moon is aware that reunification would entail a colossal financial burden for the South. That's why the first step in bringing the countries together must be economic cooperation, he says. He wants to allow South

Korean firms access to cheap North Korean labor, and renew cultural exchanges across the DMZ. "Economic integration will not only benefit the North," he says, "but also will give the South a new growth engine, which will revive the South Korean economy."

But gradual reunification presents an existential as well as an economic challenge. Today's DMZ does not just separate two unequal states--it divides the kitschy consumerism of a freewheeling South and the festering paranoia of a Stalinist North. Few pairs of states are so close yet so far apart--and even fewer have a rogue dictator, heavily armed, so intent on standing in the breach. The main challenge for any leader of the South will always be how to deal with Kim Jong Un.

'Economic integration will not only benefit the North, but ... will revive the South Korean economy.'
--MOON JAE-IN

Relations between North and South aren't merely bad; there are no relations. The last summit between Pyongyang and Seoul took place a decade ago, and even at the DMZ there has been no official dialogue since 2013--when U.N. forces want to communicate with their North Korean counterparts, they use a megaphone to bellow across the gap. For Moon, this is unacceptable. "Even if Kim is an irrational leader, we have to accept the reality that he rules North Korea," he says. "So we have to talk with him."

There are some signs Kim has begun to relax his grip. Although dissent is still ruthlessly quashed, he has permitted a free market to take root, and the much maligned state distribution bureaus--once responsible for doling out all provisions--are shuttered. New buildings spring up constantly in Pyongyang, where flatscreen TVs and karaoke machines are common, and locals now talk of a "rush hour." In his New Year speech in 2015, Kim Jong Un even said he was open to talks with the South. The sticking point, as ever, is the nuclear issue. Aware of his fragile leverage, Kim has repeatedly said that the country's nuclear weapons are "nonnegotiable." For Moon, talks would be worthwhile only with "a guarantee that there would be visible results such as freezing or dismantlement of [the] nuclear weapons program."

Moon has seen these kinds of negotiations in action before and believes they can work again. As chief of staff to Roh, he helped engineer the South Korean President's historic summit with Kim's father Kim Jong Il in 2007, and the six-party denuclearization talks between North and South Korea, the U.S., China, Russia and Japan, which ran from 2003 to 2009. A satellite launch by Pyongyang ended the talks, and critics say the $4.5 billion of aid funneled to the regime during the "sunshine policy" of engagement actually accelerated the weapons program. Moon, however, points to the Sept. 19, 2005, Joint Declaration--encompassing full dismantlement of North Korean nuclear weapons, a peace treaty and even normalized relations with the U.S.--as evidence the sunshine policy was better than the following decade of isolation and censure. "The North even blew up the cooling tower of its nuclear reactor," he says. "The same step-by-step approach is still workable."

Given Trump's stated disdain for the nuclear deal the U.S. helped fashion with Iran, it's hard to imagine he would be eager to pursue a similar agreement with the Kim regime, which has a track record of noncompliance. But Moon says he and Trump already agree that the Obama Administration's approach of "strategic patience" with North Korea was a failure. Surely the U.S. President could be persuaded to take a different tack, he says. "I recall him once saying that he can talk with Kim Jong Un over a hamburger." Trump, he adds, is above all a pragmatist. "In that sense, I believe we will be able to share more ideas, talk better and reach agreements without difficulty." Indeed, on May 1, Trump told Bloomberg that he "would be honored" to meet Kim.

There are few safe alternatives. Trump is currently pressuring China, responsible for 90% of North Korean trade, to turn the screws on Pyongyang and take steps against Chinese businesses and banks doing deals with North Korea. "China has great influence over North Korea," he has said. Perhaps, but the relationship today is steeped in mistrust. Beijing has signed up to unprecedented U.N. sanctions, banning imports of coal for the rest of the year. There is room for Beijing to do more: suspending the 500,000 tons of crude oil it sends to North Korea annually, for example, was what brought Kim Jong Il to the six-party talks in 2003.

However, China has its limits. If the Kim regime collapsed, a massive influx of refugees would certainly make their way into the People's Republic. South Korea is also home to 28,500 U.S. troops, and reunification might put them right on China's border. So Kim knows China would never squeeze enough to foment its collapse. "It's like trying to bluff at poker when the other players can see your cards," says John Park, director of the Korea Working Group at Harvard Kennedy School.

Military action by the U.S. also remains a possibility, but most experts think it's unlikely. Aside from possible North Korean retaliation, any strike would certainly shred the U.S.'s Asian security alliance and push the region closer to China. "How would the U.S. or anyone else be better off?" asks Daniel Pinkston, an East Asia expert at Troy University in Yongsan, South Korea. "It's just insane."

All of which leaves room for Moon's push for engagement to succeed. Moon's chief rival in the May 9 election, Ahn Cheol-soo, a self-made tech multimillionaire, favors a more militaristic approach to bringing the North to the negotiating table. This includes accepting the U.S. Terminal High Altitude Area Defense (THAAD), an antimissile defense system, which Beijing deems an affront. Moon, who was 21 points ahead of Ahn in an April 29 poll, is more cautious on THAAD, saying its deployment should be examined by the next administration.

But both candidates are united in their insistence that South Korea cannot be sidelined when Washington deals with the North, not least as its 50 million citizens stand to be among the first victims of any military conflict. And although younger South Koreans feel little affinity with the North, older generations are eager for the reunification Moon so desires. "My mother is the only one [of her family] who fled to the South," Moon says. "[She] is 90 years old. Her younger sister is still in the North alive. My mother's last wish is to see her again."

It's a wish that resonates with countless ordinary Koreans--on both sides of the battle lines--who want peace to triumph over war.

--With reporting by ZOHER ABDOOLCARIM and STEPHEN KIM/ SEOUL

© 2017 Time Inc. All right reserved. Licensed from TIME and published with permission of Time Inc. Reproduction in any manner in any language in whole or in part without written permission is prohibited.

당시 국내의 시선

Chapter 12

조용하고 강한 협상가

헌정 사상 최초의 탄핵

2016년 겨울은 대한민국에게 고난의 시기였다. 소문으로만 돌던 비선실세의 실체가 언급되는 가운데 2016년 10월 24일 국회 시정연설을 하던 박근혜 대통령이 개헌 카드를 꺼내 들었다. 동아일보는 속보로 '박대통령, 개헌 논의 더 이상 미룰 수 없어… 시기적으로 지금이 적기'라는 기사를 내보냈다. 모든 이슈를 집어삼킬 개헌을 대통령이 직접 꺼낸 것이었다. 신문은 일제히 속보를 전했고 찬반이 엇갈린 기사가 쏟아져 나왔다. 경향신문은 같은 날 '새누리 김무성, 박근혜 정권 출범 후 오늘이 제일 기쁜 날 개헌 제안 환영'이라는 제목의 새누리당 대표의 의견과 함께, 같은 날 다른 기사로 '박근혜 대통령 임기 내 개헌안 마련, 최순실 게이트 국면 전환용?'이라는 소식을 함께 작성했다. 예상대로 모든 이슈를 집어 삼키며 하루 종일 쏟아지던 개헌 뉴스는 그날 저녁 JTBC의 보도가 나오면서 만 하루도 가기 전에 사라져버렸다. 대통령의 비선실세 의혹이 일던 최순실이 박근혜 대통령의 연설문을 사전에 받아 본 것이 확인되었다는 뉴스였다. 10월 26일 국민일보는 '조국, 나라 꼴이 정말 엉망! 최순실에 연설문 전달자 파면'이라는 기사를, YTN은 '남경필, 언론 보도 사실이라면 명백한 국기 문란'이라고 전했다. 모두를 아연실색하게 만든 사건의 실체가 드러나자 촛불을 든 시민들로 전국이 뒤덮였고 탄핵 요구가 빗발쳤다. 결국 2016년 12월 9일, 국회에서 탄핵소추안이 가결되며 직무정지 상태를 맞았고, 다음 해인 2017년 3월 10일, 헌법재판소는 피청구인 대통령 박근혜를 파면한다고 밝혔다. 만장일치의 결정이었다.

쌓인 과제들

박근혜가 탄핵되자 여야 모두 대통령 선거 준비로 분주해졌다. 가장 유력한 후보는 더불어민주당의 문재인 후보였다. 2003년 노무현 대통령 취임과 함께 민정수석으로 활동하고, 2004년 노무현 대통령 탄핵심판 법률 대리인, 18대 대선 후보였던 문재인의 바람은 처음부터 심상치 않았다. 다른 후보들과의 격차가 배 이상 벌어지는 상황에서 다른 모든 후보들의 칼날은 문재인을 향했다. 종북 몰이와 색깔론, 안보 무능 등 가능한 모든 의혹이 거론되었지만 대세의 바람을 잠재울 순 없었다.

박근혜 대통령의 파면으로 일찍 치러진 선거는 모두의 예상대로 문재인의 압승이었다. 단 한 번도 선두를 놓치지 않았던 선거였지만, 문재인이 풀어야 할 숙제는 가득했다. 중국과는 2016년 7월 8일에 배치가 결정된 고고도 미사일 방어 체계로 극심한 마찰을 빚고 있었고, 일본과는 2015년 12월 28일 정부가 합의한 위안부 문제로 불편한 관계를 겪고 있었다. 북한과는 개성공단 철수와 3월 6일 발사한 미사일 문제로 전례가 없을 만큼 날카로운 신경전이 이어지고 있었다. 국내 문제 역시 산적해 있는 상황이었다. 아직 끝나지 않은 세월호 관련 의문과 한진해운의 파산 역시 문재인이 풀어야 할 숙제였다. 당선 즉시 임기가 시작한 대통령 앞에는 그동안 풀지 못한 문제들만 산적해 있었다.

끝난 전쟁?

2016년, 연초부터 계속된 북한의 핵실험으로 남북관계는 무섭게 냉각되고 있었다. 개성공단이 전면 중단되며 경제교류가 끊어졌고, 대북 확성기 방송이 재개됐다. 도발, 응징, 보복과 같은 단어가 신문을 뒤덮는 와중에 2016년 9월 9일 연합뉴스는 '북한 풍계리 인근 규모 5.0 지진⋯북한 5차 핵실험 가능성'이라는 속보를 전했다. 북한의 5차 핵실험이었다. 전쟁 발발의 공포는 4월 위기설, 8월 위기설처럼 구체적 날짜까지 거론되며 피어올랐다. 조선일보는 2017년 4월 21일엔 '북 25일 도발? 미 항모 25일 동해 진입'을 제목으로 전송했고, 8월

7일 사회면 기사는 "재래식 무기로 진행한 워 게임에 압도적 승리…
핵무기 사용시 공멸'이었다.

　전쟁 공포에 방점을 찍은 것은 2017년 9월 3일이었다. 북한이 6차 핵실험의 성공을 알리자 이제 전쟁은 실체가 될지도 모르는 공포로 다가왔다. 9월 4일 연합뉴스는 '코스피 북핵실험에 40p 급락 출발'을 전했고, '국방부 사드 발사대 4기 조만간 임시배치'를 속보로 전했다. 야당들은 일제히 핵실험 규탄 성명을 발표하며 청와대와 문재인 대통령을 비난했다. 미국 역시 북한에 대한 압박 수위를 높여가는 가운데 문재인 대통령은 국가안전보장회의에서, '한반도에서의 항구적인 평화체제 구축을 위해 모든 외교적 방법을 강구해 나갈 것'이라고 밝혔다. 무력 충돌 이전 외교적 방법을 카드로 뽑아든 것이었다. 정부의 강력한 의지와 노력을 믿어달라는 대통령의 발표였지만 불안은 가시지 않았다.

　9월 20일 중앙일보는 단독 기사로 '한미 한국 핵추진 잠수함 보유 합의'라는 기사를 전송했고, 같은 날 경향신문은 '청와대'가 이를 부인했다는 기사를 내보냈다. 22일 미국의 트럼프 대통령은 북한의 무역과 자산을 묶는 행정명령에 서명하는 등 강하게 압박해 들어갔다.

　최후통첩만 남은 듯 보였던 남북관계가 풀릴 물꼬를 연 것은 조선노동당 위원장인 김정은의 신년사였다. 평창 동계올림픽의 성공을 바란다는 신년사를 두고 북한의 화전양면 전술이라는 우려가 있었지만 정부는 빠르게 움직였다. 남북 고위급회담이 열렸고, 평창 동계올림픽 예술단 파견을 위한 실무자 접촉이 이루어졌다. 평창 동계올림픽에 단일팀이 만들어졌고, 미국, 중국, 러시아와 남북정상회담 성공을 위한 공조가 이루어졌다. 비핵화와 종전 논의가 오간 2018년 4월 27일. 경향신문 1면은 '통일이여 걸어서 오라, 한 걸음 한 걸음 뒤따라 오라'라는 제목으로 소설가 박민규의 글을 전했다. 같은 날 판문점에서 문재인 대통령, 김정은 위원장은 악수를 나누었다. 11년 만에 남북정상회담이 재개된 역사적인 순간이었다.

타인의 시선
국부에서 협상가까지, 대한민국 대통령

초판 1쇄 발행 2018년 6월 11일
초판 2쇄 발행 2018년 6월 15일

지은이 찰리 캠벨 외 6명
옮긴이 배현
발행인 신수연
발행처 UPA코리아
디자인 데시그

출판등록 제300-197777-25호
주소 서울시 종로구 대학로 44 (우)03122
전화 02) 3672-0044 **팩스** 02)3672-1222
홈페이지 http://www.upa.co.kr/

ISBN 978-89-7613-050-1(03300)

본문 사진 : 4·19혁명기념도서관, 5·18기념재단, 서울사진아카이브, 현대사 디지털아카이브, flicklr, pixabay에서 공공누리 제1 유형과 저작자 표시로 개방한 저작물을 협조받아 이용했습니다.

책값은 뒤표지에 있습니다.